心理学与说话术

郭春光◎编著

中国纺织出版社

内 容 提 要

说话与心理紧密相关，透过各种细节，看穿他人的微妙心思，用最合人心的说话方式与人沟通，获得最佳的沟通效果，就能轻松达成目的。

本书分为上下两篇，上篇教会读者如何透视他人心理，把握最有效的沟通术；下篇从实战情景入手，从职场、情场、社交场到演讲、谈判、求人办事等，每一种场景都一一解析，教会读者最能打动人心的说话术，成就自己的人生。

图书在版编目(CIP)数据

心理学与说话术/郭春光编著.—北京：中国纺织出版社，2013.1（2024.4重印）

ISBN 978-7-5064-9390-1

Ⅰ.①心… Ⅱ.①郭… Ⅲ.①心理交往—语言艺术—通俗读物 Ⅳ.①C912.1-49

中国版本图书馆 CIP 数据核字(2012)第 270027 号

策划编辑：闫 星　　责任编辑：曲小月　　责任印制：储志伟

中国纺织出版社出版发行

地址：北京东直门南大街 6 号　邮政编码：100027

邮购电话：010—64168110　传真：010—64168231

http://www.c-textilep.com

E-mail：faxing@c-textilep.com

北京兰星球彩色印刷有限公司印刷　各地新华书店经销

2013 年 1 月第 1 版　2024年4月第2次印刷

开本：710×1000　1/16　印张：22

字数：250 千字　定价：89.80 元

前言

语言在现代交际中的重要作用已经毋庸置疑。戴尔·卡耐基说:"一个人的成功约有15%取决于技术知识,85%取决于口才艺术。"这就阐明了一个人说话水平的高低,已成为其生活及事业能否取得成功的关键因素。

我们发现,同样都是说话,效果却各不相同。怎样才能让自己的语言达到我们所期望的效果呢?很简单,直指人心的语言才是最有效的。为此,一定要"攻心",以"心"为重,针对我们说话的对象,具体分析他们的心理状态和弱点,以此来决定什么时机该说什么话,什么时机不该说什么话,或是该说多少话。

然而,在此之前我们必须要做足功课。首先,我们要具备一定的洞察力,学会"读"心。而读懂人心并不是一件简单的事情,谁也不会把自己的真实想法写在脸上。识人难识心,难就难在"快"和"准"。要想瞬间准确地把握与判断,要靠"用心看"(望)、"用心听"(闻)、"用心问"(问)、"用心想"(切),以及毫不间断地积累和学习。

读心就要会"听",在这个人才竞争的时代,我们只有提高自己"听"的能力,听出对方的言外之意和话外之音,然后才能"以牙还牙",让自己处于有利的地位,并如愿以偿的踏上自己的成功之路。这一点,可以从中国的历代外交辞令中得到证实,精明的外交家,除了能言善辩以外,更重要的是他们会听。

当然,我们还要会"看"——看出对方内心真正的想法。比如,对方的口头禅是“真的”，那么这个人是真老实还是假实在？对方平时是一个沉默寡言的人，一下子变得健谈，这里面究竟有什么猫腻？咬嘴唇、摸下巴，这些小动作又代表着什么？对一个双手抱臂的人讲话，为什么他几乎一句也听不进去……

除此之外，我们还需要会“问”，会“想”。这些问题中所牵涉的细节都是人的潜意识发出的信号，都是社交活动中读懂对方内心想法的关键线索。如果你误读了这些细节，就有可能导致一些不良后果——也许一单生意就此泡汤，也许会多树一个敌人，也许会因此造成爱人的离开……生活原本就是由无数细节组成的，如果不注意这些细节，你还能掌控你的生活和社交吗？

知己知彼百战百胜，如果我们学会了慧眼识人，把握人心，就能在交际场上准确的把握对方的内心世界，然后方能对自己的交际决策作妥善的规划，赢得交际的成功！心理学的奥妙在于“攻心”，直指人的隐秘心灵，每天学点心理学就可以帮助你在复杂的交际中得到纵横驰骋的奥秘，也可以形成一套自己的说话攻心术！

对于在现实中扮演着不同角色的我们，如果懂得心理学，它可以使你摆脱无所适从的困境；它可以让你具有认清环境和辨别他人的能力；它可以使每个人在风云突变之际，看透周围的人与事、洞悉他人内心深处潜藏的玄机，以不变应万变。进而指导我们怎么说话，让你在人生的旅途上更加从容地应对各种人际关系，不再四处碰壁，牢牢地掌握人生的主动权。

编著者
2012 年 9 月

上篇　透视心理巧练说话术

下篇　解析情景说话人人心

»上　篇

透视心理巧练说话术

第1章

看穿外表，说话对准他人心思

在人与人的交往过程中，要想准确把握别人的心思，就要多多练习说话的技巧。而要想自己说话打动别人的心，使别人与你达成共识产生共鸣，就需要掌握一定的心理透视技巧。假如我们能够在谈话的过程中通过观察别人的衣着打扮、言谈举止、微妙神情来了解别人的内心，那么，我们就能够准确地把握别人的心理，使彼此的交流更加顺畅。

解析表情密码，话语更易到位

在人与人交谈的过程中，表情起着重要的作用，而且，有时候表情还能传达某些无法用言语表达的信息。在双方的信息交流中，表情是一种不可或缺的形式，表情丰富而微妙，它是人们心理的显露、情感的外化。

情绪和情感作为一种内部的主观体验，通常伴随着某种外部表现。这种外部表现就是表情，它是与情绪、情感有关的行为表现，是可以观察到的行为特征。不同的表情有不同的功能或作用。表情分为面部表情、姿态表情、语调表情。面部表情是指通过眼部肌肉、颜面肌肉和口部肌肉的变化来表现的各种情绪状态；姿态表情可以分为身体表情和手势表情两种；语调表情包括声调的高低、语速的快慢等。这三种表情构成了人类的非语言交往形式，心理学家和语言专家称之为体语。人们之间除了使用语言进行沟通之外，还可以通过由面部、身体姿势、手势、语调等表情构成的体语来表达自己的思想、感情和态度。在很多场合里，人们甚至不需要使用语言，只要观察对方的脸色、手势、动作，听听对方的语调，就能够感知到对方的意图和情绪。在与人交往的过程中，如果能够掌握表情密码，就能使自己说话更到位。

《红楼梦》里，湘云给袭人带来绛纹戒指，黛玉笑她“是个糊涂人”，在“前日”没有让人把袭人的一同带来。为此，湘云做了一番分辩。这时，宝玉、黛玉、宝钗等几个人都笑了。宝玉笑道：“还是这么会说话，从来不让人。”黛玉听了，冷笑道：“她不会说话，就佩戴‘金麒麟’了！”黛玉一边说，一边起身离开了。幸好，其他人都没有听见，只有宝钗抿着嘴儿一笑。不过，宝玉听见了，因此十分后悔自己又说错了话。然而，看见宝钗笑了，宝玉也情不自禁地笑了起来。宝钗见宝玉笑了，忙起身离开，去找黛玉说笑了。

尽管每个人都在笑，但却因为每个人心里所想的不一样，因此他们所表现出来的“笑”的神态语言是有差别的。黛玉的笑是妒忌的笑,她担心宝玉会因为金麒麟与自己生隙,顿生妒忌之情,而且这样的心理影响了宝玉,“宝玉听见了,因此十分后悔自己又说错话了”;宝玉笑得很亲热,给人一种亲切的感觉,因为他习惯了与湘云开玩笑;宝钗的笑则是幸灾乐祸的;后来宝玉见宝钗笑了,也自我解嘲地“笑”了;但是,宝钗见宝玉笑了,却又忙着走开,去找黛玉“说笑”了,由此可见,宝钗的笑是为了掩饰自己与宝玉的相视而笑。

在现实生活中,因为性格、身份、经历不同,所以每个人的神态各不相同。即使在相同的情境之中,人们的神态也是各不相同的。在与人交往的过程中,如果能够根据对方的表情做出适当的回应,就能够使自己所说出的话更加符合当时的情景、气氛,也能使听话的人感觉到妥帖和舒心。

以下,我们总结了一些常见的表情密码,并且进行了解析。如果掌握了这些表情密码,在与人交往的过程中,说话就会更加到位,从而在人际交往中如鱼得水。

1. 眼睛的解析密码

众所周知,眼睛是心灵的窗户,在交谈过程中,眼睛是仅次于语言的重要表达工具。人与人之间除了需要语言的交流,眼神的交流也是必不可少的。在交谈时,要用眼睛注视着对方,并且面带微笑,这是一种尊重。当然,注视要掌握分寸,不能直勾勾地盯着别人看。眼睛既可以表达爱慕、喜欢、欣赏、赞美等积极的表情,也可以表达生气、愤怒、厌恶、鄙夷等消极感情。例如,当男人对女人说“我爱你”时,一定要含情脉脉地望着对方;当一个人生气时,人们往往用“眼中喷出了怒火”来形容。

2. 嘴巴的解析密码

无论是谁,要想说话就需要用到嘴巴。毫无疑问,在沟通过程中,说话的一方必须用嘴巴来表达,在表达的时候,如果嘴角上翘,就表示说话人心情很好;如果嘴角下撇,则说明说话人很悲伤;如果嘴角一侧向上,一侧向下,则说明说话人带着鄙夷的态度;如果说话人嘴巴大张,半天合不拢,就说明说话人非常惊讶。当然,如果倾听者表现出这些嘴巴的表情,也代表同样的情绪。

3. 姿态的解析密码

如果听话者想表示"我对你说的话题很感兴趣",他一般会表现出身体前倾,以头部动作和丰富的面部表情回应说话者。比如微笑表示"赞同、认同你所说的一切";点头表示"你说得对";惊讶的表情表示"出乎意料之外"。当然,在整个倾听过程中,人们需要保持全神贯注的神态。此外,还有身体的姿态,也可以表现出人们的情绪。例如,笔直的站立表示很严肃、很庄重;松松垮垮地站立表示很放松、毫不设防;两只胳膊交叉抱在胸前则表示一种戒备、居高临下或者敌视的态度;身体倾斜、频繁看表、眼神四处游走,整个人显得心不在焉、无精打采,则表示听话者很厌烦。

4. 面部表情的解析密码

当我们的脸上出现惊慌失措的表情时,对方定会猜想"有什么事情发生了";如果愁眉苦脸,整个人看起来没精打采的,那一定是正处于某种困境中,对方会理解为你"需要帮助"。

5. 语调的解析密码

在恋爱的过程中,青年男女经常会向对方暗示"你不能和那个女生靠得太近"、"我很在意你"、"我正在吃醋"等信息。大多数情况下,除了利用面部表情之外,他们还会利用语调的高低来表达自己的情绪,以使对方理解自己的用意。比如,当一个女孩因为男朋友与其他女孩关系太近而生气的时候,她就会提高语调,加快语速,说话像连珠炮一样喷涌而出;当她很伤心的时候,她一般会降低语调;当她觉得自己受了委屈的时候,她会用非常温柔和缓的语调表明自己的内心,使男友产生不胜爱怜的感觉。

6. 手势的解析

在所有表情语言中,手势是最富于变化的一种表情语言。表示欢迎的时候,可以热情地和别人握手;表示拒绝的时候,可以摆摆手,如果坚决拒绝,则可以连连摆手;表示肯定和赞赏的时候,可以竖起一个大拇指,或者用手拍拍对方的肩膀;表示安慰的时候,可以用手轻轻地抚摸对方的头或者肩膀;如果领导在台上致辞,台下的人总是用鼓掌表示认可和肯定。

心理话术：

如果你能够解析表情密码，就能够了解听话者的喜恶，更为重要的是，可以通过听话者的一颦一蹙的变化了解对方的内心世界，这样，就可以使自己所说的话更到位、更打动人心。

眼为心门，抓住眼神说对话

常言道，百闻不如一见。在人类的感觉器官中，眼睛是最重要的器官之一。科学家经过研究证实，人类有80%的知识都是通过眼睛观察得到的。眼睛不仅可以读书认字、看图赏画、欣赏美景、观察人物，还可以辨别不同的色彩和光线，然后将这些视觉形象转变成神经信号传送给大脑，从而增强人类的记忆能力。

人们常说，眼睛是心灵的窗户。确实，在人际交往中，眼神的交流非常重要。在人们的面部表情中，眼神是最为微妙复杂的，不管是用眼神表达信息，还是准确地理解别人的眼神所传达出来的信息，都是非常困难的。很多时候，眼神是无法掩饰的，因为它往往更能真实地表达出一个人的品质、修养以及心理状态。如果能够充分地理解别人的眼神所表达的意思，那么你就能够觉察到对方真实的内心世界，从而更好地与之交流。

在职场中，很多员工因为懂得老板的眼神，因而得到老板的重用。当然，也有不少员工因为不懂得通过眼神读懂领导的心思而铸成大错，甚至导致自己失去工作。

王爱静是学中文的，毕业后应聘到一家报社当编辑。因为刚刚从校园里出来，所以王爱静非常单纯，为人也比较热心，很快就和同事们相处得很好了。经过一段时间的相处，美编张旭明喜欢上了她。平日里，张旭明总是约王爱静一起吃午饭，或者顺道送王爱静回家。不过，王爱静不知道张旭明是否已经“名草有主”了，因此两个人在互探心意中经常玩“捉迷藏”的游戏。

然而，王爱静却忽视了她的顶头上司艾琳的含蓄表现。每当开会的时候，艾琳总是有意无意的多看张旭明几眼；每次同事们一起出去聚餐，艾琳也总是借口张旭明在工作上表现突出，而让张旭明坐在她的身边。原来，身为领导的艾琳早就喜欢上了才华横溢的张旭明，但是，因为身份的原因，她不好意思明确地表达出来。不过，这在同事们中间早已是心照不宣的秘密了。大家都发现严肃的艾琳一对张旭明说话，就变得非常温柔，而且眼神中充满了爱意。有的时候，如果张旭明因为有事情请假，艾琳眼神中的关心之情根本掩饰不住。

在不明所以的王爱静开始和张旭明“捉迷藏”之后，亲自把王爱静招聘进报社的艾琳一反常态，不再像以前那样经常询问王爱静工作起来是否适应了。而且，以前开会的时候，艾琳总是友善地问王爱静有没有什么意见或者建议，但是现在，每次开会的时候，艾琳总是对王爱静爱理不理，眼神中的冷漠连同事们都感觉到了。而王爱静呢，因为初涉职场，不懂得读懂上司的眼神，也因为沉浸在“捉迷藏”的趣味中而对艾琳冷漠的眼神毫无觉察。就这样，三个月的试用期到了，艾琳把王爱静叫到办公室，说：“爱静，你来我们社已经有一段时间了，工作上表现挺好的。不过，我们这儿是文化单位，所以，在和同事交往的时候要注意分寸，尤其是和男同事。最近，可有不少人说你和张旭明的风言风语呢。”毫不知情的王爱静，听到艾琳这么说，冲动地脱口而出：“男大当婚，女大当嫁，什么单位也不能禁止员工谈恋爱、结婚吧！”听到王爱静的反驳，艾琳铁青着脸一句话都没说，就让王爱静走了。

过了没几天，艾琳找了一个借口辞退了王爱静。可怜的王爱静，直到离开单位也不明白，为什么艾琳亲自招聘她进报社，而在她的工作进展得很顺利的时候，艾琳却又找了个牵强的理由辞退了她。

每天，单身男女的绝大多数时间都交给了公司，而且没有多少机会和时间去结识异性朋友。日久天长，他们在工作中会逐渐地了解对方，从而产生爱意，这种情况屡见不鲜。然而，在职场中，最忌讳的就是同事之间谈恋爱，很多公司甚至明文规定不允许开展办公室恋情。故事中的王爱静涉世不深，根本不懂得职场中的潜规则，而且心思单纯，对上司艾琳充满嫉妒的冷漠眼神无知无觉。虽然她也感觉到了艾琳对自己的态度发生了变化，但是她却不明所以，最终不明不白地失去了工作。如果她能够敏感一些，看懂艾琳对待张旭明的眼神，再看懂艾琳看她的眼神，那么，她至少可以采取一定的措施，或者转入地下，或者及时收敛，使自己在职场之路上走得远一些。毕竟，对于刚刚大学毕业的她来说，解决温饱才是首要任务。

那么，如何通过对方的眼神读懂对方的心灵，从而说正确的话、做正确的事情呢？下面，让我们一起来学习学习。

1. 不同人的眼神

不同的眼神，反映着不同的内心世界。同样，不同的人，眼神也是不同的。自卑的人，眼神往往躲躲闪闪，很难长久地注视别人，一旦发现别人在注视他，就会将视线立即移开；性格内向的人，无法将视线集中在对方身上，即使偶然看对方一眼，也是一闪而过，这种人往往不善交际；三心二意的人，听别人讲话时一边点头，一边左顾右盼，从来不把视线集中在谈话者身上，这说明听话的人对说话的人以及说话人所说的话题不感兴趣；凝神倾听的人，总是将视线集中在对方的眼部和面部，以表示对对方的尊重和理解；心不在焉的人，注意力集中在自己正在干的事情上，非但不看对方说话，而且反应冷淡。

2. 不同表情的眼神

一个人，如果总是用充满仰视的眼神看着对方，说明对对方的尊敬和信任之意；反之，如果总是俯视他人，则是在刻意维护自己的尊严。表示认可和欢迎的时候，人们总是伴着微笑且注视对方；反之，如果紧皱眉头，用焦虑的眼神看着对方，则表示担忧和同情。当一个人鄙视对方的时候，总是保持面无悦色的斜视；当一个人想讽刺一个人的时候，总是用冷漠的眼神看着对方，然后突然一笑；当一个人突然用眼瞪人时，是在表示一种警告或制止；当一个人从头到脚地以挑剔的目光巡察别人时，则是一种审视。

如果两个人彼此心存好感，那么说话的时候往往喜欢注视对方的眼睛，以达到眼神的沟通、心灵的交流；相反，如果两个人话不投机，就会尽量避免注视对方的目光，以消除不快。此外，漠视的眼神给人一种拒人于千里之外的感觉，还有一种轻蔑的意思在里面；眯视也是不太友好的眼神，给人一种睥睨和傲视的感觉。

3. 面对不同的交往对象，眼神也有所不同

在交往中，眼神和心理是互通的，如果能够将不同的眼神在实践中加以运用，对交往将大有好处。如果你想在和对方的争辩中获胜，那你千万不要挪开目光，以示坚定不移的决心；如果你希望给对方留下深刻的印象，你就要长久地凝视他的目光，以示自信；在面对陌生人的时候，如果你不知道别人为什么凝视你，你就要留意他的目光，以便从容应对；如果你面对别人的时候觉得很尴尬，那就要把目光移开，以减少不快；在和一个人交谈的时候，如果对方漫不经心而且微闭双目，你就要知趣地及时停止交谈，倘若你还想继续进行有效的沟通，那就要随机应变；和一个初次见面的人交谈时，如果你想和对方建立良好的关系，至少要有60% ~70%的时间注视对方，需要注意的是，不要一直直视对方的眼睛，可以注视对方的两眼和嘴之间的三角区域，这样才能准确而有效地向对方传递你友善的信息；在和陌生人的交往中，如果你想尽快和对方建立信任感，那么，在对方讲话的时候，你就要面带微笑，并且以期待的目光注视对方。

心理话术：

在人际交往中，眼神的交流作用非常重要。很多时候，眼神是无法掩饰的，它往往更能真实地表达出一个人的品质、修养以及心理状态。如果能够充分地理解别人的眼神所表达的意思，那么你就能够觉察到对方真实的内心世界，从而更好地与之交流。

对方眉毛挑动,你该表达真诚

在人的脸部,眉毛与眼睛离得最近、关系最密切,因而被人们称为“心灵的窗框”。心理学家经过研究,发现眉毛的动态表达功能居然高达二十多种。美国社会心理学家琳·克拉森对人们的面部器官进行了长期的、细致的研究,被人们称为“读脸专家”。在研究中,克拉森发现人们的面部表情生动传神、非常微妙,而且,人们虽然可以控制自己的情绪,但是却很难控制自己的面部表情。因此,这些表情总是毫无保留地透露一个人的所思所想。而在这些面部表情中,她认为眉毛最能表露一个人的心声。例如:当眉毛向下靠近眼睛的时候,表示一个人充满热情,非常愿意和身边的人友好相处。总而言之,从一个人的眉毛,能够看出他的心理状态。

1. 自古以来,关于眉毛的词句有很多

自古以来,我国就有很多形容眉目的词语,例如“横眉冷对”(敌意、蔑视)、“低眉顺眼”(逆来顺受)、“眉开眼笑”(喜不自禁)、“喜上眉梢”(高兴)、“柳眉倒竖”(发怒)、“挤眉弄眼”(戏谑)等。此外,还有一些著名的诗句,例如苏轼在《赠黄山人》一诗中写道:“面颊照人元自赤,眉毛覆眼见来乌。”刘克庄诗云:“贪与萧郎眉语,不知舞错伊州。”更有白居易《琵琶行》中的“低眉信手续续弹,说尽心中无限事”。

2. 眉毛的表情达意功能

在生活中,眉毛的表情达意功能非常强大,如果注意观察,就能透过眉毛传递的信息洞察别人的内心世界。通常情况下,人们处于不同的情绪之中,眉毛的形态是不一样的:当一个人心平气和时,眉毛基本呈水平状;当一个沮丧万分时,眉毛就会耷拉下来;当一个人非常生气时,眉毛就会倒立起来;当一个人高兴时,就会眉飞色舞;当一个人遇到难题时,眉毛就会紧蹙起来。

3. 挑动眉毛代表什么？应该如何应对？

在眉毛的各种状态中，最为诡异的是挑动眉毛的情形，即一边的眉毛下垂或者保持不动，另一边的眉毛高挑。这是什么意思呢？以下的案例能够很好地为我们解答这个问题。

与高峰是一个装修公司的设计师，他的主要工作就是帮助客户合理地设计居室、办公场所、公司等。有一天，高峰带着刚刚完成的设计稿来到客户的公司，以便和客户及时沟通，使方案更加完美。一进办公室，客户在宽大的办公桌后面就上下打量了一番高峰，显得不太友好。

果然，高峰刚刚把设计稿拿出来和客户谈了一会儿，客户就开始挑毛病了，大到整个办公楼的功能划分、整体布局，小到办公桌的摆放、绿植的摆放位置，客户通通不满意。而且，客户还拿出了自己的设计，看那架势，是要和高峰一较高低。

费尽口舌之后，高峰仍然无法说服客户。迫于无奈，他只好使出了杀手锏，他告诉客户自己的设计更加经济实惠，实施起来，至少会比客户亲手设计的方案节省20%的资金。听到这里，客户不置可否地笑了笑，并且不自觉地挑了挑眉毛，抽动了一下嘴巴，流露出不相信的神情。

看到客户的表情，高峰知道客户在心里是否定自己的。不过，他没有明确地让客户相信他，而是不动声色的拿出纸、笔和计算器来，开始一项一项地为客户罗列自己的预算。他一边算，一边很有耐心地把一项项开支为客户指出来，并且和客户的设计方案进行了详细的比对，告诉客户哪些钱是可以省的，哪些钱是必须花的。算到最后，高峰果真证实了自己的设计比客户的设计能省至少20%的开支。在高峰耐心而细致的计算过程中，客户的眉毛渐渐地舒展开了，之前挑起的眉毛也放了下来，不仅眼含笑意，而且频频点头。显而易见，他已经在不知不觉之中接受了高峰的设计方案。经过这次事情之后，客户非常信任高峰，把装修的事情全权交给了高峰。

在这个案例中，客户为什么要挑动眉毛呢？难道他不知道眉毛一边高一边低看起来会很怪异吗？其实，客户之所以挑动眉毛，是因为他对高峰的设计方案不屑一顾，不仅怀疑，而且产生了否定的心理。眉毛斜挑的人，通常处于怀疑状态，那条扬起的眉毛就像一个问号似的，或者希望你主动偃旗息鼓，主动终止交易，或者希望你给出合理的解释。显然，这个客户的心理更加倾向于前者，这一点从他自己已经亲自设计好了方案可以看出来。那么，面对这种情形，高峰是怎么做的呢？高峰非常聪明，他没有像大多数人那样，一旦遭到别人的否定，就赶紧据理力争。相反，他不动声色地开始一项一项地计算给客户看，最终使客户相信他的方案确实能节省20%的开支。

从高峰的身上我们可以得到一个启发：如果对方挑动眉毛，你必须表达自己的真诚，以真诚感动对方。

心理话术：

尾毛斜挑的人，通常处于怀疑状态，那条扬起的眉毛就像一个问号似的，或者希望你主动偃旗息鼓，主动终止交易，或者希望你给出合理的解释。如果对方挑动眉毛，你必须表达自己的真诚，以真诚感动对方。

鼻子会表意，说话合心意

在人的面部五官中，眼睛很灵活，嘴巴很灵巧，而鼻子呢？相比之下，除了耳朵之外，鼻子的表情是最少的。鼻子，长在面部的中间位置，是面部的制高点。鼻子有两个鼻孔，鼻孔中还有许多鼻毛，鼻毛能阻止灰尘的入侵，保证气管和肺部的清洁；鼻孔能对吸入的冷空气加温，以减轻冷空气对气管的刺激。此外，鼻子还是嗅觉气官，嗅觉非常灵敏。科学家经过研究发现，在鼻子内壁只有5平方厘米的地方，就分布着1000多万个嗅觉细胞，并且与人的神经紧紧相连，难怪鼻子能灵敏地辨别几千种气味。

绝大多数人都知道以上列举的这些鼻子的生理功能，不过，鼻子还能表情达意，这就鲜为人知了。大家肯定会问：鼻子既不像眼睛那样能够灵活转动，也不像嘴巴那样能言善辩，怎么可能会表情达意呢？的确，一般来说，鼻子除了一张一翕和蹙起来之外，很少能够主动地做出动作，而只能被动地被手捏来捏去，或者摸一摸。但是，虽然鼻子所传递的信息远远不如眼睛和嘴巴丰富，即使这样，鼻子也能给我们提供很多的身体语言信息，是面部表情中不可忽视的微表情。有的时候，鼻子做出的微表情也能够泄露一个人内心的真实想法。

2009 年 7 月，向敏新从某大学中文系毕业。之后，他参加了二十多场招聘会，但是都没有找到合适的工作。其实，向敏新在大学里非常优秀，他不仅连续四年都获得了一等奖学金，而且还在大四的时候入了党。每次，招聘单位只要一看到他的简历，在很短的时间内就会约他参加笔试、面试。无疑，笔试根本难不倒向敏新，但是，一到面试的阶段，他就会被无情地淘汰掉。向敏新绞尽脑汁也想不明白自己为什么总是在面试阶段淘汰掉，他明明表现得很好啊。10 月份的时候，在一个校友的介绍下他去了一家出版社，出版社看了他的简历以后对他的条件很满意。结果，面试的结果仍然和之前一样，向敏新又被淘汰了。这次，他再也忍不住了，想找到校友问个究竟。校友也毫不知情，不过，校友答应他找机会和人力资源部的人聊聊这件事情。

一个月后，校友急急匆匆地来找向敏新，原来他已经从人力资源部的同事那里了解到了向敏新之所以没有通过面试的原因。至此，困扰了向敏新大半年的问题终于要真相大白了，他们谁都没有想到向敏新居然因为这个问题而屡屡遭遇求职的瓶颈。原来，向敏新有一个很不好的习惯，他说话的时候总是爱耸鼻子，而且，一紧张还爱用手碰或者揉鼻子。就因为这个原因，面试他的考官觉得他不尊重别人，对别人流露出不屑一顾的表情，而且还有说谎的嫌疑。经过这一提醒，向敏新想起来了，考官问他在校期间有没有发表过什么文章的时候，他的确一边揉鼻子一边想了片刻，因为他一时之间想不起来自己发表文章的题目了，这却被考官理解为撒谎了。至于耸鼻子，他从小就留下了这个不好的习惯，平时还好，尤其是紧张的时候，情况往往更加严重。一向自信的他万万没有想到，这些不经意却又很频繁的小动作，居然使他与心仪的工作失之交臂。

在以上案例中,向敏新之所以失败,就是因为他的鼻子因为习惯使然,表错了情,达错了意。同时,这也是因为他不了解鼻子的表情达意功能,所以没有意识到自己的坏习惯,因而导致一次次与工作失之交臂。由此可见,有的时候鼻子的微表情的确能够泄露一个人内心的秘密,而有的时候,鼻子的表情未必是真实心理的流露,因为也有可能是习惯使然,诸如案例中的向敏新。那么,为了避免这种情况的发生,我们就要了解一下关于鼻子的微表情所传达的意义,这样才能使鼻子的微表情更加贴合我们的心意。为了便于大家识记,我们总结了以下9种鼻子的表情达意的功能:

(1)皱鼻子:表示厌恶;

(2)歪鼻子:表示不信任;

(3)鼻孔一张一翕:表示愤怒;

(4)抖动鼻子:表示紧张;

(5)哼鼻子:表示排斥和蔑视;

(6)抽动鼻子:表示在闻气味;

(7)捏鼻梁:当人极度疲劳或者思考难题的时候,人们习惯于用手捏鼻梁;

(8)挖鼻孔:这是一个不雅的动作,很多人在公共场合会控制自己不做出这样的举动,不过,仍然有一些人在遇到挫折或者特别无聊的时候会用手指挖鼻孔;

(9)揉鼻子:表示说话人有可能在编造谎言;

(10)考虑难题时,有的人会情不自禁地捏鼻梁,这是因为鼻梁下的鼻窦部位因为紧张会产生轻微的痛感,用手指捏鼻梁是对疼痛的一种反应,能够有效地减轻疼痛。同样的道理,当有人故意刁难我们的时候,为了掩饰内心的慌乱,我们会很自然地把手挪到鼻子上,触摸它、揉捏它,甚至还用力地压挤它,似乎鼻子因为内心的冲突而产生了瘙痒感。在不会撒谎的人群中,这种情形尤其常见。此外,当一个人精神极度紧张或者心情比较焦急的时候,鼻头会不自觉地沁出汗珠;当一个人在非常得意、极度不满或者感情有所抑制的时候,鼻子还会略微肿胀,这是由于人们在紧张或者兴奋的情况下呼吸和心跳加速引起的。这些也属于微表情。

当然，鼻子的表情虽然能够在一定程度上泄露人的内心，但是我们却不能仅仅根据鼻子的表情来判断一个人。掌握这些鼻子的表情功能，能够帮助我们避免在与人交往的时候引起误会。如果你和以上事例中的向敏新一样，鼻子有表错情的坏习惯，那么就要赶紧改一改了。

心理话术：

鼻子能给我们提供很多的身体语言信息，是面部表情中不可忽视的微表情。有的时候，鼻子做出的微表情也能够泄露一个人的内心；而有的时候，鼻子的表情未必是真实心理的流露，因为也有可能是习惯使然。为了避免在与人交往的时候引起误会，如果你的鼻子有表错情的坏习惯，那么就要赶紧改一改了。

通过嘴巴的动态掌控内心波动

泰勒和康赛维奇是美国旧金山史密斯－凯特威尔眼科研究院的研究员，他们通过研究著名的《蒙娜丽莎》画像，发现人的嘴巴能够表达喜悦和悲哀的情绪，而眼睛却不能反映真正的表情，只能反映情绪的紧张程度。首先，他们在数码化的画像上增加干扰图案，使之看上去像一幅模糊不清的电视画面。接着，为了使画面上的人物表情呈现从喜悦到悲哀的变化，他们使用了改变干扰图案的方法。每次，他们只将这种变化呈现于画像的上半部或下半部，让测试者评定每幅画面上蒙娜丽莎的表情是悲哀还是喜悦，以便确定表达人物情绪的到底是眼睛还是嘴巴。受测试者的感觉非常明显，变化的眼睛无法使他们明显感觉到情绪的不同，而变化的嘴使他们更加明显地感觉到蒙娜丽莎的情绪变化。为了验证试验的准确性，泰勒和康赛维奇还使用了其他女性的照片进行了相同的测试，结果完全一样。

通过这个试验，尽管我们无法否定眼睛的表情达意功能，但是最起码证实了嘴巴的动态也具有非常重要的表达功能。一般情况下，嘴巴相对比较灵活，能够做出不同弧度的动作。透过这些丰富的嘴部动作，我们可以掌控一个人内心的情绪波动。

1. 笑是人类最美丽的动作，通过不同的笑，可以判断一个人的性格

微笑的人嘴角微微上翘，看起来很和善，性格内敛，沉默寡言，不善于与人交流，比较关注内心世界，心思细腻，擅长分析对方的言语；眯眼笑的人嘴巴的动作幅度比较小，很少开口说话，性格比较固执，认准了的事情很难改变主意，不喜欢与人交流，有的时候，即使知道的事情也佯装不知，看起来很温和，其实性格比较刚烈，因为不愿与人合作，因此很难成功；开口大笑的人嘴巴大张，性格豪放，做事不拘小节，光明磊落，缺点是没有耐心，遇到困难容易退缩；狂笑的人嘴巴近似于圆形，擅长社交，洒脱不羁，给人一种亲切感，喜欢冒险，乐于助人，适合做与人打交道的工作，很容易获得成功。

2. 从嘴角的弧度也能判断一个人的性格

喜欢把嘴巴缩起的人，做事认真细致，但很难敞开自己的心扉，疑心病重；嘴抿成“一”字形的人是实干家，性格坚强，能够圆满地完成上司交代的任务，事业发展相对顺利；嘴角微微上翘的人活泼外向，心胸开阔，灵活机智，为人随和，很好相处；嘴角向下撇的人固执己见，很难被说服。

3. 交谈时嘴角的动态能够反映出说话人的内心世界

说话时以手掩口的人性格内向、故步自封，生怕被别人看穿心思；交谈时下嘴唇向前撇，表明不仅怀疑你所说的话，而且还想反驳你；上下嘴唇一起往前撅，表明此人处于防御状态；嘴唇的两端略微向后的人注意力比较集中，但是缺乏坚持的毅力，很容易受到他人的影响；在交谈时咬嘴唇或者双唇紧闭的人，可能是在反省自己，也可能是在用心地倾听或者分析对方所说的话；交谈时经常舔嘴唇的人正在压抑着自己紧张或者兴奋的心情。

总而言之，嘴巴的动态有很多种，在人际交往的过程中，如果能够细致地观察对方的嘴巴的动态，就可以洞察对方的内心世界，使交往更加顺利。

李航大学毕业后，进了一家软件研发公司工作。转眼之间，他已经在公

司工作了整整三年了。但是三年里,每次加薪与晋升都与他无缘。这一次,公司里比他来得晚的新职员都加薪了,他终于忍不住想找老板提出加薪的请求。然而,怎样才能找到合适的时机呢?作为老板,当然不会喜怒形于色,因此职员很难判断老板的心情如何。不过,李航曾经看到一本关于嘴巴动态的书籍,因此他决定通过观察老板的嘴巴动态来判断老板高兴与否。就这样,李航整整观察了十几天,突然有一天,他发现老板看起来与往日不同——嘴角微微上翘,虽然几乎不易觉察,但还是被李航捕捉到了,由此,李航断定老板的心情很好。所以,处理完手里的工作后,李航来到了老板的办公室,以父母生病为由,委婉地提出了加薪的请求。果不其然,老板的心情真的很好,他不仅痛痛快快地承诺从本月起给李航加薪20%,还称赞李航是个孝顺的好孩子。就这样,仅凭着一丝不易觉察的微笑,李航顺利地实现了自己的心愿。

由此可见,在职场中,无论是面对上司还是面对同事,都可以通过观察对方的嘴巴动态来了解对方的内心,从而更加顺利地实现良好的沟通。

心理话术:

嘴巴的动态有很多种,在人际交往的过程中,如果能够细致地观察对方的嘴巴的动态,就可以洞察对方的内心世界,使交往更加顺利。

手势小动作,交流不可忽视

在人类的各种肢体语言中,手势的动作幅度是最大的,方式也更加多样和灵活。在人类的进化过程中,双手是劳动不可或缺的关键部位,因此发挥了至关重要的作用,推动了人类的进化历程。在长期的劳作中,双手形成了一整套精细的动作,能够生动地反映人类的内心世界。通常情况下,人们习惯于把双手放在身体前面,这样一来,就很容易被别人观察到,因此,即使手部的动作非常细微，也能发映出人们内心的微妙变化。

为了使大家更加系统地了解各种手势以及它们所表达的含义，我们进行了系统的归纳和总结：

1. 手对头部的精细动作

首先，手最常做的动作就是触摸脸部。通常情况下，用手触摸脸部的动作很容易使人联想到撒谎。不过，也有一些与谎言无关的动作，例如，听别人说话时，如果人们头部保持直立，手轻轻靠在脸颊上，就说明他们正在思考；如果用手抚摸下巴，则表明他们正在考虑怎样做出决定；如果用手托住脸颊，头轻轻地歪向一侧，就说明听话者已经开始厌倦别人的长篇大论了。其次，手偶尔也会拍打前额或者后颈。一般情况下，如果人们忘记了答应别人的事情，就会情不自禁地拍拍自己的前额，或者抓挠自己的后颈，这是在表示懊恼和歉意。

2. 手和身体配合做出的动作

通常，在手和身体配合做出的动作中，以双臂交叉于胸前、将手背在身后、双手叉腰最为常见。交谈时，常见的动作是双臂交叉于胸前，仿佛在自己和他人之间筑起一道屏障，从而将自己厌恶的人或事物挡在外面。这是一种典型的防御性动作，明确地表达了否定、防御和拒绝的意思。如果你观察得仔细，就会发现，即使都是双臂交叉于胸前，手部动作也会有一些细微的差别。如果双臂交叉的时候伴随着抓上臂的动作，就说明这个人内心紧张和不安，希望以此来宽慰、安抚自己；如果双臂交叉的时候伴随着握拳的动作，就说明这个人带有明显的敌意。

如果你经常和领导接触，就会发现大多数领导都有一个不自觉的动作，即将手背在身后，将心脏、咽喉等易受攻击的身体部位暴露在外，这样能够显示出他们的勇气和胆量，给人一种权威、自信和居高临下的感觉。有的时候，警察面对犯人、老师面对学生，也会不自觉地摆出这种姿势。不过，需要注意的是，背在身后的双手一般都是松散地握在一起的，如果背在身后的双手是一只手紧紧抓住另一只手的手腕，就说明这个人的内心充满挫败感。

双手叉腰的动作最具攻击性，因为撇向外侧的双肘就像武器一样，能够起到威慑他人的作用。叉腰时,大拇指的指向不同,又有不同的含义:如果大拇指朝前,说明这个人充满了质疑;如果大拇指朝后,说明这个人的控制欲很强。这种动作不仅人类经常用,在搏斗或者求爱时,动物们也会摆出类似于这种姿势的动作,以使身躯显得更加伟岸。例如,在求偶时,雄孔雀会打开自己硕大的尾巴,猫在发怒的时候也会弓起身子,使身上的毛直立起来。

3. 手部的动作

紧握双手总是面带微笑地看着对方,给人一种自信的、胸有成竹的感觉。实际上,紧握双手的人有着深深的挫败感,内心拘谨而焦虑。心理学研究表明,双手紧握的位置越高,情绪越沮丧,挫败感越强。

自古以来,人们一直觉得摊开双手象征着坦率、诚实和谦恭。每当人们想坦诚待人的时候,为了表示诚意,就会情不自禁地摊开双手。喜欢看球赛的人会发现,大部分球员一旦被判犯规,就会耸耸肩表示遗憾,并且满脸无辜的摊开双手,以示清白。

在现实生活中,很多时候人们都会摩擦手掌,其实摩擦手掌代表着丰富的含义,适用于各种情境。摩擦手掌的时候,速度不同,反映的心理状态也不同。摩擦得慢,表明犹豫不决;摩擦得快,表明满怀期待。例如,在等待面试的过程中,面试者一边踱步一边搓揉手掌,说明他的内心紧张不安。

在职场中,如果能够详细了解这些手势的含义,就能帮助你更加顺利地获得成功。

张嘉译在一家民营企业工作,他不仅学历高、工作经验丰富,而且对于人的心理颇有研究,为此,公司让他全权负责对外谈判业务。最近,公司准备接手一家外企的大订单,成功与否将关系到公司全年的经济效益,因此,老板非常重视,再三叮嘱张嘉译一定要全力拿下该订单。

经过一系列的准备后,张嘉译带着项目书亲自到外企进行深入沟通,以使项目设计更加完美。在交谈的过程中,张嘉译看到对方负责人拿出了一张 A4 纸,上面密密麻麻地写满了对项目的意见、建议以及不满意的地方。不知不觉之间,对方负责人还把双臂交叉放在了胸前,脸上写满了质疑。见此情景，虽然对方负责人并没有明确说什么，张嘉译马上打起了十二分的精神，停止了解释，而是一项一项地开始按照客户的意见完善方案，即使觉得客户的方案不好，他也没有反驳，然后有理有据地把自己的设计方案为客户演示了一遍。在张嘉译专业、敬业、耐心、真诚的演示下，客户的双臂渐渐地放了下来，投入了与张嘉译的讨论之中。至此，张嘉译才松了一口气。最终，他顺利地为公司签下了这个大订单。

以上事例中的张嘉译，在客户把双臂抱在胸前表示质疑和否定的时候，及时调整策略，成功地打开了客户的心扉，最终顺利签约。试问，如果张嘉译看不懂客户的手势语言，而是选择一味地解释，那么，客户肯定会认为他是在强词夺理，从而更加反感他。由此可见，熟知手势语言能使我们与别人的交流更加顺畅。

心理话术：

手势语言能够生动地反映人们的内心世界。在职场中，如果能够了解这些手势的含义，就能帮助你更加顺利地获得成功。

观察脚部动作，让表达正中人意

正如人体的其他部位有表情达意的功能一样，脚也有属于自己的语言，即“脚语”。所谓脚语，指的是在人坐立或行走的过程中脚发出的声音、做出的动作、指向的方向等。人的性格不同，走路的风采各异；人的心情不同，走路的姿势也不同。脚语是一种情绪的节奏，能够反映出一个人的脾气秉性、心理状态、情绪等。经过长期研究，英国心理学家莫里斯得出了一个非常有趣的结论——“人体中，远离大脑的部位最可信”。顾名思义，脚是人体中距离大脑最远的部位，因此，脚是最诚实的部位。虽然人的脚步经常因时因地而异，但是，每个人仍然有固定的脚语。因此，你即使不用眼睛看，只听那或轻或重,或急或徐的脚步声,就能判断出来者是否是自己熟悉的人。

除了脚步声之外,脚部还有很多动作。有时,如果你看不透一个人的内心,不妨观察一下他在不经意间所做出的脚的动作,这样往往能够洞察他真实的内心世界。

乔丽刚刚大学毕业就自己谈了一个男朋友,她和父母说过男朋友的情况后,父母觉得不太满意,因此以年龄尚小为理由,让乔丽与她男朋友分手。周末的时候,父母让乔丽别出去了,说在家包饺子吃。其实,父母是想阻止她出去约会。在父母的软硬兼施之下,乔丽不得不待在家里。

上午十点,与男友之前约定的见面时间到了,乔丽一边帮妈妈包饺子,一边抬头看钟表,急得就像热锅上的蚂蚁。半个小时过去了,她家的楼道里响起了脚步声,乔丽听了之后,脸涨得通红,她听出来了,那是男朋友没见到她急得跑到家里来找了,但是又不敢敲门进来,所以只好在楼道里徘徊。又坚持了十分钟,乔丽实在忍不住了,哀求妈妈说:“妈妈,让我出去一会儿吧,就一会儿。”妈妈看着女儿急成那样,非常心疼,但还是语重心长地说:“丽啊,妈妈不是不让你谈恋爱,但是你刚刚大学毕业,没有任何社会阅历,妈妈是怕你一时脑热,误了终生幸福啊!”见妈妈这么说,乔丽不得不低下头包饺子。过了一会儿,爸爸发现原本背对户门坐着的乔丽,现在却像拧麻花一样,上身仍然背对着门,但是下身却冲着门那边转了四十五度角,尤其是脚,恨不得一下子迈出门去。而且,乔丽的脚尖不时的在地上踮着,似乎内急了似的。看到女儿这样,爸爸不忍心了,找了个借口说:“闺女啊,咱家没醋了,这没醋吃饺子可不香,马上就要包完了,你赶紧以最快的速度去给爸爸买瓶醋回来吧!”听到这里,乔丽极力掩饰自己的兴奋之情,马上拿着钱包去买醋了。事后,乔丽跟爸爸的感情变得特别深,觉得爸爸比妈妈理解自己,不管有什么心里话都和爸爸说。在爸爸的引导下,她和男朋友互相鼓励,最终,工作一年后双双考上了研究生,之后又一起出国深造了。

看到这里,我们不禁纳闷,爸爸是怎么知道乔丽的男朋友在门外的呢?又是怎么知道乔丽在被妈妈拒绝之后并没有死心,仍然急不可耐地想出去和男朋友见一面的呢?其实,乔丽的确听出了男朋友固有的脚步声,但是,乔丽的爸爸根本听不出来乔丽男朋友的脚步声,他是通过观察乔丽的脚部动作知道的。乔丽上身背对着门,下身却朝着门扭成了四十五度角,而且,她的脚尖恨不得一步迈出门去。由此,爸爸知道乔丽并没有推掉约会,而且约会的对象很有可能就在门外等着呢!把握住了女儿的心思,乔丽爸爸恰到好处地让乔丽出去买醋,这样一来,不仅避免了妈妈的反对,还使乔丽有机会出去和男朋友匆忙一见!如此善解人意的爸爸,女儿怎么会不喜欢呢?!

很多时候,脚部动作往往被人们所忽略,其实,脚部动作比其他肢体语言更真实、更准确。为了方便大家更好地了解脚部动作的含义,我们特意进行了归纳总结,这样一来,大家不管是在工作中还是在生活中,都可以通过观察别人的脚步动作来了解别人的内心世界,进而更好地与人相处。

1. 不同性格的人,脚步不同

性格开朗的人,走起路来大步流星,脚步声比较重;相反,性格内向的人,走路缓慢而踏实。成熟老练的人,走路很稳,步伐很有节奏;而毛头小伙子走起路来则匆匆忙忙,充满活力,当然,也就显得不够踏实。可见,不同性格的人走路也不同。例如,如果一个人看上去非常强壮,但是走路却小心翼翼,那么,他肯定是一个外粗内细的精明人,做起事情来喜欢以粗犷的外表来掩盖严密的章法;如果一个端庄秀美的女子走起路来却急急忙忙,脚步不仅沉重而且凌乱,那么,她一定是个性格开朗、心直口快的痛快人。

2. 不同的脚部动作,泄露人的内心

如果一个人脚踝相扣,或者脚踝钩住板凳腿,从某种意义上来说,这个动作和紧咬双唇所表达的意思差不多,即都说明这个人正在努力抑制某种消极的情绪,内心焦躁不安,而且保持着警惕。例如,大多数病人在进行手术之前都十分恐惧,因而经常做出脚踝相扣的动作;当犯了错误的学生坐在老师的对面时,也会因为紧张而脚踝相扣。

在所有的脚部动作中,脚尖指向是最容易被人忽视的细节。虽然脚尖指向会告诉我们很多的信息,但是却很少有人观察别人的脚尖指向。在以上事例中,乔丽的爸爸正是根据乔丽的脚尖指向洞察了女儿的内心,因而才能说出正合女儿心意的话来。一般情况下，人们会无意识地将身体转向自己喜欢的人或事，所以，只要观察脚尖指向，就可以判断对方是否愿意见到我们。例如，在谈话时，假如对方将原本对着你的脚尖移开，就说明他想尽快结束谈话离开。

在脚尖指向中，有一种比较特殊的脚部动作，类似于起跑，即身体稍稍前倾，一只脚在前，一只脚在后，双手分别放在两个膝盖上。通常，这种姿势意味着当事人对某件事情很感兴趣，已经做好了洗耳恭听的准备。此外，这个动作还可以代表完全相反的意思，即随时准备撤离。例如，大学生上完一节持续两个小时的大课之后，都会做出这种动作。

其实，脚部的动作还有很多，需要我们在现实生活中认真观察，这样才能更好地了解别人的心意，与别人更好地相处。

心理话术：

有时，如果你看不透一个人的内心，不妨观察一下他在不经意间所做出的脚步动作，这样一来，往往能够洞察他的真实的内心世界。很多时候，脚部动作往往被人们所忽略，其实，脚部动作比其他肢体语言更真实、更准确。

先看后说，站坐姿势体现心境

在中国几千年的历史长河中，老祖宗给我们留下了很多精辟的言论，其中，“坐如钟，立如松”就是大家都耳熟能详的一句话。站姿和坐姿是人类最普通的姿势，在成长过程中，我们不止一次地听到长辈们教育我们要“坐有坐相，站有站相”。现实生活中，除了职业军人有整齐划一的坐姿和站姿外，普通人的坐姿和站姿各不相同。在人际交往中，不同性格和心理状态的人们有不同的坐姿和站姿。从某种意义上讲，坐姿和站姿是性格的一面镜子，会泄露人们内心的秘密。在人际交往的过程中，假如你能够在说话之前先细致入微地观察一个人的坐姿和站姿，就能够很轻松地了解他的性格特征和心理状态。

为了让大家详细了解不同的坐姿和站姿透露的心理特征，下面我们来具体分析一下。

1. 不同的坐姿，体现不同的心境

（1）身体蜷缩。通常，自卑的人坐着的时候身体喜欢蜷缩起来，使自己显得比别人矮小，有一种自我封闭和自我保护的倾向。此外，焦躁不安或者极度紧张的人坐着的时候也会不自觉地蜷缩起来，从而避免引起别人的注意。

（2）跷二郎腿。一般情况下，只有心态放松或者处于优越状态中的人才会跷二郎腿。由于腿部交叉位置的不同，跷二郎腿分为脚踝和膝盖交叉以及膝盖和膝盖交叉两种。在交谈中，如果一个人脚踝和膝盖交叉，就说明他争强好胜，自信心和控制欲都很强；如果一个人膝盖和膝盖交叉，就说明他对你怀有戒心，而且注意力根本不在你们之间的谈话上。

（3）正襟危坐。正襟危坐充分体现了入座者的拘谨和严肃。一个人，如果无论在什么场合都正襟危坐，那么就说明他性格内敛，认真严谨，墨守成规；一个人，如果只在陌生环境中正襟危坐，则是为了表示对对方的重视。

不同国家的人，坐姿也不同。各个国家之间，因为文化背景的不同，所以各国人民的性格特征也有所不同，例如，德国人比较严谨，法国人比较浪漫，美国人不拘小节等。因而，他们的坐姿也有不同的风格。曾经，德国就根据坐姿的不同识破了很多美国间谍的假面。

在第二次世界大战期间，德国境内活跃着很多美国间谍，他们窃取了很多军事机密，使德国损失惨重。为了识破这些间谍的伪装身份，德国方面绞尽脑汁，最终不得不求助于各个行业的专家。在一次酒会上，在行为心理学家的指点之下，德国特工居然一举俘获了24名美国间谍，令美国情报部门大伤元气。

那么，德国特工有什么高招能一举大获全胜呢？答案是坐姿！原来，美国人的性格比较粗犷，不拘小节，坐着的时候经常做出脚踝和膝盖交叉的动作,但是,严谨的德国人却从来不这么坐。在行为心理学家的指点下,德国特工根据这个简单的规律,识破了一直伪装得很好的美国间谍。可见,在一定程度上,坐姿能够真实地反映一个人的性格特点。

2. 不同的站姿,体现不同的心境

(1)含胸驼背。性格保守、怯懦自卑的人喜欢含胸驼背。在精神上,这种站姿的人总是处于劣势,有强烈的自我防卫心理。

(2)展示胯部。自信的人更喜欢展示胯部,尤其是男人们,特别喜欢用这样的姿势来展现英雄气概。

(3)手插裤兜。相比之下,男人做这个动作的频率比女人高得多。采取这种姿势站立的人,性格保守,城府很深,从不轻易相信别人。因此,这种姿势很容易给人留下傲慢无礼的印象,使人心生反感。

(4)单腿直立。单腿站立的姿势使人的重心放在一条腿上,表现出当事人拘谨、自卑的心理状态。有的时候,也可以用来表示保留态度或轻微拒绝。

(5)昂首挺胸。为了表现昂扬的斗志和高涨的士气,军人的站姿必须昂首挺胸。对于普通人而言,当我们觉得自己的身份和地位非常高贵时,为了使自己的形象显得更加高大,就会不自觉地抬头挺胸。

站姿就像性格的一面镜子,将一个人的性格折射得一览无余。假如你能够在开口说话之前,先观察对方的站姿,那么,在交往中就能占据主动,从而形成对自己有利的局面。反之,假如你不注意自己的站姿,就会被别人洞察你的内心。例如,有人曾经在面试的时候因为手插在裤兜里面失去了工作的机会。

章华是某大学的大四学生,学习人力资管管理专业,还有半年就要毕业了,所以他已经开始找工作了。一个偶然的机会,他听说自己向往已久的一家大型国企招聘人力资源主管,因此便抱着试试看的心态投递了简历。虽然这家公司想招聘有工作经验的人,但是,因为章华的条件比较好,所以还是网开一面给了章华面试的机会。

机会来之不易,看着黑压压的面试人群,章华十分紧张。面试分为初试和复试，因为准备充分，所以章华顺利地通过了初试。他欣喜若狂，觉得自己离心仪的工作又近了一步。复试的时候，由总监亲自当考官，不过，没有什么专门设计的问题，只是看似随意的交谈。总监很和善，章华在总监的引导下，有条不紊地回答着总监的提问，心情渐渐放松了。不知不觉之间，他把手插到了裤兜里，和总监侃侃而谈。不一会儿，谈话结束了，在章华离开之前，总监淡淡地提醒他道："小伙子，我认为你各方面的条件都很好，虽然没有工作经验，但却是个可造之材。不过，我想提醒你，下次面试的时候千万不要把手插在裤兜里！"听完总监的话，章华的心凉了半截，他知道自己已经失去了这个千载难逢的工作机会，而唯一的原因就是不合时宜地把手插到了裤兜里。

面试的时候，无论和考官谈得多么融洽，都不能忘乎所以，一定要时刻牢记自己的身份和地位。事例中的章华，如果不是因为忽视了手插在裤兜里给人的不良印象，怎么会与心仪已久的工作失之交臂呢?！由此可见，透过一个人的站姿，的确能够洞察一个人的内心。在人际交往的过程中，如果不注意这一点，就会给自己带来损失。

心理话术：

不管是坐姿还是站姿，都会透露一个人的性格特点和心理状态。无论是听别人说话，还是说话给别人听，在说话之前，最好先观察别人的站坐姿势或者先调整自己的站坐姿势，这样才能使谈话更加顺利地进行下去！

巧说话，利用服饰装扮透视对方心理

在现代社会，人们越来越重视形象。的确，在一个人还没有来得及开口说话之前，往往已经被别人从上到下、从头到脚地打量了一番。因此，形象也是一种语言，无形中向人们传达着重要的信息。那么，怎样打造自己的形象呢？俗话说，人靠衣裳马靠鞍。要想打造良好的形象，当然离不开服饰装扮。随着时代的进步，潮流的发展变化非常快，只要你愿意，可以一日千变，但是，万变不离其宗。实际上，每个人的服饰装扮是有着属于自己的独特风格的。

一个人的服饰装扮，不但能够表现出他的欣赏品味和喜好，而且还能反映出他的修养和职业，甚至还会表现出他与众不同的智慧。总之，无论怎么变化，服饰装扮都会在不知不觉之中向他人传达很多信息。如果你观察得很仔细，就能够从一个人的服饰装扮中看出他的心理。那么，服饰装扮的表情达意功能究竟如何呢？

(1)在人际交往中，要想在第一时间内准确地了解对方的性格特点与心理，就一定要了解服饰装扮的所折射出的不同表情。

1961 年，法国总统戴高乐经历了一次右翼组织的谋杀。这件事情之后，他穿着英姿飒爽的军装在电视上发表讲话。人们很纳闷，总统为什么没有穿西服呢？但是，当知道事情的真相后，人们清楚地意识到，总统选择在这种情况下穿军装，一定是在向民众展示自己的力量和权威，并且警告政变策划者。

虽然服装的功能之一是保暖、美化，但是，在以上事例中，戴高乐总统之所以穿军装，无疑是为了表达一种信心和勇气。

(2)讲究服饰装扮的程度不同，性格也不同。现代社会极其崇尚个性，因此，服饰的款式、风格、色彩越来越丰富。如果一个人愿意，甚至可以每天都穿不同的衣服。总的来说，在服饰装扮方面有两类人，一类是不修边幅、不讲究服饰装扮的，一类是特别讲究服饰装扮的。这两类人，不仅使人一眼看上去就能发现明显的区别，而且性格也截然不同。不修边幅的人性格比较内向，喜欢独处，有自卑感，不喜欢人多热闹的场合；反之，特别讲究服饰装扮的人，自信心很强，凡事都充满好奇和热情，喜欢与人交往，朋友很多。总而言之，讲究服饰装扮的人肯定比不讲究服饰装扮的人活泼开朗。不过，凡事都有两面性，如果一个人过于讲究服饰装扮，就会走向极端，导致性格扭曲。

(3)化妆的人与不化妆的人性格不同。随着时代的发展，人们脸上的色彩越来越多，也越来越艳丽。当然，相比较男人而言，还是化妆的女人更多。然而，也还是有女人坚持素面朝天。那么，化妆的人与不化妆的人性格有什么不同呢?

化妆的女人中，也有各种妆容风格的，这里不再一一细分，统一分为化淡妆的和化浓妆的。一般情况下，化淡妆的女人不喜欢表现自己，甚至不想引人注意。她们崇尚自然，更注重适度和品位，更关注心灵，做起事情来比较有节制，喜欢给自己留退路。相比之下，喜欢化浓妆的女人性格张扬，表现欲强，希望通过极端的方式使别人关注她们。此外，有一些自信心不足的女性也喜欢化浓妆，以此来保护自我，掩饰内心的不自信。

尽管大街上的色彩越来越缤纷，但还是有女人从来不化妆。这种女人的内心很充实，不在乎外表，而更重视内在的修养，认为只要整洁清爽就好，给人以“清水出芙蓉”的清新之感。对任何事物，她们都更加注重实质，而不满足于肤浅的认识。很多时候，在一张张浓妆艳抹的面孔中，她们反而能使人耳目一新。

虽然年纪轻轻，但是艾米却被一家广告公司聘为首席设计官，从而成为了整个行业中最年轻的首席设计官。其实，艾米刚刚毕业三年多，设计经验远远比不上老员工丰富，但是，她有一个特点，使她在面试首席设计官的时候脱颖而出。

众所周知，学美术的人一般都很擅长色彩搭配。在彩妆大行其道的今天，学美术的人在化妆方面无疑占据了很大的优势。因此，几乎所有学习美术设计的美女们都对彩妆情有独钟，甚至，连那些帅哥有时候也忍不住在脸上涂抹几下。

面试首席设计官的时候，来的几乎都是业内精英，因此大家各自展开本领，把自己打扮得颇具个性。在人群之中，唯独艾米一眼看上去毫无特点，因为艾米根本不化妆，而且穿衣服也是以舒适为主。然而，正是这个毫无特点的特点使她成为了人群中最具特点的人。成为首席设计官之后，有一次，艾米和当时负责面试的总监聊天，总监说面对着一张张浓妆艳抹的脸，当他看到艾米的时候，就像看到出水芙蓉那么舒服；而且，艾米的着装风格也使艾米看上去非常清新、自然。面对这样一个人，总监说，他相信艾米的作品也必然如艾米的人一样清新、自然，天然去雕饰。

也许，乍一看，艾米纯粹是歪打正着，其实，艾米之所以被聘为首席设计官并非出于偶然。大家都知道，一个人的服饰装扮能够体现一个人的性格、风格、心理状态。其实，打动面试官的是艾米的清新、自然、淡定和大气。当然，并非要求每个人都要像艾米一样素面朝天，毕竟，有很多工作单位都是要求员工化淡妆的。

总而言之，服饰装扮是一个人心理的体现，根本模仿不来。要想提升自己服饰装扮的品位，就要首先充实自己的心灵！

心理话术：

服饰装扮是一个人心理的体现，根本模仿不来。要想提升自己服饰装扮的品位，就要首先充实自己的心灵！

第2章

听出真心，会听是说话的前提

语言是人与人交流最直接的方式，说话是表达自我、宣泄内心的一个途径，而倾听是接受对方的过程。从心理学的角度看，任何人都渴望自己的意见、观点能有倾诉的对象，可见，认真倾听他人说话，代表你对他人的尊重，同时你也赢得了别人的尊重。懂得倾听的人才会获得朋友，因为你分担了他的烦恼；同时，懂得倾听的人才能够在听的过程中摸清大意，从他人言语中了解一个人内心的意图，才能想到合适的办法应对不同的人，不同的事。因此，我们可以说，会听才是说话的前提。

高效沟通从得力的倾听开始

生活中,我们强调口才与语言在沟通中的重要作用,但要想达到良好的沟通效果,滔滔不绝地表明自己的观点和立场是不够的,因为真正的沟通是双向的,不仅需要我们表达,还需要我们懂得倾听。从心理学的角度看,人与人之间的语言交流,如果只是流于表面,是毫无意义的。每个人都有倾诉的心理需求,如果我们能满足对方的这一心理需求,在沟通前多倾听,那么,就掌握了高效沟通的窍门。同时,倾听这个看似小小的细节问题,却能体现我们的涵养,也能表明我们是否有诚心。

然而,交际场所,我们经常能见到有人手舞足蹈、口若悬河、滔滔不绝,他们只在乎自己的主观需求,只在意自己说什么,却从来不考虑他人是否感兴趣,能否忍受。当听众已经有了多次不耐烦之举,自己却还沉浸在表达的快感中毫无察觉,此时是多么失礼!其实,并不是我们能说,就能赢得人气指数,而且,一旦超出了正常的倾诉限度,就会适得其反了。

有一次美国知名主持人林克莱特访问一名小朋友,问他说:"你长大后想要当什么呀?"小朋友天真地回答:"嗯,我要当飞机驾驶员!"林克莱特接着问:"如果有一天,你的飞机飞到太平洋上空,所有引擎都熄火了,你会怎么办?"小朋友想了想说:"我会先告诉坐在飞机上的人绑好安全带,然后我挂上我的降落伞先跳出去。"

当现场的观众笑得东倒西歪时,林克莱特继续注视着这孩子,想看他是不是自作聪明的。没想到,接着孩子的两行热泪夺眶而出,这才使得林克莱特发觉这孩子的悲悯之情远非笔墨所能形容。于是林克莱特问他:"为什么要这么做?"小孩的回答透露出一个孩子真挚的想法:"我要去拿燃料,我还要回来!我还要回来!!"

这个故事中,我们发现,林克莱特就是一个善于与人沟通的人,因为他懂得如何倾听。他并没有嘲笑一个孩子天真的想法，而是继续听孩子讲出自己这样做的原因。

正如没人认为自己不会说话一样，几乎没有人认为自己不会听。可事实上，大多数人并不懂得有效倾听。某种意义上，交流有效与否往往更取决于听者而非说者，反过来说，失败的交流往往源自听者的疏忽。你认为自己真的明白了倾听的艺术了吗？你不是常常半途打断对方的演讲？是不是又自以为是的进行反驳呢？这些都是消极倾听的表现。积极倾听可以让对话的节奏舒缓下来，这样的对话，才能为思想火花的迸发营造了空间。

因此，心理学知识告诉我们，在说话前，只要你用谦和的态度懂得倾听，并以话语诱导对方，让对方产生一种被尊重感和优越感，你是能成功攻克对方的心理防线的。你要办的事情往往也会柳暗花明，甚至在你毫无思想准备的情况下骤然成功。

那么，在与他人交流的时候，我们该如何倾听呢？

1. 不要试图打断对方的谈话

有时候与人交流，难免出现意见不合的情况，此时，你可能很想打断他、纠正他，但千万不要那样做，因为此时他不仅不会听进去，还会对你产生厌恶的情绪。你要做的就是耐心倾听，鼓励他多说。当对方说完以后，你再表达自己的意见，这样，对方会明显有一种被尊重的感觉。同样，对方也会以尊重来回馈你。

2. 表示理解，以示鼓励

任何人在谈话的时候，都希望自己的意见和观点得到认同、理解。因此，如果你能表示出对对方的理解的话，那么，他是很愿意继续说下去的。对此，你可以在倾听后适当地加入一些简短的词汇，比如，“对的”、“是这样”、“你说得对”等。也可以点头微笑表示理解。当然，你还需要做到专心倾听，并与对方偶尔进行眼神交流，切不可心不在焉。

3. 适时做出反馈

没有反馈的倾听是无效的。在倾听一段时间后，对对方进行准确的反馈是激励对方谈话的有效方法。比如，对于你没有听清楚的问题，你可以这样提问“你刚才的意思或理解是……”当然,反馈一定要准确,不准确的反馈则不利于谈话,因此要把握好。

心理话术:

倾诉是一种排毒,倾听才是沟通的开始。沟通是双向的,我们并不是单纯的向别人灌输自己的思想,我们还应该学会积极的倾听。在现代社交中,倾听的作用尤为重要。倾听,是人们建立和保持关系的一项最基本的沟通技巧,也是一种心理策略。英国管理学家威尔德说:“人际沟通始于聆听,终于回答。”没有积极的倾听,就没有有效的沟通。

听语气,揣测对方心理再说话

现实生活中,我们都认识到察人、识人在人际交往中的重要性,只有具备明眸慧耳,看清你的应酬交际对象,才能做出正确的交际决策,避免很多误区。可是如何掌握它的技巧和切入点,却成为一个难题。心理学家认为:“无声语言所显示的意义,要比有声语言多得多,而且深刻得多。”语气就属于一种无声语言。曾有国外的心理学家还对此列出了一个公式:人与人之间的信息传递=7%言语+38%语气+55%表情。对于这个公式所列出的言语、语气、表情在信息传递中信息承载量的比例尚可作进一步的研究和探讨,但它确实强调了语气在帮助我们看透他人内心世界这一问题上所起的作用,这是有重大意义的。

一个人说话的语气,是承载这句话的基础,它所包含的内容会让这句话所传达的情感更加丰富。当别人笑着很亲切地说:“真是一个混蛋!”你可以把这句话当成一个玩笑,但是同样是这句话,当人们咬牙切齿地说出来时,你就要认真对待了,否则,很可能最后会酿成一个悲剧。很多时候,一句话并不是光用耳朵听就可以明白的,还需要用眼睛去看,用心去想,最终你才能理解这句话的含义。只有从对方的语气揣摩对方的心理再说话，才能在与人交流中有的放矢。

一次，齐桓公上朝与管仲商讨伐卫的事，退朝后回到后宫。卫姬一望见国君，立刻走下堂一再跪拜，替卫君请罪。桓公问她什么缘故，她说："妾看见君王进来时，步伐高迈，神气豪强，有讨伐他国的心志。看见妾后，脸色改变，一定是要讨伐卫国了。"

第二天，桓公上朝，谦让地引进管仲。管仲说："君王取消伐卫的计划了吗?"桓公说："仲公怎么知道的?"管仲说："君王上朝时，态度谦让，语气缓慢，看见微臣时面露惭愧，微臣因此知道。"

管仲是如何揣测到齐桓公要取消伐卫计划的？除了面色、表情这两个切入点之外，还有其说话语气的变化。齐桓公刚开始决定伐卫，情绪是激昂的，而后来，他开始变得态度谦让，语气缓和，这表明他放弃了伐卫的计划。的确，一个人在说话时，语气变得缓和，那么，他的内心世界也逐渐变得平静。

任何一个象棋高手都明白，在胜负角逐中，要想"一棋定乾坤"，就必须"前看三步，后看三步"。而要做到这点，就必须要看出对手走的每一步棋的用意，从而做到见招拆招，取得胜利。而同样，在与他人交谈的过程中，我们必须懂得一些"读心术"，要有看穿他人心思的本领，看人不能看表面，也不要凭三言两语无端地判定一个人。只有多方观察，从举手投足、眼神、表情等各个方面综合判断，才能真正判断对方的心思、用意。

因此，训练自己从语气中掌握对方心理，可以说是促使自己圆满处理人际关系的重要条件。那么，具体来说，我们该怎样根据对方谈话的语气作出一些心理对策呢?

1. 听出对方的情绪和意图

在各个场合都要"听话听音"。一个人即使不和你说真话，他的语气同样可能暴露出他的性格、愿望、生活状况甚至他的意图。潜藏在人内心的冲动、欲望等，总是会通过某个方面体现出来，所以要了解对方意图可借语气来读懂他的心思。只要你能准确地抓住他的心，才能更准确地分析他的心理，也才能看准他人的本质。

生活中，我们能从别人的语气来看出一个人与你交谈的时候的情绪等，留意了他的语调语速变化，你就留意到了他的内心变化。有些语调变化是故意做出来的，那是他想向你传达某些信息。而某些语调变化是无意识的，你则可以发现他的情绪变化，以便随时调整你的说话内容。

2. 看准他人的意图再说话

我们在说话前，都必须要先了解对方谈话的意图，并作出相应的语言回应，才能让交谈有利于我们。比如，如果你是个求职者，在回答问题时，应当适时正视面试者。通常，面试者对急于想要了解的问题，谈话会以较不太关心的话题为重。如果对方对你凝视倾听，你就需要对回答的问题作较为详尽的描述；如对方只是随声附和或眼神出现游离，则应立即简短结束此话题，求职者不可认为自己对这方面较为了解而夸夸其谈。

心理话术：

大多数观察人的高手，他们通常都能在对方说话的字里行间找到线索，巧妙地掌握对方的心理，从而了解他人对自己的态度、对事物的看法，进而诱导、确认或控制对方的想法。

品音色，推测对方性格再交流

人们常说“到什么山，唱什么歌”，面对不同性格的人，我们所采取的说话方式也应该是不同的。但对于初次接触的人，因为缺少了解，我们并不能推测出对方的性格。对此，我们常常感到束手无策。实际上，“言为心声”，可见，要想看清别人，就可以从他的说话音色着手。一个人的性格、爱好、人品等方面一般都会外露在语言上。

的确，生活中，人们的内心世界或多或少地会外显在语言上。面对初次见面的人，我们一般也很难深入了解一个人的性格。对方说话声音的高低、语速的快慢等，都成为我们判断其性格类型的一种方法，我们可以通过说话声音的高低来把生活中的人分为以下几种类型：

1. 高亢型

这类人个性多粗犷豪放、不拘小节，并且为人真诚、坦率，但也有缺乏耐性、易暴躁的缺点。

2. 深沉型

这种人低调沉稳、满腔抱负，且具备雄才大略，但他们因不屑流俗于世，对人际关系冷漠的他们只能“顾影自怜”。

3. 弱气型

这种人因为身体虚弱，因此说话的时候会显得底气不足。他们一般具有良好的文化修养，谈吐优雅、说话谦逊。他们在为人处世上也是小心谨慎，怕惹祸上身是这类人狭隘的一面。

4. 和气型

一般来说，这类人多为男性，他们心胸宽广，不计较小事。而这种类型的女性一般也善解人意，温柔贤淑。但他们的缺点也很明显，就是常表现得多愁善感，做事显得犹豫不决。

5. 尖锐苛刻型

这种人说话尖酸刻薄，为人犀利苛刻，从不体谅对方的感受。交谈过程中，他一旦发现对方言语的漏洞，就会毫不留情地攻击到底，直到对方理屈词穷、无地自容。他们一般都显得不怎么友善。

另外，在生活中，我们可以更微妙地领略语速语调中透露出的各种人的丰富心理变化。一位平常说话慢慢悠悠、不缓不急的人，面对一些人对他提出质疑的时候，如果他用快于平常的语速大声地进行反驳，那么很可能这些话都是对他的无端诽谤；如果他支支吾吾，半天说不出话来，那么说明这些指责就是事实，他自己心虚、底气不足。当一个平时说话语速快的人，或者说话语速一般的人，突然放慢了语速，就一定是在强调着某种东西，想引起别人的注意。对于语调，人们在兴奋、惊讶或感情激动时说话的语调就高，而在相反的情况下，语调则低。

心理话术：

通过了解一个人说话时的音色，我们能了解交谈对方的性格、品质。深入了解这些，能方便我们作出轻松自如和正确的说话决策，在与人交际的时候便能如鱼得水，然后让交际为我们所用！

会听更要会思考，某些话语有深意

现代社会，是否会说话、能否掌握语言的艺术，无论是对于个人发展还是在日常交际中，都显示出了无可替代的重要性。正如戴尔卡耐基所说："一个人的成功约有15%取决于技术知识，85%取决于口才艺术。"我们同样知道，听话和说话同样重要，但真正的听，并不是傻听，会"听"话的人既能很好地领会、理解别人说话的意思，又能仔细地欣赏、揣摸别人说话的技巧，更能从别人的言谈中听出言下之意和弦外之音，然后才能"以牙还牙"，做出相应的应酬对策。

有一个年轻人去拜访苏格拉底，向他求教演讲的技术。苏格拉底刚开口没说几句话，这位年轻人不但不认真听，反而打断老师的话，自己滔滔不绝讲了许多话，以显示自己的才能。苏格拉底说："我可以教你演讲，但必须收双倍的学费。"年轻人问："为什么要双倍呢？"苏格拉底说"要教你两门课，除演讲外，还要上一门课——怎样闭住嘴听别人说话。"

从苏格拉底这段话里，我们能看出两层意思，在诉说之前一定要倾听，倾听是诉说的前提。同时，苏格拉底在表达自己观点的时候，并没有直接指出，而是采取委婉暗示的方法。这样，既指出了青年人应该改正的缺点，又不至于让青年人失了面子。在此，作为这名青年人，应当能正确会意，了解苏格拉底的"苦心"。

清朝的乾隆皇帝是一个善于听出别人话外音的人：

一天，乾隆皇帝在新任宰相和坤与三朝元老刘通训的陪同下游山赏景。乾隆随口问了一句："什么高、什么低？什么东、什么西？"饱有学识的刘通训随口即应："君子高、臣子低，文在东来武在西！"和坤见刘通训抢在自己的前面，十分不快，随即相讥："天最高、地最低，河（和）在东来流（刘）在西！"因为当时的皇家礼仪中，上首为东、下首为西，此话暗示：你刘通训再老、再有能耐，还在我和坤的下首。

刘通训知道和坤的用心，心里也极不满。当三人来到桥上，乾隆要他们各人以水为题，拆一个字，说一句俗语，做成一首诗。刘通训张口即来："有水念溪，无水也念奚，单奚落鸟变为鸡（繁体为'奚鸟'）。得食的狐狸欢如虎，落魄的凤凰不如鸡。"和坤一听，好呀！老家伙骂我是鸡！岂能饶过他："有水念湘，无水还念相，雨露相上使为霜，各人自扫门前雪，休管他人瓦上霜！"告诫刘通训，给我当心点儿！

而乾隆听出了新老不和的弦外之音，二相不和，有损大清基业！于是，他一手拉一人，面对湖水中映出的三个人倒影说道："二位爱卿听着，孤家也对上一道：'有水念清，无水也念青，爱卿共协力，心中便有清。不看僧面看佛面，不看孤情看水情。'"二人听罢，心中为之一震，深为乾隆的如此循循善诱而不降罪的龙恩所感动。和坤和刘通训立刻拜谢乾隆，当着皇上的面握手言和，结为忘年交。

乾隆皇帝的一段话，让我们看出他是个明智的皇帝。他深知，臣子间的不团结必有损大清基业，而二位臣子表面上看是在吟诗作对，但实际上则是相互贬低，此时，他听出了个中蹊跷。如果他直接责备，一定会伤害一方的面子，致使双方的矛盾加深。因此，乾隆故意吟诗一首，通过诗歌来隐晦地传达自己希望二人和好的愿望，避免了对双方面子的伤害，收到了良好的效果。

生活中，我们与人交谈的时候，也应该善于听出别人的话外音。语言的精妙之处就在于影射，此言可以达彼意，我们只有提高警惕，仔细琢磨对方的语言，才能适时的听出。而我们如若希望能有效地听出说话人的言外之

意,需要记住以下几点:

(1)思考问题时要经常站在别人的角度;

(2)从别人的思维角度来思考问题;

(3)结合当时的情景,做出必要的判断;

(4)根据平时对他的了解和与对方的关系来判断。

心理话术:

听是说的前提,你要想更好地表达观点,就要建立在听清别人内心真实意图的基础上。但真正的倾听应该是有效的。相反,如果你没能听出别人的言外之意,就会作出错误的对策,甚至造成无法挽回的恶果。

口头禅泄露性格特征

生活中,我们经常会有意无意地提到某个词语或者某个句子,这就是口头禅。口头禅一词来源于佛教的禅宗,本意指不去用心领悟,而把一些现成的经验挂在口头,装作有思想。演变到今天,口头禅已经完全成了个人习惯用语的意思。而且,按照现代心理学的观点,口头禅其实也不是完全不"用心"的,它背后隐含着一些心理活动和心理作用。

实际上,使用不同口头禅的人,在性格特征上也是不同的。为此,我们不妨根据口头禅划分的不同来对我们身边的人进行划分:

1."据说,听说"

常使用这一类口头禅的人,往往有这样一些特点:他们阅历比较广,但往往不够果断,因此,为了让自己的话不至于太过绝对,给自己留条退路,他们便常使用此类口头禅。

2."真的,不骗你,说实话"

这种人在说话时担心听者会误解或者怀疑自己,因此,他们便急于表明自己的立场。

3.“但是，不过”

这些人说话时滴水不漏，即使发现自己说错了话，他们也能立即找出一个例外，并用“但是”加以转折。这也表明他们说话懂得留有余地，从事公共关系的人常有这类口头语，因为它的委婉意味，不致令人有受冷落感。

4.“肯定嘛，必须的”

这类人往往信心十足，理智、果断，有足够的说服力，常令人信服。

5.“嗯，这个嘛，啊”

很明显，这是一些用于语言间歇中的词语，常使用这类口头禅的人，往往思维反应较慢。当然，一些说话傲慢者也喜欢使用这种口头语。

6.“可能是吧、或许是吧、大概是吧”

这类人为人谨慎，行事周密，不容易得罪人，因此人缘不错，但他们一般不会将内心的真实想法告诉别人。

著名心理学家威廉·詹姆斯说过：“播下一个行动，收获一种习惯；播下一种习惯，收获一种性格；播下一种性格，收获一种命运。”口头禅反映了对某一类情形的反应模式。尤其带有消极词汇的口头禅，对认知和情绪都是一种消极暗示。所以，心理治疗师即使肯定别人，也很少说带有双重否定的词汇。

那么，从我们自身讲，又该怎样避免口头禅为我们带来一些负面的效应呢？据有关专业人士介绍，三类对人心理健康不利的口头禅可不能说：

第一类，“我不行的”、“我怯场”

在生活中，尤其是在一些特殊场合，我们常常听到这样的口头禅。表面上，这只是简简单单的一两句口头禅，但却对我们的心理起到极强的负面强化作用，会导致我们形成自卑感，进而不利于目的的达成，更对我们的心理健康有害。

第二类，摒弃那些能使人产生刻板印象的口头禅

从心理学角度而言，所谓刻板印象，顾名思义就是人们在社会生活中，随着某些社会经验的积累，会过多地依据这些经验为人处世、判定他人。这

类口头禅很多,比如:“帅气的男人一定花心”、“十商九奸”这些带有刻板印象的口头禅会给人们带来偏见,既不利于人际交往的和谐,也不利于身心的健康。

第三类,则是诸如“凑合着吧”、“没劲透了”、“活着真没意思”这些会传染给他人消极情绪的口头禅

不抛弃那些口头禅,则会让你在社会生活中成为不受欢迎的人。

心理话术:

几乎不可避免的,每个人都会有自己常用的口头禅,也许大家没有意识到,这些自己根本没注意到的习惯,已经悄悄的“出卖”了我们。为此,你不妨也从这个角度来好好分析一下身边的人,也许会使你对他们有更多的了解。同时,我们与人交往,可以从口头禅发现其背后隐藏着的心理问题,尽量克服一些消极的口头禅,从而助我们成为一个具有语言魅力的交际红人。

听到关键点,适时给予反馈

我们都知道,沟通有三要素——倾听、反馈、表达。科学研究证明耳朵所收集到的信息比眼睛要多得多,“万言万当,不如一默”,意思是人说一万句话,哪怕全部是正确的,也不如沉默不说一句。可见,倾听的重要性。但我们要明白一点,无论什么情况下的沟通,都是有一定的沟通目的的,因此,要做到高效的沟通,就必须在倾听中抓住问题的关键点,并适时做出反馈。

利特尔公司是世界最著名的科技咨询公司之一。然而其前身只不过是其创始人利特尔建立的一个小小的化学实验室,并不为人知晓,但后来一件事却让这个小小的实验室名声大振。事情原来是这样的:

1921 年的一天,许多企业家在一次集会上谈论科学和生产的关系。一位大亨高谈阔论,否定科学对企业生产的重要作用。这位大亨挑战性地对

利特尔说："我的钱太多了，所有的钱袋已经不够用了，想找猪耳朵做的丝线袋来装钱，或许你的科学能帮这个忙。如果能做成这样的钱袋，大家都会把你当科学家的。"说完，他哈哈大笑起来。

聪明的利特尔怎么听不出大亨的弦外之音呢？

他感到非常气愤，恨不得给这种无聊的人几个耳光，可是他忍住了，表面上非常谦虚地说："谢谢你的指点。"

此后不久，市场上的猪耳朵被利特尔公司暗中收购一空。购回的猪耳朵被利特尔公司的化学家分解成胶质和纤维组织，然后又把这些物质制成可纺织纤维，再纺成丝线，并染上各种不同的颜色，最后编织成五光十色的丝线袋。

这就是猪耳朵丝线袋，这种钱袋投放市场后，顿时被一抢而空。

"用猪耳朵制丝线袋"，这看来荒诞不经的恶毒挑战被粉碎了。那些不相信科学是企业的翅膀，同时也看不起利特尔的人，不得不对利特尔刮目相看。

利特尔公司从此名声大振。

利特尔听出了大亨的弦外之音，不露声色，暗地里却收购猪耳朵，并通过科学的方法将猪耳朵制成丝线袋。不仅为自己带来了经济利益，还粉碎了大亨的恶毒挑战，一举成名。

这个故事同样给了我们一个心理启示：倾听不能"傻听"，要听出关键点，听出问题的实质，才能在反馈时做到对症下药，否则就会本末倒置。而且，倾听是有效沟通的重要基础。善于倾听的人总是注意分析哪些内容是主要的，哪些是次要的，以便抓住事实背后的主要意思。我们倾听客户说话，也要抓住有利于销售的关键点，不要被个别枝节所吸引。

相反，不给予反馈是沟通中常见的问题。许多人误认为沟通就是我听他说或者他听我说，常常忽视沟通中的反馈环节，不反馈往往会直接导致两种结果。

（1）信息发送方（表达者）不了解信息接收方（倾听方）是否准确接收到了信息。

(2)信息接收方无法证明和确认是否准确地接受了信息。

那么,具体来说,在沟通过程中,我们应该如何反馈呢?

第一步,倾听。

不管是自己的朋友、同事、领导、客户,在沟通的时候,倾听对方表达的内容和目的都非常重要。

这里,有几个关键点:

①对方的问题点。

这也是倾听的重要任务,有时候,对方的某些问题是不会真正向你坦白的。

②情绪字眼。

当人们感觉到痛苦或兴奋时,通常会通过一些对话中的字眼来体现,比如"太好了"、"真棒"、"怎么可能"、"非常不满意"等等。这些字眼都表现了他们的潜意识导向,表明了他们的深层次看法,我们在倾听时要格外注意。

第二步,反馈。

对方表达完后,要在适当的时候去给予回应,也就是反馈。要及时、明朗、不含糊的给予认同或肯定。"是的、对、嗯、是啊"等,都是必不可少的。

第三步,表达自己的观点。

对方的观点跟自己的如有冲突或者自己认为有异议,也要先给予肯定,再说出自己的想法观点,但是也要有度,恰如其分,这点很重要!

心理话术:

反馈是沟通过程中的一部分,指在沟通过程中信息的接收者向信息的发送者做出回应的行为。一个完整的沟通过程既包括信息发送者的表达和信息接收者的倾听,也包括信息接收者对信息发送者的反馈。

让对方多说，更能掌握话语主动权

生活中，在与人沟通这一问题上，很多人存在这一心理误区：他们认为，说得多就是有口才的表现，同时，为了使他人接受自己的观点，他们总爱侃侃而谈，甚至口若悬河。殊不知，无休止的话只会让别人反感。我们真正要做的是尽可能多地让对方说，给对方创造说话的机会，把自己变成以听为主的听众，给说话者以呼应，或赞成，助其深入；或反对，让他告诉你他认为什么是正确的，这样才是真正的把握了话语主动权。因此，让对方多说话，并不会让我们丧失交流的机会，反而会有助于我们达到沟通目的。

曾经有一名法官，他是个善于倾听他人说话的人，在他调节的纠纷中，人们总是愿意听取他的意见。

一次，一个老作家和一个出版社因为报酬问题出现了纠纷，闹上了法庭。根据案情，法官认为调解对双方，特别是对老作家有利。因为打官司费钱又费力，个人不能与单位比。但他多次建议双方调解，都没有效果。老作家对出版社怨气很大，但很明显，他是个法盲，开庭时只是反复就一两个问题进行阐述。尽管他遣词造句与他的职业很匹配——颇具诗歌或散文的味道，可车轱辘话谁听着都烦。旁听席上渐渐有人打起瞌睡，有人起身离去。可法官一直静静听着，不打断老作家的话。

庭审进行了3个多小时，直到双方再无话可说，法官才向双方解释了出版合同的法律规定，指出双方在合同履行中的不当之处，并再次提出调解的建议和基本方案。

老作家听完法官的话，半晌没说话。最后，他突然表示愿意接受调解。

“法官大人，矛盾发生以后，你是第一个完完整整听完我讲话的人。”老作家诚恳地说，“你对我的尊重让我信任你，你说怎么办就怎么办。”

这则故事中，这名法官就是个善于通过倾听解决问题的人。表面上看，一直是老作家在侃侃而谈，法官一直静静地听着，但最终，老作家却因为感受到了来自法官的尊重而接受了调解，这就是法官所要达到的沟通结果。

事实上，并不是所有人都能做到和法官一样，多给他人说的机会。你只要留意一些非正式的聚会，或是聚餐，或是聊天，那些在旁边听别人讲话的人，多么迫不及待地想开口；而且一个讲完以后，旁边立刻有人急着接下去，甚至出现多人抢着说话的现象，你就可以知道人们是多么爱说话了。关于如何更好地倾听，鼓励对方多说，以把握沟通的主动权，有如下一些技巧：

1. 集中注意力，用心地听

听人说话是一门大学问，有的人经常被别人说成"左耳朵进右耳朵出"，形容他听话总是记不住。其实，一般人在听别人说话的时候，基本上能记住一半的内容已经不错了。

造成效果这么差的原因有两点：一是因为听者的思考速度比说者的讲话速度快，因此有许多空闲的时间胡思乱想；二是当说者的论点与听者的观点不同时，后者就很难再听下去了。为避免倾听效果不良，除了集中注意力用心听之外，最好的方法是：备妥纸与笔，记笔记。把谈话重点一一记下来之后，就不会忘记了。

2. 发问

对方说话时，原则上不要去打断，可是适时的发问，比一味的点头称是更为有效。一个好的听者既不怕承认自己的无知，也不怕向说者发问，这样不但会帮说者理出头绪，而且会使谈话更具体生动。可以提些诸如"你认为这就是问题所在"、"你的意思是……"、"你能说得明白一些吗"等问题。这些提问有助于你获得更多信息，并理解问题的各个方面。

3. 中立

像"嗯"和"真有意思"等中性评价性语言能表示你对谈话感兴趣，并鼓励对方继续说下去。这是最难的技巧之一，因为这要求你真正跟上对方谈话的主题。

4. 重复

可用“按我的理解，你的计划是……”、“你是说……”及“所以你认为……”等句式。这些说法表明你在倾听，并明白对方的意思。重复的重要性在于让你尽早发现有无曲解对方。

5. 总结

试着用“你的主要意思是……”和“如果我的理解没错的话，你认为……”等说法。不要第一个下结论，先听他人的结论可能更有价值。

有了上述技巧，你就会发现倾听别人谈话也是其乐无穷的。

心理话术：

谈话不是演讲，不是个人表演的独角戏，而是双方交流的活动。在谈话中，只以自己为中心，好像他人都不存在似的，长久下去，必然会令人生厌。所以在与他人交谈时，给对方创造说话的机会，要比我们自己说好得多。

巧妙引导，让对方说出真心话

与人谈话，不光要有说的技巧，还要有听的技巧，不可能光说不听，要达到说与听的和谐、彼此愉悦。当然，让对方多说，并不是指我们一句话也不说，因为从心理学的角度看，谈话一方过分的沉默也会使对方难以继续说下去。我们的目的在于让对方痛痛快快地把话说出来，从而了解对方的真心。因此，必要时应想办法诱导对方多说，不要使对方因为你过分沉默而不能接着说下去。

有这样一则故事：法庭上正在审理一桩杀人案，犯罪嫌疑人王某因为女方父母不同意他们交往，而狠心将女友一家三口人杀害。以下是法庭审理实录：

法官:王某,你把你的犯罪经过再说一遍。

王某:我已经说了很多遍了,是我女朋友的父母先动手伤我,我是迫于无奈才失手杀了他们的。

法官:迫于无奈?好,既然这样,我问问题,你来回答。案发现场是在你和你女朋友租住房子是不是?

王某:是。

法官:出事之前你女友的父母是不是经常去你们的出租屋?

王某:不是,他们从没去过,我也不想让他们去。

法官:不想让他们去?为什么?

听到法官的这句话,王某说话突然结巴起来,但他又迅速恢复了镇定。

王某:因为……因为他们的身体不好,我们住的地方也比较偏僻,不好找。

法官:他们去你那里的那天,是拿着刀或者其他凶器去的,是不是?

王某:当然不是。

法官:他们进入房间后是直奔厨房去的是不是?

王某:不是,是直奔客厅去的。

法官:即使他们是第一次到你那儿,进门后也是直奔客厅去的,但他们还是比你熟悉厨房的位置以及里面都有什么东西,是不是?

说到这里,王某的脸上已经渗出了冷汗。凶杀现场就发生在王某出租屋的厨房里,凶器是菜板上的菜刀。之前,王某一直被法官的问话问得不知所以然,没想到对方是想问厨房的事情。

王某:法官,我认罪,我熟悉厨房的路,我知道菜刀放在哪里,是我先动的手,我后悔啊……

面对犯罪嫌疑人,想知道他们真实的作案动机并不是件容易的事。因为一旦承认自己有罪,就即将面临着法律的惩罚,故事中的王某就是这样的人。最开始,他歪曲事实,说是对方先动手,自己是被迫反击的。此时,如果法官正面追问:"为什么不说实话?"那么,王某还会加以反驳,这对案件的审理没有丝毫帮助,因此,法官采取了另外一种方法——心理诱导法。他故意歪曲事实，反着问话。于是在法官的继续诱导下，最后让王某自己说出了"我比对方更熟悉厨房的位置，知道刀放在哪里。"问出了这些，案子不就一清二楚了吗？

的确，无论出于什么目的的沟通，对方如果隐瞒真心，那么，是起不到任何沟通目的的。因此，鼓励每个人说真心话，应当是我们沟通过程中需要首要考虑的问题。最好的方法是本着你自身的谈话原则来进行，以下列举了一些原则性的条目：

(1)要有自己的主见和见解；

(2)认真倾听；

(3)要知道自己对什么事情感兴趣。

然而，在做好以上几点工作后，要想探出对方的真心，还可以采取一些主动的措施，诸如，故意激怒对方，或故意引出对方反感的话题等，这样可更进一步故意带出对方所讨厌的话题。也就是说，只要能扰乱对方的心，让其主动透露自己即可。

具体来说，你可以：

(1)事先收集资料，了解对方；

(2)找出对方的优点进行赞美；

(3)谈及一些细小的问题，让对方觉得你做足了工作；

(4)尝试说出自己的意见与感想；

(5)表现出真的想听的热切期盼；

(6)谦虚的回应；

(7)谈谈自己的缺点、失败经验；

(8)尝试故意说出反对的意见；

(9)故意带出对方讨厌的话题。

借鉴上面的这些规则，会很容易引出对方的真心话。只是，不要采取过于激进的手段，这样会使矛盾激化，你自身也寻找不到好的理由说服他们。

心理话术：

当今社会，说话的技巧已经影响到我们的人际关系、事业和前途等方面，所以我们要学会的就是找机会诱导别人说话、说真心话，这样才有利于沟通目的的实现。

第3章

驾驭对方，妙语掌控对方“心盘”

语言是人与人之间交流的桥梁，没有语言就没有相互交流的平台。而生活中，有些人在与人交流的时候，总是企图在语言上胜出，以此来让别人接受自己的意见或者观点，而结果总是事与愿违。其实，这是因为他没有了解真正的沟通需要从心理的角度入手。如果我们懂得从抓住对方的心理开始，用一番别具特色的语言，定能打动对方并成功操纵陌生人心理！

丝丝入扣，引导对方了解你未说出的答案

生活中，我们与人沟通的时候，并不一定是将内心隐藏得越深越能达到目的。相反，有时候，我们若能“暴露”自己，让对方看出我们的心理，越能避免一些误解的出现，越有助于彼此间的交流与沟通。当然，这里的“暴露”并不指直截了当地说出我们的答案，而是要让对方根据我们“口中所说”，而达到“心中所想”。实际上，那些善于掌控他人心理的人往往都会采取逐步引导的方法，丝丝入扣，让对方帮他们说出答案。

一般来说，我们可以通过用以下方式来让对方了解我们的心理：

1. 语言暗示法

晚饭后，几个研究生因为有个没有解决的课题，去找学校知名教授。时间过得飞快，不知不觉间已谈到夜深，教授接过其中某个学生的话题说：“你们提的这个问题很值得研究，明天我去上海参加一个学术会，准备就这个问题找几位专家一块聊聊。”几位学生立刻起身告辞：“很抱歉，您明天还要出差，耽误您休息了。”教授连忙说没关系。

在这种情况下，教授若直接告诉学生们自己要休息了，虽可以达到辞客的目的，但却显得是在“逐客”，这些学生也会陷入尴尬的境地。他隐晦的表达出来，不仅顾及到了自己的身份，也保住了学生们的面子，可谓一举两得。

案例中的教授就是运用的语言暗示法。这种方法一般可用于批评、提意见等沟通场景中，因为如果直言的话，可能会造成不必要的误会。

2. 语言误导法

日常生活中，只要善用误导策略，就能收到满意的效果。聪明的发问者总是预先埋下伏笔，让对方不知不觉中失误陷入语言的陷阱。

在某酒店里，来了一对尊贵的夫妇。酒店服务员想为客人推荐酒店的

特色菜。于是，她这样问这位客人：“您要不来点我们这儿的清蒸鲍鱼?”但似乎她的问话效果并不明显。于是，酒店经理亲自上去为客人点菜，准备推荐酒店的海鲜。她这样问客人：“您今天是要一份海鲜还是两份?”客人的回答是两份。就这样，服务员们也掌握了经理的问话方式，于是，酒店的海鲜成了最畅销的菜。

面对酒店经理的这种问话方式，大多数顾客都会择一而答。可见，“误导策略”也是一种很有效的促销手段。同样，误导式的问话方式，在人际交往中也可以为我们所用。比如，有位朋友在你家做客，你不知道他是否要留下来吃饭，想明白地问一声又怕为难朋友，此时不妨问：“今天想吃什么？是中菜还是西餐?”

用这种策略发问时，也有我们值得注意的地方，因为不是所有人都会掉进我们设置的“语言陷阱中”。我们要注意对方的年龄和身份以及文化修养与性格特征，有人为人热情爽快，有人性格内向，有的马马虎虎，有的谨慎小心。每个人的性格不同气质必然相异，如果没有考虑这些条件而随便发问，便可能有意外的状况发生。

心理话术：

巧用引导式的心理策略，在心理沟通中，能更好地传递你想要表达的信息，使对方立即获得情感上的满足。与此同时，沟通的效果就产生了——对方会以“礼”回敬！

说话直杵人心不如旁敲侧击

生活中，我们与人打交道，经常会遇到一些不便直言的问题，比如，拒绝别人、指责对方等，如果不顾对方感受和情绪，把自己的想法强加给别人，不仅起不到我们预想的效果，还会恶化彼此之间的关系。此时，我们不妨尝试

一下旁敲侧击的心理策略,委婉地暗示对方,对方接受起来也轻松得多。我们不妨看看下面的故事:

一天,老王来到一家餐馆就餐,发现汤里有一只苍蝇,这很令他倒胃口。于是,他找来服务员,并质问他,可没想到服务员却全然不理,好像没听见他的抱怨一样。

后来,气愤中的他亲自找到餐馆老板,提出抗议:“这一碗汤究竟是给苍蝇的还是给我的,请你解释一下。”

那老板一听,把责任全推在服务员身上,于是,只顾训斥服务员,却全然不理睬他的抗议。

老王只得暗示老板:“对不起,请您告诉我,我该怎样对这只苍蝇的侵权行为进行起诉呢?”

那老板这才意识到自己的错处,忙换来一碗汤,谦恭地说:“你是我们这里最珍贵的客人!”

说完,大家一起笑了。

我们不得不佩服老王的气度,很多人在这种情况下,势必会大发雷霆,当然,这样做对事情的解决毫无帮助。而老王虽然是有理的一方,却没有颐指气使,也没有对老板和服务员纠缠不休,而是借用所谓“苍蝇侵权”的比喻暗示对方:“只要有所道歉,我不会追究。”这样老板也就明白了他的话,“苍蝇事件”自然也就在十分幽默风趣又十分得体的氛围中化解了,避免了双方的尴尬和窘迫,可见,心理暗示的作用。

李某是某县城的一个机关干部,老家在农村,也就有了几个在农村的老乡。正因为如此,他的正常生活已经完全被打乱了,今天不是老乡生病借钱,明天就是老乡求着办事。这倒还好,有些老乡竟然把李某家当成了自己家,吃住全在他家。李某无所谓,但是他的家人,尤其是妻子和小孩,对此很有意见。

有一次,两个进城打工的老乡找到李某,诉说打工之艰难,一再说住店住不起,租房又没有合适的,言外之意是要借宿。

李某听后马上暗示说:“是啊,城里比不了咱们乡下,住房可紧了。就拿我来说吧，这么两间耳朵眼大的房子，住着三代人。我那上高中的儿子，没办法晚上只得睡沙发。你们大老远地来看我，不该留你们在我家好好地住上几天吗？可是做不到啊！”

两位老乡听后，就非常知趣地走开了。

李某运用的就是暗示法，他并没有直接拒绝老乡借宿的要求，只是说出了自己的难处，老乡自然能听出李某的言外之意，也就知趣的离开了。这告诉我们，在与人交际的过程中，如果碰到一些由于种种原因，不好意思直接开口，喜欢用暗示法来投石问路的人，你最好也用暗示法来拒绝。

在人际关系中，出于各种原因，有时我们会驳别人的面子，这种事情如处理不当，轻则伤害对方，让对方难以接受，疏远彼此间的关系，重则得罪人，使彼此成为仇家。对此，我们要学会旁敲侧击，既表达了自己的意思，又让对方轻松接受。利用话里藏话暗示他人，是时刻离不开的社交技巧。

但委婉暗示，让对方接受，我们还必须掌握三个基本功：

一是会把握局势。

首先是会听出对方的话中话，然后加以揣摩，这其中会观察的能力很重要。毕竟，交际生活中，很多人都喜欢用隐晦的语言，含沙射影的表达自己的弦外之音，即便是有恶毒之意也不容易听出来。再者，你要想掌控交际局势，让对方接受你的暗示，你就必须得站在有理的一边。

二是要委婉含蓄地表达自己。

话说得有艺术，又让听话之人心领神会，明白你话中的锋芒所在。无论你遇到的是针对你的敌人还是帮助你的友人，你都必须具备会暗示和说话含蓄的能力。

三是尽量在善意的氛围中旁敲侧击。

有些人虽然接受了我们的委婉暗示，但却是在逼不得已的情况下接受的，这种人一般会和我们“老死不相往来”，这不是社交的最终目的。为此，我们要懂得不伤感情的、在善意的氛围中暗示对方，让他既能接受，还感激我们“口下留情”。

心理话术：

与人交往，当不能直接开口时，我们就可以采用心理旁敲侧击的方法，委婉地表达我们的想法，这是必备的交际能力。旁敲侧击的目的是为了调动潜意识的力量，因此，暗示的语言首先要精炼，不能用复杂的语言进行描述，人的潜意识一般不懂得逻辑，喜欢直来直去。其次，一定要使用积极、肯定的语言，用肯定句进行暗示，尤其是在批评对方的时候，消极的语言暗示只会适得其反。

说出自己的私事，诱导对方说出心事

我们发现现实生活中，人们似乎都有几个可以互诉衷肠的知心朋友，人与人之间为什么会由陌生人成为朋友？因为情感的共鸣！从心理学的角度看，人际关系的疏近，是与其交谈的话题有一定的关系的，关系越密切，所谈话题越个人化、私密化。但交谈之初，交往双方往往是互存芥蒂之心的，而这对于整个交流无疑是毫无益处的，此时，如果我们能主动跨出交往的第一步，向对方透露自己的一些私事，那么便能给对方一个心理暗示：我们之间关系很好，你可以向我倾诉你的心事。可见，与人交流的过程中，并不是隐藏得越深越好，它只会让人的心理距离也越来越远。

美国有位总统，在庆祝自己连任时开放白宫，与一百多个小朋友亲切“会谈”。

10 岁的约翰问总统：“小时候哪一门功课最糟糕，是不是也挨老师的批评？”总统告诉他：“我的品德课不怎么好，因为我特别爱讲话，常常干扰别人学习。老师当然要经常批评的。”他的回答，使现场气氛非常活跃。

当时有一位叫玛丽的女孩，她来自芝加哥的一个贫民区。她对总统说，她每天上学都很害怕，因为她不知道会发生什么事情，害怕路上遇到坏人。

此时，总统收起笑容，严肃沉重地说：“我知道现在小朋友过的日子不是特别如意，因为有关毒品、枪支和绑架的问题政府处理得不理想。我希望你好好学习，将来有机会参与到国家的正义事业之中。也只有我们联合起来和坏人作斗争，我们的生活才会更美好。”

这位总统为什么能紧紧抓住了小朋友的心，使小朋友的心里面认为总统和他们是好朋友？人们都喜欢与自己有共同爱好、兴趣的人交往，而对于那些与自己“志不同道不合”的人，则会退避三舍。总统向小朋友们透露出了自己小时候的一些“秘密”：“我的品德课不怎么好，因为我特别爱讲话，常常干扰别人学习。老师当然要经常批评的。”这让他们感到，原来总统也和自己一样，也不是十全十美的人，从而愿意和总统交流。此时，即使场外的大人们看到这样的对话场面，也会感到总统是一个亲切的人。

随着社会的进步，人们越来越渴望交往，于是，就有了社交，但无论是哪一种社交形式，都需要交谈双方的主动意愿，都要起到传递信息、交流感情的作用。可是，又是什么能带动交谈双方吐露心声呢？很简单，答案就是“秘密的交换”。因此，如果我们能主动先透露自己的“秘密”，那么，就很容易赢得对方的信任，对方也就愿意向我们袒露心声。

那么，日常生活中，我们该如何通过讲私事来赢得他人的信任呢？

1. 适度自曝短处

比如，闲暇时候，你可以和同事闲聊自己曾经失败的事，这比谈自己成功的事，更易拉近彼此间的距离。因为老是炫耀自己成功的光荣事情，容易让人产生反感，而留下不好的印象。而说说自己的短处，这样，我们就避免了故意犯错，因为首先在态度上我们已经示弱并表示了友好，对方没有不接受的道理。

暴露自己，要达到让对方产生如“这个人有点小缺点，但是其他方面挑不出毛病来，是个相当不错的人”类似的想法。然后，对方也会时不时地向你“爆料”一些个人私事，甚至愿意把你当成知心朋友。

2. 把握暴露秘密的度

提倡“自我暴露”，并不是让你把自己的“老底”都揭给对方看，不分场合和对象地将自己“暴露无遗”。我们不妨选择暴露那些不会影响到整体形象的"小事件"或者"小缺点"、"小毛病"等,正因为这些小瑕疵的存在,我们会显得更真实,更可爱。

学会以上这一暴露自己的小技巧,我们在与难以相处的人打交道时会更有效率,而且你会发现这些人似乎不那么难以相处。与此同时也提高了自己与人相处、人际交往的能力。

心理话术:

那些"趋于完美"、"毫无瑕疵"的完美主义者,似乎总是"曲高和寡",并没有太多的朋友。可以说,越是苛求完美,人际关系也越差,因为这些人虽然优秀,但不可爱。会让人产生一种敬畏和猜疑心理,而不愿与之深交。在与陌生人交谈的过程中也是如此,那些表现得十分完美的人,人们往往敬而远之;相反,适度表达"秘密"和缺陷,可以赢得关注。

适时一语中的,让对方无言以对

中国有句俗语:"最后的赢家才是真正的赢家,要笑就要笑到最后。"这句话一点也不假。生活中,与人交往的过程中,只有手握底牌,才能出奇制胜。我们可能经常看到法官这样审查嫌疑人:刚开始嫌疑人总是否认自己的犯罪事实,但他没想到的是,正当自己为自己的罪行辩护的时候,法官却突然指出他言语间的漏洞或者拿出关键性证据。此时,他只好对自己的罪行供认不讳,和盘托出自己的罪行。同样,这一道理也可以运用到生活中的沟通中,如果对方否认某些事实,我们不妨在关键时刻一语中的,让对方无言以对。

我们来看一个这样的职场故事:

某公司新来一个员工小王,他似乎有点小偷小摸的坏毛病。

这天,大家都已经下班回家了,但小王还想在公司继续上会儿网。正巧，他看见经理办公室的门还开着，好奇心使他悄悄地进去看了一下。巧的是，办公桌的抽屉也没有上锁，里面放着厚厚的一叠钱。面对金钱的诱惑，小王心动了，于是，他就做了件顺手牵羊的事——拿走了几张百元大钞，并且，他很有自信地认为，没有人会发现。

但实际情况并不是如此，第二天一大早，经理就在办公室嚷嚷起来了：“你们谁偷了我办公室的钱？办公室怎么还有这样偷偷摸摸的人啊……”但没有一人承认。这时候，经理秘书想出了一个招儿。

他把大家招到会议室，然后说：“今天早上，清洁工周大姐来找过我，说昨天有人进了经理的办公室……”后面的话，秘书并没有说，然后他接着说：“经理已经答应我，这件事不会追究，但希望这位同事能主动给经理发个邮件，经理不会公开这件事。”

会后，小王主任给经理发了邮件，并将钱转回到了经理的账上。经理一直夸自己的秘书是个“军师”的料子。

秘书让偷钱人小王不打自招的秘诀在于，他编造出了周大姐曾经看到这个嫌疑人的“作案过程”的虚假事实，然后假装一语中的，从而让小王乱了方寸，不打自招。并且，他采取了软硬兼施的措施，他给了对方“不再追究”的保证，在权衡利弊得失后，小王也只好承认偷钱的事实。

可见，当我们不知对手虚实的情况下，可以“使用”证人这张王牌投石问路。而在知晓事实的情况下，“证人”更能让对方心服口服。另外，当他人对我们产生质疑时，我们也可以采用这一心理策略：

客户：“请问我买的房子，大概什么时候可以收楼呀？”

销售员：“一般情况下，是签完合同，收到首期房款三个月之后。”

客户：“要这么长时间呀，一个月时间行不行呢？”

销售员：“如果要求一个月时间收楼的话，装修人员就要赶工。您都知道慢工出细活，赶工的时候，容易忙中出错，最后影响您房子的装修质量，那就划不来了。”

客户：“噢，是这样呀。那就按正常时间收楼吧。”

案例中的销售员运用的计策就是让客户晓以厉害，给对方施加了心理压力，在权衡之下，客户接受销售员提出的"不"，同意按时收楼。

当然，在使用这一心理策略的时候，我们还需要注意：

1. 把握时机，到顺风顺水的时候再说话

比如，在生意场上，在谈判中，有些时候你能清楚地感觉到事情正在越变越糟。你应该采取守势，退后一步，现在的情势不适合马上反击。很多人在自己处于劣势的时候拼命地试图证明自己，其实不妨退守一步。记住，在你处在劣势的时候，不要急着马上反击，等一等机会总会到来，那时你才能出奇制胜。

2. 胜者总是笑到最后，最后表态

你还应该在最后说话的时候尽力最大化你的优势，先观察你对手的动作，尽量让对手先表态，然后根据对方的心理变化适时地调整自己的策略。到最后的时候，一语中的，让对方心服口服。

心理话术：

古语云："不到黄河心不死。"在我们与他人交流的过程中，出于某种原因，对方可能会一直否认某种观点。此时，我们要想让自己的想法影响到对方，首先要隐藏好我们的意图，然后引导对方多暴露自己，最终把握好时机，在关键时刻亮出底牌，成功说服对方！

多给予赞同，令对方更乐意向你倾诉

在这个强竞争、高压力的社会中，很多人认为自己不被他人理解，最重要的一点就是找不到属于自己的听众。每个人都有表达自己、被他人理解的欲望，所以，都希望他人扮演听众的角色。有了快乐的事情，希望说给他人听，跟人分享；有了不开心的事，也希望与人倾诉。当然，除了这一点之外，人们也更希望能通过倾诉获得他人的赞同和理解，而不是反驳和训斥。

因此，从心理学的角度来看，多给予对方赞同会使对方心情愉快，会换来对方的理解和信任。

小王是一名电脑推销员，最近，他遇到了一个难题：在向某公司推销电脑时，公司负责人把决定权交给了一名技术顾问——陈教授。经过考察，陈教授私下表示，两种厂牌，各有优缺点，但在语气上，似乎对竞争的那一家颇为欣赏，小王知道问题出现了。于是，他准备进行最后的努力。他找了个机会，口沫横飞地辩解他所代理的产品如何优秀，设计上如何特殊，希望借此改变陈教授的想法，谁知道，还没等他说完，陈教授不耐烦地冒出了一句话：“究竟是你比我行，还是我比你懂？”这话如五雷轰顶一样打醒了小王。不过似乎已经晚了。

当小王垂头丧气地回到公司，向同事诉说这件事后，一位同事告诉他：“为什么不干脆用以退为进的策略推销呢？”并向他说明了“向师傅推销”的技巧。“向师傅推销”，切记的是要绝对肯定他是你的“师傅”，认同他的观点，抱着谦虚、尊敬、求教的心情去见他。一切的推销必须无形，伺机而动，不可勉强，不可露出痕迹，方有效果。

于是，小王重整旗鼓，再次拜访陈教授。见了面，他一改自己的说话习惯，对陈教授说：“陈教授，今天，我来拜访您，绝不是来向您推销。过去我读过您的大作。上次跟老师谈过后，回家想想，觉得老师的分析很有道理。老师指出在设计上我们所代理的电脑，确实有些特征比不上别人。陈教授，您在××公司担任顾问，这笔生意，我们遵照老师的指示，不做了！不过，陈教授，我希望从这笔生意上学点经验……”小王说话时一脸的诚恳。

陈教授听了后，心里又是同情又是舒畅，于是带着慈祥的口吻说道：“年轻人，振作点。其实，你们的电脑也不错，有些设计就很有特点。唉，我看连你们自己都搞不清楚，譬如说……”陈教授谆谆教导，小王洗耳倾听。这次谈话没过多久，生意成交了。

案例中，推销员小王可谓是虚惊一场，但如果他没有接受同事的建议，而忘记在倾听中赞同、学习客户意见的重要性，那么，这次推销肯定会以失败告终。

的确，人们都有这样的感觉：与志趣相投的人谈话其乐无穷，与志趣相异的人谈话，会感到“话不投机半句多”，也就是说，人们都喜欢交谈对方能赞同自己。掌握人们的这一心理，我们在交谈时，多肯定对方，让对方感到你与他志趣相投，对方一定乐意向你倾诉。

巧妙地处理人际关系，最重要的一点就是掌握“赞同别人”这一说话艺术。事实上，这也是我们这一时代智慧的结晶之一。也许，在你的生活中再也找不出像“赞同别人”这样一个简单技巧了。

那么，在与他人认识说话中，怎样运用“赞同别人”这一艺术呢？

1. 要有赞同的态度

如果你根本不赞同对方的观点，那么，切不可虚伪作态。因为这样，你的一言一行都是假惺惺的，你自己都无法说服自己，又怎么能说服别人呢？

2. 当你赞同别人时，一定要表达出来

不要指望你对对方的暗示能让他感受得到，要让他们知道你赞同他们的意见，不妨直接说出来，“我同意您的说法”或“您说得很对，我完全赞同”，“我认为您的看法很好”。

3. 不赞同也不要直接表示反对

直接反对只会导致双方的争执，这样你会很快与人产生矛盾，你会失去很多，所以，请不要轻易否定别人，除非不得不这样做。

4. 避免与人争论

人际关系中最忌讳的就是与人争论。因为没有人能从争论中获胜，也没有人会从争论中赢得朋友。即使你是对的，也不要争论，这不是解决问题的最好办法请务必记住这一点。

心理话术：

赞同艺术的根据在于——人们喜欢赞同他们的人；人们不喜欢反对他们的人；人们不喜欢被反对。从今以后，请积极地赞同别人吧！只要你懂得并善于运用赞同的艺术，你就会成为一个受人欢迎的人。

巧用激将法，使对方落入你的“话套”

人是一种情绪化的动物，人们的情绪很容易因为周围的一些人和事而发生改变。比如，人们就有不服输的逆反心理：越是被否定，越是要证明自己；越是受压迫，越是要反抗等。正因为人们有这样的心理，也就产生了激将法的心理策略。激将法，就是利用别人的自尊心和逆反心理的积极一面，以“刺激”的方式，激起对方不服输的情绪，将其潜能发挥出来，从而得到不同寻常的说服效果。

因此，生活中的人们，在正面操控他人心理不成的时候，不妨也采取这种心理策略来刺激他人，达到目的。比如，如果你求人办事，在请求没有用的情况下，你可以反向地刺激他，将对方激怒：“你不去做，是因为你不敢去做吧？”“我想你可能也没什么办法。”你这样说，对方心里一定会想：“谁说我不敢？”“你怎么知道我没有办法？”“我偏要做给你看！”这样，你就达到了自己的目的。在运用激将这一手法上，诸葛亮可谓是运用得极为巧妙，尤其在选人用将上。

在刘备夺取汉中的作战中，诸葛亮就曾连续两次使用激将法，调动老将黄忠用智破敌的积极性。使这位年近七十的老将军，在这次作战中立下了汗马功劳。又如，诸葛亮首次下江东，履行联孙抗曹的使命。诸葛亮知道其中的关键是周瑜，而且他也知道周瑜的性格，于是他使用了激将法。他和周瑜见面时闭口不谈时局，却背诵了曹操的《铜雀台赋》，周瑜听罢勃然大怒，终下抗曹的决心。这是为何呢？原来在曹操的诗中提到了“二乔”，大乔是孙策的妻子，小乔是周瑜自己的妻子，妻子都将要被人夺走了，他自然火冒三丈。所以，诸葛亮的激将法是成功的。

激将法是一种很有力的口才技巧，使用激将法，往往能够使对方感情冲动，从而去做一件他平常不会做的事。可以说，周瑜与黄忠都被诸葛亮这一计谋“利用”了。

另外,熟知《西游记》的人们也可能都知道,孙悟空也经常采用这一激将的方法来刺激猪八戒去做一些他不愿意做的事。这一计谋通常在那些争强好胜的人身上更起作用。

因此,在求人办事的时候,他们如果不买你的账,你不妨使用激将法。但我们在使用激将法时要看清楚对象、环境及条件,不能滥用。同时,运用时要掌握分寸,不能过急,也不能过缓。过急,欲速则不达;过缓,对方无动于衷,无法激起对方的自尊心,也就达不到目的。

那么,激将法有哪些方式方法呢?

第一,明激法。

明激法意在直接了当、充分利用对方的逆反心理,通过一阵“猛雷”使对方当头一棒,从而达到你的目的。比如,你可以这样说:“我明白,您老不帮忙,可能也是心有余而力不足吧!”这句话在他心里的分量是很重的,因为每个人都不愿意被人看扁。

第二,暗激法。

暗激法就是借赞他人来贬损对方,达到激将的目的。

勾践出兵伐吴,半路上遇见一只眼睛瞪得大大的,肚子鼓得圆圆的,好像在发怒的大青蛙,勾践于是手扶车木,向青蛙表示敬意。手下人不解,问其缘故,勾践说:“青蛙瞪眼鼓肚,怒气冲天,就像一位渴望战斗的勇士,因此我对它敬重。”全军将士都觉得受大王恩惠多年,难道不如一只青蛙?于是相互劝勉,抱着坚定的信念,驰骋疆场,为国立下了战功。

除此之外,我们在运用即将法的同时,还得要了解对方,因人而用。要对对方的心理承受能力有所了解,如果激而无效,那么也是白费力气。同时,我们还要掌握分寸和火候,语言不能“过”。如果说话平淡,就不能产生激励效果,如果言语过于尖刻,就会让对方反感;语言不能过急,也不能过缓。过急,欲速则不达;过缓,对方无动于衷,无法激起对方的自尊心,也就达不到目的。

心理话术:

生活中,有些人,如果正面激励他完成某项任务或者帮我们办事的话,他会推三阻四,讨价还价,即便是勉强答应,也像欠了他莫大的人情。如果我们能将“激将法”这一攻心术运用得好的话,我们在说话办事的过程中将会如虎添翼。

南风法则,柔声细语打开对方真心

法国作家拉·封丹写过这样一则寓言故事:南风和北风在半空中相遇了,可是它们谁也说服不了对方让步,一时僵持不下。这时,它们同时看见路上的行人,于是决定打个赌,看谁能先将行人身上的大衣脱掉,就算谁获胜,就刮它那个方向的风。北风首先发威,顿时冷风凛冽,寒冷刺骨,行人为了抵御北风的侵袭,把大衣裹得更紧了;南风则徐徐吹动,顿时风和日丽,行人觉得春暖全身,开始解开纽扣,继而脱掉了大衣。南风便轻而易举地获得了胜利。

这就是心理学上人们常说的南风法则。“南风法则”也叫做“温暖法则”,它告诉我们:温暖胜于严寒,温情往往比冷酷更能打动人心。

这一法则同样适用于生活中的人们。与人沟通,想要了解对方的真实想法,与其苦口婆心地劝说,倒不如用温情打动。

南风法则告诉我们,在与人打交道或者办事情的时候,用好的态度、温和的方式比用高傲相持的生硬方式更容易提高办事的效率。在与人相处时,用友善体贴的方式会比强悍冷漠的方法更易俘获他人的心。

被人誉为“黑珍珠”的球王贝利,是人类足球史上享有盛名的天才。在他很小的时候就表现出了足球的天赋,并且取得了惊人的成绩。在贝利小时候,因为球赛后身体疲劳而和伙伴们一起抽了一支烟,但不巧的是,却被他的父亲发现了。

晚上，贝利的父亲坐在椅子上询问他："你今天抽烟了？"

"抽了。"小贝利红着脸，低下了头，准备接受父亲的训斥。

但是，父亲并没有这么做。他从椅子上站了起来，在屋子里来回走了好半天，这才开口说话："孩子，你踢球有几分天赋，如果你好好坚持下去，将来或许会有点儿出息。但是，你应该明白做一名足球运动员的前提是有良好的身体素质，可今天你抽烟了。也许你会说，'我只是第一次，我只抽了一根，以后不再抽了。'但你应该明白，有了第一次便会有第二次、第三次……每次你都会想，仅仅一根，不会有什么大碍的。但天长日久，你会渐渐上瘾，你的身体就会变差，而你最喜欢的足球可能会因此渐渐地离你远去。"

说到这里，父亲问贝利："你是愿意在烟雾中损坏身体，还是愿意做个有出息的足球运动员呢？你已经懂事了，自己做出选择吧。"说着，父亲从口袋里掏出了一沓钞票，递给贝利，并说道："如果不愿意做个有出息的运动员，执意要抽的话，这些钱就给你买烟用吧！"说完，父亲走了出去。

小贝利望着父亲远去的背影，仔细回味着父亲那动情入理的话语，不由得伤心地哭了起来。过了一会儿，他止住哭声，拿起钞票来到了父亲的面前。

"爸爸，我再也不抽烟了，我一定要做个有出息的运动员。"从此，贝利训练更加刻苦了，终于成为了一代球王。

从贝利的这则故事中，我们也看到，人与人之间的沟通，情理化的方式比大发雷霆要管用得多。

人都是情绪化的动物，情感是进入别人内心，拉近双方距离的最有利武器。因此，凡是有沟通的地方就有情感发挥的余地。只要懂得这个道理，情感就会在你的人际沟通中助你一臂之力，让你轻易地征服对方。

根据南风法则，我们该如何感化对方呢？

1. 时刻不忘微笑的力量

人们总是愿意与那些热情、开朗的人打交道。善于微笑的人，总是能给他人留下良好的第一印象。

2. 态度要诚恳、说话要亲切

在与他人沟通的过程中，要让对方感到你是真诚的，人们是不愿意和一个虚伪狡诈的人打交道的。另外，一定要把话说得亲切、和蔼，这样才能使对方感到愉快，从而对你产生信任。因此，你说话一定要恰如其分，符合双方的身份，否则就会引起对方的反感。

3. 进一步认同，哪怕再小的事

要知道，认同感的产生，表明你已经赢得了对方的好感。通常情况下，如果你将这种好感搁浅，你们会返回到陌生人的状态。因此，你不妨多关心对方，这种关系自然会升华。

的确，如果你能够时时刻刻对别人表示出关心和爱护，或者用柔声细语的方式劝阻对方做某件事情，那么对方往往会更加积极地为你做事，这种以柔克刚的方式多半能够给你带来意想不到的收获。

心理话术：

“好言一句三冬暖，恶语伤人六月寒”，在与他人的接触过程中，应该多用关心、爱护、尊重、赞美等积极情绪感动对方，让对方感到你是从内心深处关心他。这能将彼此的感情拉得更近、更亲，也更易得到他人同样的关心和爱护。

第4章

震撼人心，强大气场的说话方式

现实生活中，一些人总是感叹自己所说的话没有威信和震慑力，甚至经常会让听者感到无趣、昏昏欲睡。其实，这一问题很大程度上与你的说话作风、语言习惯有很大的关系。一个会沟通的人所说的都是有力度的，犹如大珠小珠落玉盘般起到引人入胜、催人奋进、让人警醒的目的。因此，任何一个人，都需要修炼自己的说话风格和方式，不断提高自己讲话的水平。这样，在面对各种对象之时，都可以树立超凡出众的形象和应有的权威，以使得自己始终掌握全场气氛。

沉稳有力的声音更能给对方以信任感

生活中，与他人交流的时候，我们可能都有这样的感受，如果对方说话掷地有声、字字清晰，我们便认为他的话是值得信任的，而相反，如果对方说话底气不足甚至言辞闪烁，我们便会怀疑其话语的可信度。同时，说话沉郁有力是一个人有自信心的表现。

羞涩的陈杰毕业后，和很多朋友一样做了导购员。但面对客户，他从来都是面带羞怯，走路非常小心，甚至说话都结巴，声音小得只有他自己听得见。

"我想今天可能没有我的订单，是吗？"他小心翼翼地对客户说。

"什么？你再说一遍。"客户在电话那头说道。

"我想问的是……今天……是不是没有我的订单？"陈杰支支吾吾地再次说了一遍。

"不知道你说的什么，再见！"客户就这样挂了他的电话。

这种情况，陈杰已经遇到了无数次。在陈杰看来，作为导购员似乎就比客户矮一截，哪里还敢大声说话？自然说话也就没有底气了。

可能很多人都和陈杰一样，在与人说话，尤其是与客户交流的时候，因为对方是买方，他们对客户的态度往往带着歉意，小心翼翼地奉承客户，甚至都不敢提高说话的音量。而这样的态度，就会给客户一种感觉——这个营销人员对自己缺乏自信，对自己销售的产品也没有信心。客户在面对这种销售员时，往往感到不耐烦，他们可能会生硬地拒绝、冷落怠慢或者有礼貌地请他走开。总之，客户是不愿与这样的人做生意的。

同样，生活中，无论我们与谁交流，我们都必须是自信的。只有自信，才能让别人相信我们。而要做到这点，就必须提高说话的底气，做到声音沉郁有力。

那么，我们如何使对方愿意听我们说话且达到让对方信任的效果呢？

1. 把控好音量，大小适中

适中的音量是良好素养的表现。音量太大，会给人一种压迫感，让人反感；而音量太小，则显得自信不足，没有说服力。

2. 吐字清晰

清晰的发音习惯会让你的声音变得更动听。为此，你必须要改正吐词不清的缺点。

3. 语气中肯，语言肯定

说话时不要迟疑不定、吞吞吐吐，要中肯、自信、果断。也尽量少用一些不确定性的词语，诸如“大概”、“也许”等。这样，可以有效地增加对方对你的信任程度，成功的概率相应地就会增大。

4. 避免繁琐、唠叨

重复说同一句话或一直表达同一个意思是不自信的表现，也会让对方产生不耐烦的情绪。为此，在说话前，你需要先整理自己的思路，用最为简洁、清晰的词语来表达自己的观点，进而在较短的时间里给对方一个清晰的概念，使对方感到愉快。

5. 大方、自信的微笑

身体语言中最能打动人的莫过于微笑。如果你性格内向，不妨经常锻炼一下自己的脸部肌肉，经常对着镜子笑一笑，逐渐养成面部表情丰富的习惯。

心理话术：

对以声音为主要物质手段的语音的要求很高，既要能准确地表达出丰富多彩的思想感情，又要让对方产生信任感。为此，说话过程中，应根据说话的内容，把握你说话的力度，做到沉郁有力，以使人感到声音错落有致。

洪亮的音色令人“过耳”不忘

语言是最重要的交际工具，说话风格也能反映一个人的魅力和性格特点。心理学家认为，性格外向的人，说话声音洪亮而粗犷；性格内向的人，讲话的声调柔和而谨慎。人们更愿意与那些说话声音洪亮的人打交道，因为他们大多活泼开朗、为人正直，是值得信赖的朋友。同时，在初次接触的过程中，人们也更容易对那些声音洪亮的人产生好感。

日本电产公司用人的方法是独特的，为了把不同类型的人用于不同的工作岗位上，他们曾采用了以嗓音大小来定应聘人员素质优劣的“说话声音考试法”。

公司事先准备好一篇文章，让应聘者轮流朗读；或者来到大街上，让参加应聘的人员站在人群拥挤的车站前进行演说或谈自己的经历。考官们则站在50至100米外的地方，确认他（她）的声音能传多远。接着考官们让应试者再随便打一个电话，例如，在公司里一个房间打电话给其他房间，根据其谈话的风度、语言的运用，当然也包括声音的大小、谈话的方式等决定录用与否。

这项考试的重点是考察应聘者讲话声音的大小，讲起话来有无思想顾虑。同时，考察他是原封不动地转达书中或别人的谈话内容，还是将这些内容变成自己的东西后，用自己的话表达出来。

这项考试的主要目的，是考察应聘者有没有自信心和创造力，而这些正是新员工走上岗位干好工作、为公司的发展作出贡献的最基本前提。

该公司总裁认为，具有且能够发挥领导人才能的人，不仅善于指挥他人，而且说话声音洪亮，对任何事都充满信心，例如会看着对方的眼睛清楚地表达自己的意思。

从这家公司特殊的用人规则上，我们可以看到说话时声音是否饱满、洪亮在第一印象中的重要性。

声音是否洪亮,一般是由两个要素决定的:

1. 音量

音量是指声音的强弱、大小。一些人在与人说话的时候,控制不好自己的音量,造成了两种极端:一种是音量过大,会造成身体消耗大,又不能恰当地表明自己的意思;另一种是音量太小,是一种不自信的表现,也不容易让听者听清含义。

正是因为有以上两种情况的出现,对于音量的把握也需要一定的训练,在训练的过程中要注意几点:

无论你处于什么样的场合,音量都要适中;

要遵循一个原则,讲话时要让听众毫不费力地听清,因此,如果空间大、人数多,可适当提高你的音量;

要根据说话的氛围和情感基调来确定你的音量;

根据朗诵内容的长短来确定音量的大小。如果朗诵内容较短,一般来说,音量可以稍大;如果内容较长,一般来说,音量可以稍小。这样做的好处是保护自己的嗓音,因为长时间大声说话会使嗓音嘶哑。

2. 音高

在了解音高这一含义之前,先需要了解音域,它指的是某一乐器或人声所能发出的最低音到最高音之间的范围。音高,则是指人讲话时所使用的音域高低,即声音的高度。

人的发声体是声带,每个人的声带条件是不同的,因此,发音技巧不同,音域不同,音高也就不同。

但需要注意的是,每个人的音高也是可以把握的。尤其是在起音的时候,不应太高或者太低,起音太高或太低,会给后面的朗诵带来困难,或者高得朗诵不下去,或者低得听不清楚。一旦不小心出现了起音偏高或偏低则应及时进行调整。

总之,说话时,让震动在口腔、鼻腔甚至胸腔的气息得到共鸣,这样,自己的声音才会饱满、圆润,高扬。

心理话术：

从心理学角度看，人们对那些声音饱满、圆润、洪亮的人更容易产生良好的第一印象。以上两点其实就是打开口腔的要点，以后在大声说话的时候，注意保持以上几种状态就会改善自己的声音。但是切记，一定要放松自己，不要矫枉过正，更不要只去注意发音的形式，而把你说话的内容给忘了，这就本末倒置了。

言简意赅的说话方式令你气场强大

生活中，我们发现一个现象，那些气场强大的领导通常在说话方式上都有一个特点：他们无论是在下达指令还是发表演说时，都言简意赅，用词绝不拖沓冗长。从心理学的角度看，人们对于简洁有力的话语更有深刻的理解。少即是多，短即是美。简洁为上策！

如果花很长的时间才说到重点，更有甚者，讲到不知所云，即使听众尽力保持礼貌，眼神也会开始涣散。我们应该从伟大的沟通者身上多多学习，少说一点，听众就会多记住一点。当你真正做到简明扼要，你的讯息就会显得意味深长。它暗示出你还有事情要忙，有人要见，有地方要赴约，简单更显得你讲的内容的珍贵，从而令你的气场强大，

而事实上，很多人在与他人沟通的时候，由于心情紧张或者急于想表达自己的说话意图而忽视了自己的表达方式。但越是慌慌张张地表达自己的意图，语言组织得就越是错误百出，结果与对方沟通起来就越吃力。因此，说话重复啰嗦、不能言简意赅给对方的印象常常是非常糟糕的。

我们先来看看下面一个销售人员和客户的对话：

销售人员："这位小姐您好，我是这家店的导购员，很高兴为您服务。"

客户："你好！"

销售人员："我看你的皮肤好像不怎么好，一定要选套适合自己的保

养品。”

客户:“哦?”

销售人员:“你的皮肤这么差,那些价格便宜的保养品肯定不能用。”

客户:“嗯。”

销售人员:“我们店的产品肯定能让你的皮肤焕然一新,首先,它采用的是纯天然的原料,不含任何伤害肤质的成分;其次……”

客户:“对不起,我今天还有点事,有时间再来吧。”

的确,喋喋不休、夸夸其谈是销售员在接近客户的过程中最容易犯的一个错误,同时也是销售的大忌。最会说话的人永远是言简意赅的人,他们所说的那些话,往往简单明了、简洁有力;而那些最愚蠢的说话常常是因为过于复杂——想得复杂、说得复杂,让人一头雾水,才造成理解上的误会,沟通上的困难。

语言表达的简洁,就是话语力求简练,不能啰嗦重复,不要说多余的话,它反映了量的要求;明晰,就是要把意思表达清楚,使对方准确理解其含义,它含有效果方面的要求。简洁明晰的语言表达,就是以最少的语言传递最多的信息。那么应该怎样将观点简洁明晰的表达出来呢?你需要注意以下几点:

(1)要表达必要的信息,使用相应的简练词句,没有多余的信息。

有些人讲话看起来滔滔不绝,其实是絮絮叨叨、繁复冗长,这是一种令人生厌的恶习,应去之为快。

(2)无重复,即不说重复啰嗦的话。语言表达应言简意赅、举例精要、措辞精炼、思路清晰、不说套话、空话与口头禅。

(3)要正确使用词语,表达明确。忌用那些令人费解的词语,防止误解,避免歧义。说话不要吞吞吐吐,说一些似是而非的话,要一是一、二是二,把要表达的意思说清楚。

简洁明晰的表达观点可以使对方获得你话语中表达的准确信息,在与他人沟通时要记住以下几个要点:

(1)简短的言语更有力;

(2)抓住所要表达观点的核心;

(3)言语表达有条理,分清层次;

(4)正确使用词汇,表达明确。

心理话术:

言简意赅往往比喋喋不休更有说服力,也更有影响力。简洁明晰地表达出自己的观点能让你更有气场。因此,我们与人沟通,应尽可能地用最清晰、简明的语言使对方获得想要知道的相关信息。

适时沉默让言辞变得更加金贵

心理学上有一种现象叫"空白效应",指的是故意设点悬念、吊一吊胃口,给他人留下想象的空间,更能激发人的好奇心和求知欲,让大脑变得活跃起来。而"满堂灌"、全盘告知后,人们不仅容易产生心理疲劳,大脑的创造性思维还可能受到压制。有句老话叫"此处无声胜有声",生活中,我们与人交流的时候,如果想要自己的言辞更加金贵并让自己说话时产生强大的气场的话,不妨也做到适时沉默。

一次,有位老师朗读课文《孔乙己》,当他读完最后一句"——大约孔乙己的确死了",全班学生全体肃然,课堂顿时陷入沉寂之中——他们沉浸在思考中,这是孔乙己的悲剧引起了他们的思考。这位教师维持着这种"课堂空白",并不急于讲课,让学生继续自己去咀嚼、体味文章的内涵。两三分钟后,一个学生长吁了一声,课堂又活跃起来了。这位老师马上抓住时机提问:"孔乙己这个人似乎很可笑,但你们读完之后,还笑得出来吗?有什么感想?"学生们异口同声地回答:"即使笑,也是沉闷压抑的","孔乙己既可怜又可气"。"好!"这位老师感到很满意,因为他并没有讲解,但是学生正确理解了教材的意图。

在课堂上,老师适时沉默,让课堂教学取得了良好的效果。生活中,我们与人沟通，有时候，不妨也适时沉默，也许会事半功倍。比如演讲时设个伏笔，让人不得不跟着你“穷追不舍”；给他人提意见时，说个引子就打住，让对方自己反省，可能印象更加深刻。

另外，从心理学的角度看，人们对于那些懂得“三缄其口”的人往往更易产生好感。有些话该说，有些话不该说，说出去的话，就像泼出去的水，有道是“覆水难收”，人至成年没有理由对自己说的话不负责任。少说不如不说，这就需要保持沉默。自古就有谨慎说话的名言，如“吉人之辞寡，躁人之辞多”、“丧家亡身，言语占八分”。但许多人仍有“话多”之毛病，聒噪喧嚣，令人厌恶。

可见，在日常交往中，说话可以表现出一个人的开朗、诚恳，但滔滔不绝、没有节制的说话也会表现出虚伪或缺乏自制力。因此，要掌握好说话的度，尤其在社交场合，做到表情达意即可，切勿大发议论，让人生厌。

生活中，与人交流，也可以借助此效应。但并不是留下任何空白都能起到效果。也就是说，留“空白”是一门艺术，不是一件简单、随意的事。

那么，我们该怎么留空白、适时沉默呢？

第一，要掌握火候。

也就是说，沉默要把握时机。比如尽量在对方心存疑念、渴望得到答案时候沉默，这样，能很好地起到吊胃口的作用。

第二，要精心设计。

我们要学会找到“引”与“发”的必然联系，当问题产生后，可以对对方适当点拨，使对方有联想。然后以“发问”、“激题”等方式的诱因激起对方的思维，让其自己获悉答案，以此填补思维空白点，获取预期的效果。

总之，适当沉默是处理人际关系的无声“武器”，它会让你在与人沟通的过程中畅通无阻！不过到了该你说话的时候，众人都等你表态，等你提议，你若三缄其口，还是会惹大家不满意的。所以到了非说不可的时候，还是要大胆开口，当然也要讲究艺术，小心用词。

心理话术:

人有时要说话,有时要沉默;要学会说话,也要学会沉默;要善于说话,也要善于沉默。正如一位哲人所言:沉默是金,说话是银。如果你能把沉默这“金”和说话这“银”打造成合金,那么你将无往不胜,无坚不摧。

语调的变换传递出自己的心声

语调,就是说话的腔调。从严格定义上说,语调应表述为整句话和整句话中某个语言片断在语音上的抑扬顿挫,包括全句或句中某一片断的声音的高低变化,说话的快慢(即音的长短和停顿)以及轻重等。在口语交际中,语调往往比语义能传递更多的信息,能对听众的心理产生极其微妙的特殊作用,因此也更为重要。

石红供职于一家跨国电器企业,三年前,她还是一名电器推销员,而现在,她已经做到了销售经理的位置。在销售行业的成功,得益于她出色的口才。

一次,她代表公司到日本的分公司演讲。当时,不会日语的她直接用汉语演讲。当地的日本同事都听不懂汉语,虽说不了解她讲话的意义,却觉得听起来令人非常愉快。

石红接着演讲,语调渐渐转为低沉,最后在慷慨激昂、悲痛万分时戛然而止。台下的观众鸦雀无声,同她一起沉浸在悲伤之中。而这时,台下传来一个男人的笑声,他是陪同石红来日本的丈夫,因为他的夫人刚刚用汉语背诵的是一首中国的古诗,并没有演讲什么销售经验。

从这个故事中我们可以看到,语调竟然有如此不可思议的魅力。即使不明白其意义,也可以使人感动,甚至可以完全控制对方的情绪。

希腊哲学家苏格拉底说:“请开口说话,我才能看清你。”人的声音是个性的表达,声音来自人体内在,是一种内在的剖白,因此,你的声音中可能会透露出畏惧、犹豫和缺乏自信，也可以透露出喜悦、果断和热情。我们说话的声音，也必须和音乐一样，只有渗进人们心中，才能达到说服别人的目的。

然而，很多人在与人交流的过程中，并未意识到自己的语调有问题，反而自我感觉良好，或者他们认为语调和嗓音一样，都是天生的。实则不然，任何一种说话习惯都是逐渐养成的，只要我们愿意主动纠正这些不良的说话习惯，势必会取得一定效果。那么，我们该如何控制好自己说话的语调音色呢？

1. 掌握富有特色的各种句调

一句话之所以富有表现力，是因为它富于变化性——高低不同，快慢不一。而声音的高低取决于声带的松紧，声带拉紧，声音就变高；声带放松，声音就变低。声带的松紧是可以控制的，因此，声音的高低也是可以改变的。于是，便有了句调的概念，一句话声音的高低变化叫做句调，句调是语调中主要的内容。句调可分为升调、降调、曲调、平调四种。升、降、曲、平四调，各具特色。只有掌握了句调的特点，才能灵活地表达出各种句调。

因此，我们说话时，要使我们的话如同音乐一样动听，就要注意语调的快慢高低。比如，在表示有疑问的时候，你可以稍微提高句尾的声音；要强调的时候，声音的起伏可以更大些；要表现强烈的感情时，可以把调子降低或逐渐提高。

2. 让你的语调抑扬顿挫

语调越多样化，越生动活泼，其吸引力就越大。分寸感是语调正确的首要条件。每句话都可以用不同的语调来说，但不同的语调给对方的信息刺激也是不同的。这一点，我们在销售过程中尤其要注意。比如，同样一句话，由于语调不一，就可能给人不同的理解，文明语言可能传达不尊敬对方的信息；相反，有些不礼貌的话言在非常亲近的人当中，却给人一种亲密无间的信息。这要视谈话对象的性格和具体的谈话环境而定。

心理话术：

语调对于有声语言表达的效果有着重要的作用。语调不仅能成功地表达一个人的心理和性格，还可以表达说话者微妙的感情。不同的语调，将导致对方不同的感觉效果。一句话起什么作用，产生什么效果，给听者什么感受，取决于说话者的语气和语调。

站立着说话，对方更易被你所动

可能我们都有这样的感受，在听各种演说时，演说者站在讲台上，慷慨激昂地陈述着自己的观点，听众也被他们的情绪所感染；而在开各种会议时，身为领导者，一般都是端坐在会议室的显眼位置，但听众还是对领导者所说的话提不起兴趣，甚至昏昏欲睡。造成这一迥然不同的现象的原因当然是多方面的，但我们不得不承认的一点是，站立着说话，往往更能体现说话者的积极情绪，也更能打动听者。因此，从心理学的角度看，如果交谈双方面对面而坐，那么，说话的一方就很难显现语言气势；而如果说话一方站立着说话的话，那么，便能呈现出一种心理优势，也更容易产生强大的气场。

那么，什么是心理优势呢？心理优势是一种内在自我的空间延伸，直接决定了一个人对周围人的影响力，尤其是在近距离接触的存在着人与人交际的场合。你是一团火，旁边的人便感到热；你是一块冰，旁边的人便感到冷；你是一缕春风，旁边的人则感到舒适怡然。故我们要在人群中活得自由快乐，便首先要使自己具备一定的心理优势。

下面有两个实例：

第一堂课是贾老师的数学课。贾老师是个资深教师，上课时他喜欢带一把椅子，然后坐在讲台上，除了必须要在黑板上写字的时候，他才站起来外，多数时候他都坐着讲课。他的这种授课习惯导致很多学生昏昏欲睡，对此，贾老师很愤怒。下课后，老师把学生叫到办公室，说："我看你实在太疲累了，眼下高考在即，你必须调整好自己的状态。这样吧，老师让你干脆回家好好休息几天，再精神饱满地投入学习。"学生自然不肯，老师坚持这样做，学生只有流泪。

第二堂课是王老师的语文课。她走进教室时，自己先把椅子搬到讲台下面，然后开始上课。课堂上，她看见黑板没擦，就主动擦黑板，边擦黑板边讲课，并对学生们说："今天的值日生可能太困了，今天老师替你值日了啊。"说完，同学们都笑了，那个打瞌睡的学生也醒了。随后，王老师发现同学们学习的氛围都不高涨，于是，她便在教室里边走动边讲课，打瞌睡的学生们也一个个清醒过来了。

这两个例子颇值得玩味。经过对比，我们发现，站立着为学生讲课，更能带动课堂教学气氛和学生学习的热情。因此，作为一名教师，如果能改变一下自己的授课方式——多站立着授课，是能有效地解决学生在课堂生昏昏欲睡的现象。学生的学习热情提高了，便能做到不旷课，不迟到早退，上课安安静静。

的确，站立着说话，能创造心理优势，但并不是所有的人都做到"站如松"，体现出自己的精气神，甚至有些人一站到他人面前，便畏畏缩缩，不知从何说起，这对于人沟通是极为不利的。为此，你还必须做到：

1. 主动交往，底气十足

有些人，既想在别人面前谈些自己的观点，又怕被别人耻笑。于是，在这种左右矛盾的心理影响下，他们事先虽想好了许多话，可是一站在生人面前就全忘了，大脑仿佛一片空白。另外，当我们唯唯诺诺的站在对方面前的时候，人家也会认为我们心里没底，自然不愿与我们交往。而假如他们在谈话前，先调整好自己的心态，主动营造出一种有利于自己的交流氛围，那么，或许又是另外一种情况。

2. 时刻保持良好的社交礼仪

中国是礼仪之邦，万事以礼相待，一个懂得礼数的人会做到"坐如钟，站如松"，由内而外散发出吸引人的气质，这类人往往也不缺朋友。

总之，站立着说话能为我们创造心理优势，让对方看见我们的良好素质和修养，从而愿意与我们交流和沟通。

心理话术：

有些人与他人交流时，总对别人采取躲避态度，他们总喜欢寻找“一把椅子”来掩饰自己的羞怯、胆小，这类人一般都具有社交恐惧和自卑的心理。我们要想处理好人际关系，首先就必须克服这一点。请大胆地站起来吧，让别人看到你的魅力！

说话有气力会更有震撼力

现实生活中，很多人都为自己说话缺乏震撼力和分量而苦恼。其实，打动别人不但要有好的口才，更是一种微妙的心理互动，是心理需求和心理动机在不断改变的过程。社会心理学家研究发现，说话时讲究心理战术，才能让你说话更有说服力。而要让你的话语更有分量，就必须在你的声音中加入更多的气力。

在《三国演义》中，有一段张飞吓死夏侯杰的故事，故事内容是这样的：

飞乃厉声大喝曰：“我乃燕人张翼德也！谁敢与我决一死战？”声如巨雷。曹军闻之，尽皆股栗。曹操急令去其伞盖，回顾左右曰：“我向曾闻云长言：‘翼德于百万军中，取上将之首，如探囊取物。’今日相逢，不可轻敌。”言未已，张飞睁目又喝曰：“燕人张翼德在此！谁敢来决死战？”曹操见张飞如此气概，颇有退心。飞望见曹操后军阵脚移动，乃挺矛又喝曰：“战又不战，退又不退，却是何故！”喊声未绝，曹操身边夏侯杰惊得肝胆碎裂，倒撞于马下。操便回马而走。于是诸军众将一齐望西奔走。

看这段文字我们可以得到这样的结论：夏侯杰的死亡是个转折点，在夏侯杰死亡之前，张飞的大喝虽然使“曹军闻之，尽皆股栗”，但是，曹军还能够不慌乱，不至于溃败。但是，在张飞再次大喝以后，一个新的情况出现了——“曹操身边夏侯杰惊得肝胆碎裂，倒撞于马下”，夏侯杰的突然死亡引发了连锁反应，“操便回马而走。于是诸军众将一齐望西奔走。”于是，奇迹出现了，张飞孤身一人喝退曹兵百万。可以说，是夏侯杰的死亡成全了张飞的威名。

当然，现实生活中“被吓破胆”的情况是不会出现的，但我们却可以发现一个人说话底气十足对听者的心理作用。一个说话底气十足的人往往比那些说话轻声细语的人更有威力和震慑力。但这并不是说，声音的强度越大越好，一般来说，最佳的语音是：

(1)吐字清晰，节奏自然，语气得当；

(2)声音悦耳动听，清澈洪亮，气力十足；

(3)区分轻重缓急，随感情变化而变化。

而相对于以上三点而言，人们在说话时却常常出现这些毛病：声音或飘忽不定，或音量过高，或音量过低，或生硬呆板，没有表现力等。所有这些，都会影响听众对你所说内容的理解。

总之，演讲的语言从语言表述角度看，必须做到发音正确、清晰、优美，词句流利、准确、易懂，语调贴切、自然、动情。

下面是几个训练我们说话气力的小技巧：

(1)降低喉头的位置：放松你的喉部，并不断放松；

(2)感受胸腔共鸣：你可以微微张开嘴巴，降低喉部位置，声带一张一合，慢慢体会胸腔的震动；

(3)打牙关：所谓打牙关，指的是不断地张合槽牙，此时，用手去摸耳根前大牙的位置，看看是否打开了，然后发出一些元音，如“a”，感觉自己声音的变化；

(4)提颧肌：面带微笑，嘴角微微向上翘，同时感觉鼻翼张开了，试试看，声音是不是更清亮了；

(5)挺软腭：打一个哈欠，顺便长啸一声，当然，你需要注意周围有没有人。

心理话术：

生活中，人们在说话时总是会呈现不同的语言特色，对于那些说话底气十足的人，人们会觉得他有能力且心理素质好，容易对他产生信赖感。因此，与人说话，不仅要从容大方，还要提高自己的音量，说话要有底气。

不露声色，表情严肃令话语更强势

可能我们都有这样的生活体验：在嘈杂的市场里，卖货的人一口一个“帅哥”或者“美女”，为何他们称谓礼貌，却无法让人感到他们的称赞是真实的呢？因为他们满脸带笑、嬉皮笑脸，有失沉稳。可见，与人交往的过程中，不要总是“卖弄你的笑脸”，尤其是在那些庄重的场合。这样做，要么让人生嫉或生厌；要么让人觉得你夸夸其谈；要么让人觉得你酸腐；要么让人觉得你不成熟稳健。而且，这样又会让人看清你的思想。

事实上，真正会说话的人即使不露声色，也能让人感受到来自他的强大气场。

《三国演义》“徐州战”中有这么一段：

刘备领着陆羽、关羽、张飞、赵云、太史慈等人日夜兼程赶到徐州与孔融、田揩会和。却发现曹操已经攻破小沛，此时已经围困了徐州城。

……张飞冲入曹军阵中，曹军顿时间人仰马翻，丈八蛇矛将敢于挡在它面前的任何东西都搅得一团粉碎，那霸道的气势连一向以勇猛著称的青州兵也不由退避三尺。如果说，关羽的刀法是一种王道让人无法生出对抗之心、那张飞的蛇矛就是一种霸道让人忍不住瑟瑟发抖。

百万军中取上将首级，如探囊取物耳。

尽管周围都是自己的士兵，曹操仍忍不住泛起一丝寒意，两丈外，脸如黑碳般的张飞提着丈八蛇矛直指曹操，曹操想要退入后阵之中，却发现张飞的气场早已锁定了他，只要他一动，那凌厉的气劲就会将他割得粉碎。一时间，天地里仿佛只剩下了他们两个人，没有人能帮得了他，那高耸的帅旗此时也仿佛如支持不住般轰然倒下，丈八蛇矛猛然向曹操刺来，曹操几乎绝望地闭上了眼睛。

……

这时曹军的将领也都退了回来，最惨的要属于禁，背上被管亥劈了一刀，要不是仗着马快，恐怕已经被劈成两段了。

曹操与刘备的首次交锋就这样落下帷幕，曹操在占据着绝对优势兵力的情况下大败而回，伤亡近五千人，而这只是这两个绝代雄主的第一次碰撞。

刘备与曹操首次交锋大获全胜，其中少不了张飞的功劳，他和曹军交锋的时候，和曹操正面对决，凭着一股不怕死的精神，在气场上就以绝对优势压倒了对方，胜利自然势在必得。而张飞的气势是从何而来？从心理学的角度看，固化在人脸上的表情显示的个人性格特点，张飞一脸严肃，着实令人望而生畏。

人的面部表情极为丰富，这和人的内心世界极为丰富有着直接的联系。人的面部表情是在长期的社会生活中逐渐形成的，人类最初的表情，表现的就是人内心的真情实感。

当然，人际交往中，那些总是不苟言笑的人，也是无法获得他人好感的。说话有气场并不是说要使人畏惧，而是要达到言语深入人心的效果。可见，你必须掌握好“笑”与“不笑”的度，因此，你不妨做到：

1. 面部表情不可过于丰富

也就是说，如果你希望自己是个有威慑力的人，那么，在与人说话的时候，就不可对人挤眉弄眼、大笑或者大哭等，同时，这也是一种失礼的表现，适度微笑即可。微笑是一个人内心感情的体现。当你微笑着与别人说话时，也会使对方感觉放松，从而进一步增进融洽的气氛。

2. 眼神不可游离不定

严肃的表情会让说出的话更有气场，但假如你神态木讷，面无表情，即使嘴在动，也会让人有拒人于千里之外的感觉。因此，记住，除了微笑之外，你最好还应注意你的眼神，眼神不可犀利、凶狠，但一定要有神，不可游离不定。

心理话术：

人们的思想可以表现出复杂而又十分微妙的表情，并且表情的变化十分迅速、敏捷和细致，可以真实、准确地反映情感与传递信息。有经验的人通过观察人的表情和表情变化，就可以探知对方的内心世界。因此，我们更应懂得通过自己的表情来传达我们的内心世界。

提问和反问令气场锐不可当

我们都知道，语气在语言运用中占有重要的作用。陈述一件事，提问、反问等比平铺直叙更能产生积极的语言效果。因为从听者的心理角度分析，如果我们平淡地对其陈述一件事，是没有加入说者的个人情感的。而提问和反问，则表示了陈述者/说话者的疑问和质疑等，更能让问题起到深入人心的作用，也更能让说话者增强说话的气场。当然，反问和提问在具体的语言运用中是有不同的策略的：

1. 反问

所谓“反问”，就是用否定的形式来表达肯定的意思，答案已寓于问句之中，它比正面发问更有力量。反问还有一个妙用，就是在有些问题不便答复又不便回绝时，就可以用反问挡驾。

民间有这样一个故事：

有一个地主待长工很刻薄，半夜里就催长工去干活。长工说：“等我缝完了衣服就去。”地主冷笑说：“天这么黑，你怎么看得见缝衣服？”长工立刻反问道：“既然天这么黑，又怎么能干活呢？”一句反问，驳得地主哑口无言。

一个反问，简明而有力地说清了“坚守岗位”的重要。以上二例，无论是阐述自己的观点或反驳对方的荒谬，都生动地说明了巧妙地运用反问，效果比陈述句更加强烈。

2. 提问

当然,除了反问这一语言策略外,还有提问。有问,有答;问什么,答什么;怎么问,怎么答,这是有一定规律的。作为言语策略,提问和答问在言语交际中,又不是这么简单,往往变化无穷。

唐庄宗李存勖是一个昏庸无道的君主,他极爱打猎。

有一次,他带领人马杀气腾腾来到中牟县打猎。中牟县令闻讯赶忙前去迎驾。县令跪在庄宗马前,为民请命,希望在打猎时不要践踏农民的庄稼。庄宗大怒,呵斥县令道:“你给我滚开!”

伶官敬新磨见势不妙,便带领他的演唱人员把县令捉至庄宗面前,斥责他说:“你身为县令,难道不知道我们的天子爱打猎么?”

县令低着头说:“知道。”伶官道:“既然知道,你为何要放纵你的百姓种田来向皇上交纳赋税?为什么不让你的百姓饿着肚子把田让出来给君王打猎?你说,该当何罪?”说完,便恳请庄宗杀掉县令。其他伶人也一齐唱和道:“请君王让我们把他杀掉!”

庄宗听后置之一笑,让大家放了县令。

这则故事中的伶官是个智者,面对昏庸无道的皇帝即将杀害忠臣良将,他并没有直接阻止,因为这样做的结果只能是让自己也招致杀身之祸。此时,他选择了反问式的幽默,从反面提问:“你为何要放纵你的百姓种田来向皇上交纳赋税?为什么不让你的百姓饿着肚子把田让出来给君王打猎?”很明显,这个问题的答案是利于这位县令的,于是,唐庄宗自己得出了正确的结论,放了县令。

心理话术:

在与人沟通的过程中,提问和反问的作用是加强语气,把本来已确定的思想表现得更加鲜明、强烈。它不但比一般陈述句语气更为有力,感情色彩也更为鲜明。同时,它还能通过加强的语气来增强说话者的气场,从而最终起到加深听者对所述事物的认识的作用,起到言简意赅、引人注目的效果。

第5章

劝说得力，贴合人心的说服术

在现代社会中，无论你处于什么位置，都需要与他人合作才能达到自己的目标。在很多情况下，你需要别人接受自己的想法、观点，然后与你共同采取一致的行动，这就需要具备说服他人的本领。可以说，一个不善于说服他人的人，他的一切就无从谈起。既然说服力这么重要，那么，我们就要尽可能地使自己的说服成功。当然，要想自己成功地说服别人，就需要掌握说服的技巧。

博取好感，谈话从对方兴趣入手

在人际交往中，我们若想说服对方，就必须先接近对方，让对方对自己产生好感。而能用来接近对方的话题可以说俯拾皆是，关键在于要善于根据特定的情境去发掘共同话题，并恰到好处地运用。人们都有这样的心理：与志趣相投的人谈话其乐无穷，与志趣相异的人谈话则是“话不投机半句多”。掌握人们的这一心理后，我们在交谈时，如果从对方的兴趣爱好切入话题，让对方感到你与他志趣相投，话匣子就自然地打开了。而一旦话匣子打开后，我们说服对方的过程也就容易得多了。

德国实业家哈根想向银行贷一笔款开发公寓，于是拜访了银行经理肖夫曼。

哈根：“肖夫曼经理，您好！今天温布尔敦网球赛停赛，我就估计到办公室准能找到您。”

肖夫曼：“哈哈，哈根先生对网球也有浓厚兴趣？”

哈根：“好汉不提当年勇喽。年轻时，我还参加过温网赛呢，可惜第一回合就被淘汰了。”

肖夫曼：“哦，原来是温网英雄。”

两人自然说到网球球星的许多轶事，这让肖夫曼觉得两人十分投缘，大有相见恨晚之感。最后，哈根如愿以偿，与银行达成了利率优惠的贷款协议。

哈根之所以能从银行顺利贷到款，是因为他预先了解到肖夫曼有个嗜好：网球。于是来了个“投其所好”，巧妙地打开了肖夫曼的话匣子，因为双方都是网球迷，下面的业务问题就自然好谈得多。

当你说服对方时，是否被拒绝过？如果有，这就表示对方对你产生了戒备心理。对方有戒备心理，你对他的说服工作自然就很难进行，所以，在你进行说服之前，必须先仔细观察对方的言行举止，然后采取相应的策略。对于有戒备心理的人，最好的说服办法是从对方身上找到共同感兴趣的话题。之所以与有戒备心理的人进行情感交流有困难，主要原因就是对方有“我和你属于两个完全不同的世界”这种思想。如果对方认为在各方面都与你格格不入，那么，他就不会与你进行沟通。然而，说服者要解决这个问题，就应该让对方意识到，你们是属于同一个世界，即同一个集体。

那么，我们该怎样打开对方的话匣子呢？

1. 从对方关心的对象谈起

交谈时如能从对方十分关心的对象切入，也就是一种投其所好的方式，有利于打开交谈局面。其实，我们不必绞尽脑汁地寻找对方感兴趣的话题，因为一般来说，生活中人们一般都会关注这些话题：

你可以谈足球，篮球和其他运动；

你可以谈食物、谈饮料、谈天气；

你可以谈生命、谈友情、谈光荣；

你可以谈同情心、谈责任感、谈真理；

你可以讨论书籍、电影、广播节目、国际新闻或本地的新闻；

你可以交换一下关于某本杂志上一篇文章的看法；

……

诸如此类，都是很好的谈话题材。

2. 从对方最深切的情缘谈起

人是有情感的，交谈时，如果能从对方最深切的情缘切入，情深意切，往往能使其打开话匣子，达到交谈的目的。比如，你可以从对方的口音入手，“您也是××吗？”

3. 从对方“在行”的话题谈起

常言道三句话不离本行，人们都喜欢谈论自己在行的话题。因此，我们与人交流时，要想接近对方，可以从他最精通的话题谈起，这样常常能够引发对方的谈话兴趣，唤起对方的成就感，让他觉得与你有共同语言，交谈就会有好的结局。而对于你所熟悉的专门学问，如果对方不懂，也就不会产生兴趣,那就请免开尊口。

假如对方是医生,你对医学虽是门外汉,也可以用“问”的方法来打开局面。“近来感冒又流行了,贵院大概又要费心一阵子了吧?”这样一来,对方的话匣子就打开了,你可以从感冒谈到症状、药品和补品等,只要双方都不厌烦,话题就可以一直谈论下去。

4.有些问题不可问

与人谈话的时候,有的事情需要特别注意的:

不要问及对方的花费,比方说别人衣饰的价钱或送礼的价值以及请客所花的费用,这会让人觉得你触及他的经济能力或者怀疑他送礼的心意;

也不可以问女子的年龄(除非她是六岁或六十岁左右的时候);

不可问别人的收入;

不可详问别人的家世;

不可问别人用钱的方法;

不可问别人工作上的机密。

“己所不欲,勿施于人”,凡是你不想让人知道的事,你也应该避免询问对方。谈话的目的在于引起对方的兴趣,而不是使任何一方感到没趣,能令对方滔滔不绝,是你说话的本领,也是你增广见闻的方式。

心理话术:

说服他人一定要找到一个沟通的切入点,让对方产生好感,才可能接受你的观点、意见。因此,你需要从心理的角度出发,及时抓住有利时机,投其所好,打开对方的话匣子。做到这一点,说服就成功了一半。

通过真诚,让言辞显得更可信

人与人之间是存在一定沟通屏障的,也是存在一定戒备心理的,这就导致了我们说服别人的困难。古人云:“感人心者,莫先乎情。”说服别人在很大程度上,可以说就是情感的征服。只有善于运用情感技巧,动之以情,以情感人,才能打动人心,以至说服别人。

某电话公司曾碰到一个很凶的客户,这位客户对电话公司的有关工作人员破口大骂,威胁要拆毁电话。他拒绝付某种电信费用,他说那是不公正的。他写信给报社,还向消费者协会提出申诉,并到处告电话公司的状。电话公司为了解决这一麻烦,派了一位最善于沟通的“调解员”去会见这位惹是生非的人。这位调解员静静地听着那位暴怒的客户大声的“申诉”,并对其表示同情,让他尽量把不满发泄出来。

3 个小时过去了,调解员非常耐心地静听着他的牢骚。此后,他还两次上门继续倾听他的不满和抱怨。当调解员再次上门去倾听他的牢骚时,那位已经息怒的顾客把这位调解员当作最好的朋友看待了,并自愿把所有该付的费用都付清了。

这则故事中,调解员为什么能成功说服这位惹是生非的客户并与之成为好朋友?这是因为他动用了情感的力量,并利用了倾听的技巧,友善地疏导了暴怒顾客的不满,于是这位很凶的客户也通情达理了,矛盾冲突就这样彻底解决了。

我们都知道,牧师布道宣传的是唯心主义的宗教,但因以情动人,往往能在催人泪下的同时,不露痕迹地对听众施加思想影响,使人不知不觉地接受其教义。这就是情感的力量。

的确,感情是沟通的桥梁,要想说服别人,必须跨越这一座桥,才能到达对方的心理堡垒,进而征服别人。在劝说别人时,应推心置腹,动之以情,讲明利害关系,使对方感到你的劝告并不带有任何个人目的,没有丝毫不良企图,而是真心实意地帮助他,为他的切身利益着想。这时,对方是愿意相信你的。

那么,我们在说服他人的过程中,如何做到以情动人呢?这需要你掌握以下三部曲:

第一步,动之以情

这需要我们在说话的时候以事比事，将心比心，运用自身或熟人的经验教训，再加上感情色彩浓厚的语言，去进行绘声绘色地诉说。这样容易令人感到亲切可信，引发情感上的共鸣，从而为接受你的想法扫清了障碍，铺平了道路。

第二步，晓之以理

动之以情是说服别人极为常用的方法。而晓之以理，就是讲道理，通过简单的事情，比如，一两个典型事例，再加上简明、扼要的分析，道理就足以讲清楚，讲明白。

第三步，衡之以利

对于那些利益观念很强的人，理难服他，情难动他，唯有"衡之以利"是切实有效的一招。且不论对国家、对社会的利害如何，只从个人实实在在的得失考虑，他也应趋利避害，接受你的意见。

当然，复杂的事情涉及多方面的因素，触动一点就能牵动全局。因此，必须全方位、多层次、多角度地进行一系列的说服工作，从多方面展开心理攻势，并以严密的逻辑推理为支撑，如水到渠成地得出结论。

心理话术：

说服别人动摇、改变、放弃已见或信服、同意、采纳你的主张，实质上是一场从精神上征服人心的战斗，但又不能使对方有丝毫被迫接受的感觉。因此，动之以情，晓之以理，还要结合衡之以利，才能真正让对方接受你的说服。

现实例证更易说服对方

所谓说服，即用理由充分的话使对方信服。说服工作主要是做人的思想工作，是做调动人的积极性以接受自己观点的工作。而说服别人，如能从被说服对象的心理角度入手，往往能取得事半功倍的效果。作为被说服的一方，他可能并不相信你，但他绝不可能不相信充分的事实证据。

有这样一个事例：政府准备建立心脏病研究基金会，在听证会上，对它的可行性进行调查。其中一位医生的发言与专家们的严密论证不同，他对参加听证会的政府官员们说："你们正处在人生、事业的顶峰，却是最易患心脏病的人。"由于这个医生的发言抓住了官员们的切身利益，所以取得了较好的效果，他们欣然采纳了他的意见。

"二战"初期，美国一些科学家得悉德国正在试制原子弹，于是请爱因斯坦写了一封信，托罗斯福的私人秘书萨克斯转交总统，希望罗斯福同意在美国也试制原子弹，但罗斯福断然拒绝。萨克斯就讲述了一段历史：英法战争期间，在欧洲大陆上不可一世的拿破仑，在海上却屡遭失败。美国发明家富尔顿劝他撤去船上的风帆，装上蒸汽机，把木板换成钢板，这样可提高战斗力。可拿破仑固执地认为船没风帆不能航行，木板换成钢板会下沉，未予理睬。当时，如果他多动一下脑筋，18 世纪的历史就得改写了。听了萨克斯的话，罗斯福若有所思，终于同意了科学家们的建议。

在这个故事中，萨克斯巧借历史知识成功地说服了总统。古今中外，此类事例不胜枚举。要说服别人接受自己的观点、意见、办法等，是复杂而困难的行为。而人类在社会交际中又时时、处处离不开说服，要想成功说服对方，展现现实例证是最有力的方法。

可见，想说服他人，就要用事实说话，才能让那些不信服的人彻底地相信你。人们常说摆事实讲道理。事实是道理的依据，也是促使整个说理生动有力的媒介。很多时候道理讲多了，并不见得有说服力，而摆出一两个与所说之理相适应的鲜明而具体的事实却有难以辩驳的说服力。因此，说服别人，要记住用事实说话。

几年前在南京报纸上刊载了一篇骇人新闻：《一台沙松冰箱爆炸》，并配以现场照片。这一突发的意外事件，对沙松冰箱厂来说无疑是一个沉重打击，如果不能得到很好的处理，会严重地影响企业的形象和产品的信誉。

沙松冰箱厂领导在处理这一事件时，不仅仅靠单纯的辩解，而是针对社会公众急于了解事实真相的心理，采用事实交流法，用事实“说话”。即电冰箱门虽然炸破了而冰箱仍在制冷，而爆炸的原因是用户将乙烷气瓶放入冰箱而引起了爆炸，从而赢得了广大用户的信赖，企业也因此摆脱了窘境。

运用事实交流法进行说服，可以打破僵局增进了解，使说服更加有力。因为事实本身可以使领导者言重如山，取信于人。采用事实交流法进行说服，要求领导者在说服前准确地把握事实，说服中巧妙地运用事实。

用事实说话，就要掌握语言表达技巧的要领：

1. 摆事实

你的观点是否可信，在于你的证据是否可信，论证是否符合逻辑。这就需要你列举出一些有说服力的证据，通过论证的方式，将各种方案的优劣、长短逐一比较分析，并从中优选出最佳的方案来。

2. 针对对方心理“对症下药”，为其提出新主张

提出你的新主张，才能让对方更彻底地放弃自己的旧主张。

总之，摆事实，讲道理，这是说服他人最有效的方法。

心理话术：

任何人都具有精明、理智的一面，如果你能够通过有力证据、有说服力的方案而获得别人的认可，一段时间后，别人对你的信任仍然不会消失。在条件合适的情况下，提供有力的数据支持，甚至提供书面资料，会使说服变得非常的轻松。所以在说服中运用数据、事例这绝对是种行之有效的好方法。

劝人用点战术，不要针锋相对

我们在说服他人的时候，要想成功说服对方，首先就必须进入对方的内心世界。如果一开始就针锋相对，那么，对方就会产生逆反心理，我们也很难达到说服的目的。在很多时候，人们往往都很喜欢争论，特别是在聊天的

时候，不论大事小事，为了说服对方，都喜欢争辩一番。

从某种意义上说，争论是人的一种天性。因为思想、认识的不同，其中一方为了说服另一方，就会发生争论，而这也正是人们认识的一个误区，他们认为只有争论才能说服别人。人又都喜欢显示自己的聪明，在争论中击败对方，就是一种难得的精神享受。而事实上，心理学知识告诉我们，人们更愿意在愉快和和谐的过程中接受他人的意见，而这也是很多人说服别人取得成功的一个原因。

一个妇人快要过生日了，她不希望丈夫再送花、香水、巧克力或者只是请吃顿饭。她希望丈夫送她钻戒。

她对丈夫说："今年我过生日，你送给我一枚钻戒行吗？"

"什么？"她丈夫惊奇地看着她。

"我今年不想要那些花啊、香水啊、巧克力的。一下子就用完了、吃完了，不如钻戒，可以好好地留作纪念。"

"送你花、请你吃饭，多有情调！而钻戒，什么时候买都可以。"

"可是我现在就想要一枚钻戒，人家都有钻戒，就我没有，就我没人爱……"结果，两个人因为生日礼物居然大吵了一架，甚至闹到了要离婚的地步。

还有一个与之相似的故事，与上面那个故事形成了鲜明的对比：

一个太太，也想要枚钻戒当生日礼物。但她却没有直接对丈夫说，而只是说："亲爱的，今年不要送我生日礼物了，好不好？"

丈夫诧异地问："为什么？我当然要送。"

"明年也不要送了。"

听完这话，丈夫更奇怪了。

那位太太接着说："把钱存起来，存多一点，存到后年。"然后太太不好意思地把声音放到了最小说："我想让你送我一枚小钻戒……"

丈夫说："噢！原来是这样啊！"而结果呢？那位太太生日当天，她还是得到了礼物——丈夫买给她一枚大大的钻戒。

很明显，这两个例子中，后面例子中的妻子更会说话。我们先来看第一位妻子,她太不会说话,她一开始就否定了以前的生日礼物,令丈夫失望极了;接着她又用别人丈夫送钻戒的事伤了丈夫的自尊;最后,她居然因此否定了他们之间的感情。何况,这样硬讨的礼物,就算拿到又有什么意思?毕竟给丈夫留下了不好的印象!

至于第二个事例中的那位太太,她就聪明多了。她虽然要钻戒,却反着来,先说不要礼物,最后才把真正的目的说出来。因为她说后年才盼着有枚钻戒,丈夫却在今年就给她一份惊喜,无论太太或丈夫,感觉都好极了,难道不是"双赢的沟通"吗?从她说出自己真正目的的时候,丈夫就无形中答应了她的要求,这就是她成功的原因。

心理学的研究指出,轻易地说出"不"字,容易造成谈话双方情绪的对立,一个否定的反应是最难克服的障碍。那么,在劝人的过程中,我们该使用什么样的战术呢?对此,美国著名学者霍华曾经提出了让别人说"是"的30条指南,现在摘录下来其中的10条,供说服者们参考:

(1)要照顾对方的情绪;

(2)要以充满信心的态度去说服对方;

(3)找出引起对方注目的话题,并使他继续注目;

(4)切忌以高压的手段强迫对方;

(5)直率地说出自己的希望;

(6)尽量以简单明了的方式说明你的要求;

(7)要表现出亲切的态度;

(8)要让对方证明,为什么赞成你是最好的决定;

(9)让对方了解你并非是"取",而是在"给";

(10)让对方知道,你只要在他身旁,便觉得很快乐;

心理话术:

说服别人是讨论而非争论,用和谐和讨论的方式更能让对方信服你的观点。而与对方争论,就会让对方产生一种抗拒心理,无论你怎样说,对方心底都会有抵触情绪。在这种情况下,想要说服他人是很难的。

用数字说话，让自己的言辞更具说服力

生活中，我们在劝说他人的过程中，都希望自己的语言更有说服力，对此，不少人喜欢采用一些华丽辞藻进行描述，但给人的印象却是华而不实，令人生疑的。因为这些说服的语言毫无根据，完全站不住脚。但如果我们能在语言中加入一些具体的数字，就会提高话语的含金量，让人感到信服。

卡耐基的一次经历，可以说是用数字说话的一个典范。他是这样说服一家旅馆经理打消增加租金的念头的。

卡耐基每季度都要花费 1000 美元在纽约的某家大旅馆租用大礼堂 20 个晚上，用以讲授社交训练课程。

有一个季度，卡耐基刚开始授课，忽然接到通知，要他付比原来多 3 倍的租金。而收到这个消息以前，入场券已经发出去了，其他准备开课的事宜都已办妥。怎样才能交涉成功呢？经过仔细考虑以后，卡耐基去找经理。

卡耐基对经理说："我接到你的通知时有点震惊，不过这不怪你。假如我处在你的位置，或许也会写出同样的通知。你是这家旅馆的经理，你的责任是让旅馆尽可能多的赢利。你不这么做的话，你的经理职位很难保住。假如你坚持要增加租金，那么让我们来合计一下，这样做对你有利还是不利。"

"先讲有利的一面。"卡耐基说，"大礼堂不出租给讲课的而是出租给办舞会、晚会的，那你可以获得更多利润了。因为举行这类活动的时间不长，每天一次，每次可以付 200 美元，20 晚就是 4000 美元，哦！租给我，显然你吃大亏了。"

"现在，来考虑一下'不利'的一面。首先，你增加我的租金，也是降低了收入。因为这样实际上等于你把我撵跑了。由于我付不起你所要的租金，我势必要再找别的地方举办训练班。"

"还有一件对你有利的事实。这个训练班将吸引成千的有文化、受过教育的中上层管理人员到你的旅馆来听课，对你来说，这难道不是起了不花钱的广告作用了吗？事实上，假如你花5000美元在报纸上登广告，你也不可能邀请这么多人亲自到你的旅馆来参观，可我的训练班给你邀请来了。这难道不合算吗？”讲完后，卡耐基告辞了，“请仔细考虑后再答复我。”当然，最后经理让步了。

卡耐基之所以获得成功，是因为他站在经理的角度想问题，把增加租金与保持租金的利弊用数字一个个清楚地表达出来了。

为什么数字能提高语言的可信度？从心理学的角度分析，那些空洞的语言往往表达的是主观的想法，会让听者觉得查无实据；而具体的数字则可以提供难以质疑的具体证据。比如，在向用人单位证明自己的实力时，同简单表示“提高了生产能力”的应聘者相比，一个在“7个月内将工厂产量提高156%”的人无疑会令你印象更加深刻。

那么，在说服他人的过程中，我们该怎样运用数据呢？

1. 数据的真实性和准确性

我们希望说服他人，就是为了让对方产生信任感，但如果数字本身的可信度有问题，比如数字不准确或者虚假、夸张等，就会使听者产生信任危机，因为一旦对方发现这些数据本身有问题，就会对你产生质疑，那么，运用数说服这一策略就只能起到反作用了。

2. 仅仅罗列数据是不够的

精确数据的使用，当然会为你的话语增加可信度，但一味地罗列数据会让对方找不到重心，也会让对方以为你在故作玄虚，从而对你产生厌恶感。所以，使用数据是有一定的原则的：

(1)合适的时机。要想让你的数据说明具有更强劲的说服力，你首先要挑选合适的时机，比如在对方对你的话语提出质疑时。

(2)度的把握。说服别人的时候，还要注重适度运用精确数据来说明问题，要懂得适可而止，不要随意滥用。

(3)数据的更新。另外，值得注重的是，很多数据是随着时间和环境的改变不断发生改变的。因此，在使用某些数据时，要保证它是最新的。

心理话术：

列出具体数据是增加话语可信度的重要方法，空有华丽的辞藻是不会吸引人的。记住，要证明你的观点，你就应学会用数字说话。

句句话为对方着想，更能打动人心

生活中，当我们希望对方接受我们的观点的时候，都已经习惯了从自身的角度考虑问题。这无可厚非，但当你慷慨陈词的时候，你是否注意到对方情绪的变化呢？当你针锋相对反驳对方的时候，你是否发现对方的脸色由晴转阴了呢？当你一句扫兴的话给对方泼了冷水的时候，你是否发现对方已经兴致全无并有意终止交谈呢？

有个著名的心理测策略——换位思考，就是要求人们在说话前，多为别人考虑。这样，我们说出的话就会更中听，对方接受起来也就更容易。

说起陶行知，在中国的教育界几乎无人不知。陶行知在育才学校的时候，有一个叫王友的学生，是学校中颇有名气的"孩子王"，经常惹是生非，屡生事端。一天，陶行知看见王友用土块砸一个同学，当即制止了他，并叫他放学后到校长室来。

放学后，陶行知来到校长室，王友已经等在门口准备挨训了。可一见面，陶行知却掏出一块糖果递给他，并说："这是给你的，因为你按时来到这里，而我却迟到了。"王友惊疑地接过糖果。随后，陶行知又掏出一块糖果放到他手里，说："这块糖果也是奖给你的，因为我不让你再打人时，你立即就住手了，这说明你尊重我，我应该奖励你。"王友更惊疑了，他眼睛睁得大大的。这时，陶行知又掏出第三块糖果塞到王友手里，说："我调查过了，你用泥砸那些男生，是因为他们不守游戏规则，欺负女生。你砸他们，说明你很正直，有跟坏人作斗争的勇气，应该奖励你啊！"王友感动极了，他流着眼泪后悔地说道："陶……陶校长，你……你打我两下吧！我错了，我砸的不是坏人,而是自己的同学呀!"

陶行知满意地笑了,他随即掏出第四块糖果递过去,说:"为你正确地认识错误,我再奖给你一块糖果,可惜我只有这一块糖果了,我的糖果用完了,我看我们的谈话也该完了吧!"说完就走出了校长室。

这就是陶行知与四块糖的故事。这小小的"四块糖",折射出了陶行知高超的批评艺术。在整个过程中,陶行知自始至终没有直接提及王友的错误,而是将对他的关心与期望融入到宽松和谐、幽默诙谐的情景之中,通过循序渐进、启发诱导、激励表扬,让王友充分认识到自己的错误。整个批评过程自然流畅,"水到渠成"。陶行知的"四块糖"的确起到了"此时无声胜有声"的批评效果。

事实上,那些明事理、重情义的人,他们在说服他人的时候,总是能设身处地充分考虑对方的切身利益、实际困难。因为,在此基础上进行说服,才称得上是真正的通情达理,也更令人心悦诚服。而如果丝毫不考虑对方的情感和需要,双方交谈就没有共同的语言,说服就无从谈起了。

"己所不欲,勿施于人",其中的意思也就是推己及人,设身处地为别人着想,也就是从别人的角度去想问题。从这个角度出发,我们就知道如何说话,如何把握说话的度了。对此,我们需要记住以下几条原则:

1. 要适时

说在该说时,止在该止处,这才叫适时。批评、说服他人应尽量是私人化的场所,而不应该是大庭广众之下。

2. 要适量

经常有这样的人,他们对别人的过错总是说个不停,因为在他看来,即使很小的过错也必须严加批评。假如你遇见了这种人,你会对他产生什么样的印象呢?因此,即便批评别人也应做到适可而止。

3. 要适度

人与人相处,需要相互尊重。在说话时要注意顾全他人的面子,照顾对方感受,考虑说话的方式方法,做到将心比心,设身处地为他人着想,而千万不要只图自己一时的痛快。

心理话术：

换位思考就是完全转换到对方的角度思考问题，从而更理解人、宽容人。这就要求在观察处理问题，做思想工作的过程中，把自己放在对方的位置，对事物进行再认识、再把握，以便得到更准确的判断，这样说出的话也才能真正说到别人的心窝里去。

描述未来蓝图，令对方充满期待

人的想象力是惊人的，对于同一个事物，不同的人会有不同的想象。因此，如果我们在说服他人的过程中，能充分调动对方的想象力，为对方描绘未来美好的蓝图，将会对你说服他人有很大的促进作用。因为从心理学的角度看，一旦在人们的内心世界形成一种美好的愿望，他们是极其愿意接受实现这种愿望的途径的。下面这段话就展现了一个销售人员是如何劝说客户购买产品的：

“周末的早晨，您带着您的孩子们，穿着我们公司的户外运动鞋，来到郊外，舒展已经劳累了一周的身体。郊外的山坡，有很多人一起爬山，当爬到山腰的时候，有些人的运动鞋居然出现了问题，这些人面临的将是难以前进的道路……而您，却带着您的孩子在挑战山顶的高度！”

这是一段具有强烈对比性的想象，想象之所以为想象，毕竟不是真实的。但客户听到这段话后，是不会产生异议的，因为，这只是对产品的一种自信。推销大师乔·吉拉德也常常使用这一方法推销。

乔·吉拉德特别善于推销产品。与别的推销员“请勿触摸”的做法不同，乔在和顾客接触时总是想方设法让顾客先“闻一闻”新车的味道。他让顾客坐进驾驶室，握住方向盘，自己触摸操作一番。

乔认为，人们都喜欢自己来尝试、接触、操作，人们都有好奇心。不论你推销的是什么，都要想方设法展示你的商品，而且要记住，让顾客亲身参与。

如果你能吸引住他们的感官，那么你就能掌握住他们的感情了。

如果顾客住在附近，乔还会建议他把车开回家，让他在自己的太太、孩子和领导面前炫耀一番，顾客会很快地被新车的“味道”陶醉了。根据乔本人的经验，凡是坐进驾驶室把车开上一段距离的顾客，没有不买他的车的。即使当即不买，不久后也会来买。因为新车的“味道”已深深地烙在他们的脑海中，使他们难以忘怀了。

你也许很纳闷，为什么乔这么有把握？因为顾客已经投下太多情感，车都选好了！甚至在他的心里，可能已经勾勒出了拥有这部车的美好场景。而如果他不签字，需要有很大的勇气，而且一切得从头来过，孩子又会大哭大闹、妻子的抱怨等都会使他慎重考虑。

因此，我们在劝服他人的过程中，也可以采用未来憧憬法，引导对方看到在接受我们的意见后所拥有的“幸福生活”。那么，具体地说，我们应该怎样描述呢？

1. 加以引导，开发对方的想象力

我们要学会运用诱导性的语言为对方的想象力铺平道路，并适时限制或发展对方的想象空间，这就像制造一个固定的空间、固定的路径，引导对方朝着自己设定的方向想象，从而达到自身的目的。

2. 让对方参与，体验互动

人们常说“耳听为虚，眼见为实”，相比你所说的，人们更愿意相信自己的眼睛，更愿看见真实的幸福生活。此时，如果你也能和吉拉德一样，调动起客户的视觉、嗅觉、味觉、触觉等感官亲身体验产品，那么，一旦他们对你的话产生了信心，是很愿意相信你的。当对方了解这些以后，就会有一种想尝试的欲望，此时，我们的劝服目的也就近乎成功了。

心理话术：

聪明的人在劝服他人的过程中，都会巧妙攻心，他们并不会苦口婆心地劝说，而是使用“未来憧憬法”。这一方法能加快对方接受意见的脚步，一旦对方感受到你所描述的蓝图是美好的，他们会毫不犹豫地选择听从你的意见。

名人效应，对方的偶像可做“药引”

在社交界流行这样一句话：“一个人能否成功，不在于你知道什么，而是在于你认识谁。”这里的“谁”，我们一看便知，就是人们常说的“名人”。名人因其有较高的知名度，人们对其话语的信服程度也会较高。因此，在劝服他人的过程中，如果我们也能利用名人效应，善于利用他们的影响力，那么，我们的话在对方的心中会有同样的“光辉”，那你就能轻而易举地打动他人。

在美国乡村，有个老头和他的儿子相依为命。

一天，一个人找到老头说要将他的儿子带去城里工作，老人愤怒地拒绝了这个人的要求。这个人又说：“如果你答应我带他走，我就能让洛克菲勒的女儿成为你的儿媳，你看怎么样？”老头想了又想，终于被让儿子当洛克菲勒的女婿这件事情说动了。这个人精心打扮后，找到了美国首富、石油大王洛克菲勒，对他说：“尊敬的洛克菲勒先生，我想给你的女儿找个对象。”洛克菲勒说：“快滚出去吧！”这个人又说：“如果我给你女儿找的对象是世界银行的副总裁呢？”于是洛克菲勒同意了。接着，这个人找到了世界银行的总裁，对他说：“尊敬的总裁先生，你应该马上任命一个副总裁！”总裁先生摇着头说：“不可能，这里这么多副总裁，我为什么还要任命一个副总裁呢？而且必须马上。”这个人说：“如果你任命的这个副总裁是洛克菲勒的女婿呢？”总裁立刻答应了。

在这个人的努力下，那个乡下小子不但娶了洛克菲勒的女儿，也成为了世界银行的副总裁。

这个财富故事，反映的就是借助名人影响力带来的好处。同样，如果你善于运用名人效应，你可以比别人更轻松地得到对方的认可，进而达到你的目的。

当然，生活中，我们都是普通人，不可能结识那么多的名人，但我们同样

可以运用这一效应帮助我们达到说服他人的目的。这就需要你掌握一些说话技巧,不动声色地以名人为话题。主要有以下几个途径:

1. 装作“无意识”地提及名人

在和别人谈话的过程中,我们要学会不露声色的将一些名人引进来,比如,当对方说了一个笑话时,你可以说“您真幽默,我曾以为×××是我见过的最幽默的人。”这时候,对方会立即产生兴趣,继而会问你:“是吗?你还认识他呀……”慢慢地,话题也就引开了。

2. 不露声色的表明自己和某名人的关系

假如你和名人有直接的关系,而你又想在交往时用这层关系拉近与对方的距离,从而打开交流的局面,你可以用这样的方式展开对话:“××先生您好,很高兴认识您,我经常听我叔叔(或者其他关系)提起您!”对方听你这么说,必然会问到你的叔叔是谁,这时候你就可以很自然又很巧妙地达到目的了。

当然,巧妙地借助名人的影响力还有很多种方法,总之,只要我们懂得借助这些人际资源,我们往往能少走弯路地达到自己的目的!借助名人的影响力,并不是狐假虎威地向别人炫耀你的人脉。直言不讳地地告诉别人你认识某某名人,或者某某名人很赏识你是件愚蠢的事情。这样做不但不能得到别人的认可和喜欢,更可能让对方讨厌你,因为这意味着一种骄傲和炫耀。因此,你在借助别人影响力的时候需要注意说话技巧。

心理话术:

名人效应,是名人的出现所达成的引人注意、强化事物、扩大影响的效应,或人们模仿名人的心理现象的统称。名人效应已经在生活中的方方面面产生了深远影响,比如名人代言广告能够刺激消费,名人出席慈善活动能够带动社会关怀弱者等。简单地说,名人效应相当于一种品牌效应,它可以带动人群,它的效应可以如同疯狂的追星族那么强大。

第6章

拒绝要巧，否定他人又不伤人心

现实生活中拒绝是一件令人遗憾的事，但却又是无法回避的事。学会合理地拒绝，你就掌握了生活的主动权，在生活中你就会显得更加轻松自如。拒绝表述总难离一个“不”字，而这个“不”字又往往最不好意思说出口，因为中国人向来最爱面子。事实上，如果我们能掌握一些说话的艺术，在生活中注意话语的含蓄和否定的技巧，是完全能让生硬的否定变成一副可爱的面孔，在轻松愉快的气氛中拒绝别人。

巧用幽默拒绝，不伤对方面子

中国人素来都有一个普遍的心理，那就是好面子，因此，在与人沟通的过程中如果能给足对方面子，那么，就能赢得别人的好感。相反，要是说话失了分寸，伤及对方的面子，就会招人厌烦。尤其是拒绝他人的时候，直接把“不”字说出口，不委婉、不含蓄，这样只会让人无法接受，在心理上受到很大打击。其实，幽默就是一种很好的拒绝方式，它会给拒绝增添一丝活泼的气氛。

在交际中，善于拒绝者，既能使自己掌握主动、进退自如，又能给对方留足“面子”，搭好台阶，使交际双方都免受尴尬之苦。

从心理学的角度看，世界上的任何人，都是追求快乐而拒绝痛苦的，而幽默，就是使人发笑、为人制造快乐的艺术。提起它，人们自然而然就会联想到一种脱洒、一种机智、一种乐观豁达的处事风格。幽默，是一种奇妙的力量，它能够化痛苦为欢愉，化尴尬为通达，化冲突为平和，化丑陋为美好。它还能够使家庭充满温馨，使工作顺畅如意，使生活充满欢乐。在现实生活当中，在要拒绝他人时，对人提出异议时，就十分有必要采取这样一种心理策略。但具体来说，我们应该怎样使用这一心理策略来拒绝别人呢？

1. 故作神秘，一语点破

用幽默的方式拒绝别人，有时可以故作神秘、深沉，然后突然点破，让对方在毫无准备的情况下大笑。

有一位“妻管严”，老婆命令他周末进行大扫除。正好几个同事约他去钓鱼，他只好回答：“其实我是个钓鱼迷，很想去的。可成家以后，周末就经常被没收了啊！”同事们哈哈大笑，也就不再勉强他了。

有时候拒绝的话像是胡搅蛮缠，但因为它是用幽默的方式表达出来的，所以也就在起到拒绝目的的同时，让别人很愉快地接受了。

2. 假设法

此外,还可以用假设的方法,虚拟出一个可能的结果,从而产生一个幽默的后果,而这个后果正好是你拒绝的理由。这样,不仅不会引起对方的不快,反而可能给对方一定的启发。著名剧作家萧伯纳的辞爱方式,可以说是辞爱的经典。

有一日,萧伯纳收到著名舞蹈家邓肯的求爱信,她在信中写道:“如果我们结合,我们的孩子,有着和你一样的脑袋,和我一样的身姿,那该多美妙啊!”

萧伯纳看了信后,很委婉而又很幽默地回了她一封信。他在回信中说:“依我看那个孩子的命运不一定会那么好,假如他有我这样的身体,你那样的脑袋岂不糟糕了吗?”

这位美女演员收到信以后,明白了萧伯纳的拒绝之意。她失望地离开了,但她一点也不恨萧伯纳,反而成了他最忠实的读者和好朋友。

3. 暗喻法

一次,一位读过《围城》的美国女士到中国来,打电话给该书的作者钱钟书先生,说自己很想拜见他。钱钟书先生一向淡泊名利,不慕虚荣。

他在电话中婉拒道:“假如你吃了一个鸡蛋觉得不错的话,又何必一定要见那个下蛋的母鸡呢!”

在此,钱先生以其特有的幽默和机智,运用新颖、别致而又生动、形象的比喻,拒绝了那位美国女士的请求,既维护了那位女士的自尊,又避免了不必要的麻烦。

心理话术:

不管对于中国人还是外国人,拒绝别人的话总是不好说出口,但拒绝的话又经常不得不说出口。这时不妨用幽默的方式说出拒绝的话,抹去对方遭到拒绝时的不愉快感。巧用幽默拒绝别人,往往可以用一种半开玩笑半认真的方式提出,先打破僵局,再转入实质性问题。这样,对方既能接受,也不伤和气,更不至于令对方难堪、丢脸。

拒绝的理由也要说得有情有义

“助人为快乐之本”，是人人都知道的一句话，但是，当别人前来要求协助时，难免会遇到自己力不从心的时候。想做个有求必应的好好先生或好好小姐并不容易，人们的要求永无止境，往往是合理的、悖理的并存，如果当面你不好意思说“不”，轻易答应了自己无法履行的职责，将会带给自己更大的困扰。

一部分人不敢对他人说出“不”字，也是有一定的心理原因的——当我们遇到他人对自己提出的要求时，有好大一部分会感觉为难，拒绝又担心对方认为自己不够意思，接受吧，又感觉难兑现。其实，此矛盾的深层次问题在于自己未能形成一个系统的处事原则，即何事我必须要做，何事我可以选择去做。对必须要做的事，一定要尽力为之；而可以选择去做而无能为力的事，就必须要采取拒绝的方式了。

的确，拒绝就意味着将对方拒之门外，拒绝了对方的一片“好意”，有时会让对方很难堪。而如果我们能根据不同的场合和对象进行考虑，选择恰当的方法、以情动人地说出自己的理由，或者为对方寻求更好的解决方法，那么，即使是拒绝，对方也会感觉到你的情义。

曾有个野心勃勃的军官一而再、再而三地请求首相狄斯雷利加封他为男爵。狄斯雷利知道这个人才能超群，也很想跟他搞好关系，但这个军官不够加封条件，狄斯雷利无法满足他的要求。有一天，首相狄斯雷利把这位军官单独请到办公室里，并对这位军官说：“亲爱的朋友，很抱歉我不能给你男爵的封号，但我可以给你一样更好的东西。”

随后，狄斯雷利放低声音地说，“我会告诉所有人，我曾多次请你接受男爵的封号，但都被你拒绝了。”

这位军官按照狄斯雷利的建议做了，这个消息一传出，很多人都称赞这位军官谦虚无私、淡泊名利，对他的礼遇和尊敬远远超过任何一位男爵。军官得到了良好的评价，因此，他对狄斯雷利是由衷的感激。后来，这位军官成为了狄斯雷利首相最忠实的伙伴和军事后盾。

这里，狄斯雷利拒绝军官的方式是巧妙的，既不让对方感到难堪或怀恨在心，还让对方成为自己重要的支持者，真可谓一举两得。

的确，人们拒绝他人的原因是多种多样的，或是力不能及，或是爱莫能助等等。如果你不想因为拒绝而搞坏你与对方的关系，那么，就不妨在你拒绝的语言中加入点情感的因素，但要注意做到以下几点：

1. 语气平缓

除非是那些公认的无理要求，否则，你应当尽量语气平缓地拒绝，以免伤害对方的感情。

2. 表达你的无奈

用真诚的陈述告诉对方，自己因为哪些原因而不能帮他，是帮不了或不便帮，而非不愿帮。

3. 表达你的关心

为此，你需要向对方传递一个信息——“你虽帮不了他，但你还是为他遇到的问题感觉着急，并在内心里希望他能解决这个问题”，而非“事不关己，高高挂起”之意。

4. 如果可以，尽量为对方提供一些建议或者解决问题的方法

案例中狄斯雷利首相采取的便是这一拒绝他人的心理策略。

对于一些你自己帮不了，但你又确实给出通过其他途径能达成问题解决这一目标的时候，你要站在对方的角度，围绕问题本身帮他找解决办法，并给出你的建议供他参考。只要你的建议质量越高，对方在没能得到你的亲自帮助的前提下，同样会对你心生感激之情的，至少不会怀疑你对他的情谊。

心理话术：

当我们对别人有所要求，或者与人沟通的时候，如果对方都能爽快的答

应，我们必定心生欢喜；如果对方一再刁难，这个不行，那个不好，我们一定会感到此人不好合作，不通人情。为此，拒绝他人时，还可以从“情”入手，人类都是情感的动物，如果你能把拒绝的理由也说得有情有义，那么，不仅可以成功拒绝他人，甚至还可以帮你赢得友谊。

动情说出难处，让对方理解你的苦衷

拒绝，就是不接受，是对别人意愿或行为的一种间接的否定。任何人都有害怕被拒绝的心理。生活中的我们，常常要面对他人的请求，如果是力所能及或者说应该帮的事情，那还好办，如果完不成，不仅自己的事情会一团糟，恐怕来请求帮助的人也会颇有微词。你是否曾经为以下事情伤脑筋：一个你曾经认识的人，他品行不良，但非要向你借钱，你深知如果钱借给他，就等于肉包子打狗——有去无回；或者一个熟识的生意人向你兜售物品，明知买下也会吃亏；或者你的患难朋友，曾在你最困难的时候帮过你，现在有求于你，而你却心有余而力不足，但他不相信，认为是你忘恩负义，故意不帮助他……遇到这些问题，你该怎么办？要记住，你不是神仙，不能呼风唤雨，有求必应，该拒绝的就必须要拒绝。如果不好意思当场拒绝，轻易承诺了自己不能、不愿或不必履行的职责，事办不成，以后你会更加难堪。

当然，拒绝绝非简单地说“不行”，而要阐明不行的理由，让对方知道你的难处，从而理解你。这样你才不会因为拒绝对方而得罪对方，也不至于影响你们之间的交情。

小张是公司的一名小领导，员工的工作他必须参与，上级领导的工作他也不能推卸，因此，他常常忙得焦头烂额。最近，他负责一项权责以外的工作，弄得头昏脑涨。因为是第一次接触这样的工作，不明白的地方很多，所以常在思考上花费很多时间，导致工作进度很慢。偏偏在这个时候，上司又要求他去参加拓展业务的研讨会。

小张不自觉地就用比较强烈的口气拒绝说："不行啊，我现在根本就没时间参加什么研讨会。"

上司听后，似乎心头燃起了一把火，很不满地说："好吧，那从此以后就不再麻烦你了！"

显然，小张在言辞上有不妥之处。遇到这样的情况，首先要先将上司的要求当作指示、命令，一旦命令下来，就没有拒绝的余地。在这种情况下，如果不留余地地拒绝，上司肯定会发火，而且也让上司的面子很挂不住。这个时候，我们可以先说明一下自己的处境。一般来说，如果将自己的难处真切地说出来，上司是能体谅并且接受你的拒绝的。

那么，具体说来，我们该如何运用难处表明法这一心理策略来使拒绝这种不愉快降低到最低程度，使双方的关系进入柳暗花明的境界呢？下面是几个小窍门：

1. 态度要真诚

我们之所以拒绝对方，多半是因为我们实在无能为力，而表明难处也是为了减轻双方的心理负担，并非玩弄"技巧"来捉弄对方。因此，拒绝他人时态度一定要委婉、真诚，特别是下级对上级的拒绝，地位低者对地位高者的拒绝等，更应注意自己说话的态度，不可盛气凌人，要以同情的态度、关切的口吻讲述理由，争取他们的谅解。而在结束交谈的时候，还应再次表明歉意。

2. 不要伤害对方的自尊

人都是有自尊心的，当你在拒绝别人时，一定要先考虑到对方的感受，在选用表达的词语时应准确、委婉。

3. 为对方找条出路

直接拒绝对方难免令人失望，此时，你不妨为其再指一条明路，比如，"这件事我实在没有时间帮你去办了，你不妨去找某某试试。""这份资料我这几天就要用，不过图书馆还有一份没借出去，你赶快去，应该可以借出来。"因为对方有了其他"出路"，他对你的拒绝也就不会太在意了。

心理话术：

没有哪个人是有求必应的，一个人找人帮忙，虽说抱着成功的希望，但也有接受失败的心理准备，因为他知道对方可能也有难处。所以，当别人找你帮忙时，如果你能力不济或当前有困难，不妨讲明困难，委婉地拒绝对方。对方不是不通情理的人，只要你把难处说出来，是很容易得到对方的理解的。

顾左右而言他，变话题巧拒绝

人与人的交往中，拒绝与被拒绝是必然的。在表达拒绝时，总是难离一个“不”字，而这个“不”字又是最不好意思说出口的。然而，一味地接受又会让自己陷入困境。所以，也只能用一时的尴尬来换取永远的“宁静”了。其实，有时被我们拒绝的人之所以与我们反目成仇，并非完全是因为我们拒绝了他，更多的是因为我们拒绝他的语言和方式伤害了他。人活在世上，难免需要他人施以援手，所以，多一个敌人绝非什么好事。我们不能避免拒绝，但却可以在拒绝时采取适当的方法，最大限度地避免因为拒绝而四面树敌。

不好正面拒绝时，只好采取迂回的战术，转移话题也好，另有理由也行，关键是善于利用语气的转折，但又不至于撕破脸。事实上，人都是聪明的，你大可不必担心对方不能领悟你变话题的用意。因此，可以说，顾左右而言他绝对是一个巧妙的拒绝他人的心理策略。

有对年轻男女在一起工作，男方对女方产生了爱慕之情，男方急于要表白心意，女方虽心领神会，但是却不愿将友情向爱情方面发展，女方认为还是不要说破，保持那种纯真的友谊比较好。于是，就出现了下面的情况：

男青年：我想问问你，你是不是喜欢……

女青年：我喜欢你给我借的那本公关书，我都看了两遍了。

男青年：你看不出来我喜欢……

女青年:我知道你也喜欢公共关系学,以后咱们一起交换学习心得吧!

男青年:你有没有……

女青年:有哇!互相切磋,向你学习,我早就有这个想法了。

男青年:……

这位女青年3次都把男青年的话打断,使得男青年明白了她的想法,于是,不再问了。这比让他直率问出来,女青年当面予以拒绝效果要好很多。

在拒绝他人时,我们有时会觉得不便说“不”,便随便找些理由来搪塞对方,以求得一时的解脱。但这个方法并不高明,因为对方仍可能会找理由与你纠缠下去,直到你答应为止。比如你不想答应帮他做事,推托说:“今天我没有时间。”他可能会说:“那没有关系,你明天再帮我做好了,事情就拜托你了。”此时,你可能很难再用其他借口推辞了。因为这些都是小小的谎言,一经反驳,你肯定会感到慌乱,说“不”的意志便很难坚持了。实际上,你不妨直接采取转换话题的方法,对对方的问题不予直接回答。

当然,我们在采取这一语言策略的时候,就需要做到正确的断答,才思敏捷,口语技巧娴熟。因为,首先,断答前要摸准对方的心理,“你一张口我就知道你要问什么”,“未闻全言而尽知其意”,这与“错答”比起来,要求会更高。

其次,要能抢得自然而恰当,比如从“喜欢”(人)而引论到“喜欢”(书),能瞒过在场的其他听话人。

最后,断答往往需要几个回合才奏效,因为抢一两次,对方可能还不能领悟到答话者的真正意思,或者略略知道而不甘心,于是继续发问,这就要求“连抢”多次,才能不露出破绽,达到拒绝的目的。所以说难度大,技巧性强,但如果运用得当,效果也会很好。

心理话术:

拒绝别人或被别人拒绝,是我们每个人一生中每天都可能经历的事情。这是人生中非常真实的一面,谁都会遇到这样的经历。朋友、同事,甚至领导来找你帮忙,但有时他们所提出的要求是你没有能力或不愿意去做的,此时，我们就要学会拒绝他们的请求。我们可以故意转移话题，就是在对方还没有完全表达出想说的话时，就将其话断开，转向其他的话题，这对于拒绝对方而言也不失为一种好的方法。

适时撒娇式的拒绝方式很奏效

生活中，我们可能都有这样的体验，我们似乎总是不愿意拒绝那些对我们示弱的人的请求，因为他们让我们感到弱小，从而激发起自己内心的同情和保护的欲望，这也是人们的普遍心理，而事后，我们又发现，我们根本无能为力。也是很多人惹火上身的原因。实际上，反过来，我们也可以采取示弱、撒娇的方式来拒绝他人，比如，你可以这样拒绝："你为我想想，我怎么能去做没把握的事？你这是让我出洋相啊。"这样一来，相信对方一定会"收回成命"，另寻他法。

我们不妨先来看看下面这位深谙拒绝艺术的经理是如何巧妙地说出"不"字的：

某公司的销售部经理刘洪是个很善于与人沟通的人，在他的手下工作，很多员工都觉得干劲十足。公司其他领导都羡慕刘洪的工作模式——上班只是喝喝茶，发发工作指令，员工们都心甘情愿地为其卖命，毫无怨言。其实，这都是因为刘洪很善于调动员工们的积极性。

一天，市场专员小王拿着一叠厚厚的资料来到刘洪的办公室，对他说："刘总，这是这个月的市场调查报告，您有时间整理一下吧。"

刘洪最近手头事情很多，而且，整理资料的工作本身就是下属应该做的。于是，他巧妙地拒绝道："小王啊，你可一直是我最得力的助手啊，你看我桌上的文件，哎呀，你难道要看着我累趴下吗？算哥求你了，帮个忙吧，回头我请你吃饭。"

听到刘洪这么说，小王扑哧一声笑了，不到几个小时的时间，他便把整理好的资料送到了刘洪的办公室。

案例中的经理刘洪拒绝下属的方法就是撒娇法，一句“哎呀，你难道要看着我累趴下吗？算哥求你了，帮个忙吧，回头我请你吃饭。”让下属看到了领导的可爱，这样一个可爱的领导，有哪个下属还会再好意思进一步要求呢？

在拒绝他人上，有直接拒绝法，就是把拒绝的意思当场讲明。但对于中国人来说，含蓄的民族性格让人们喜欢用委婉的方式拒绝他人。但并不是所有人都能把握它的精髓，有些人在表达上含糊不清，明明是在拒绝别人，却让他人以为是应允了。因此，有时候，直接拒绝的结果也是可取的，当然，使用这个方法时应当避免态度生硬，说话难听。对此，如果你能适当示弱、撒撒娇，就会降低对方对你的期望，从而消除向你寻求帮助的想法。

一般来说，来求你办事的人都是因为相信你能解决这样的问题，对你抱有很高的期望。然而，对你抱有的期望越高，你就越难拒绝。在拒绝时，如果过多讲自己的长处和优点，就会无意中抬高对方的期望，增大拒绝难度；如果适当地讲一讲自己的短处，就能降低对方的期望。在此基础上，再抓住适当的机会多讲别人的长处，就能将对方的期望值自然转移。这样不仅能达到拒绝的目的，还会使被拒绝者因发现一个更好的自己，由意外的惊喜所产生的欣慰心情将取代失望与烦恼。

那么，具体来说，我们该如何使用撒娇式的心理拒绝策略呢？

1. 转嫁主动权

“你也知道嘛，我在家做不了主的，这事需要我老公来决定。”

这个说法适合拒绝朋友，既可以给自己留出缓冲地带，也可以彰显甜蜜，是最适合女人的一种拒绝方式。

2. 避实就虚

“不好意思，我今天真的约了人，去不了啦。我可不是那种重色轻友的人咯。”要很快地、毫不犹豫地说出这些话，充分利用他人对你“一向心直口快”的印象。让对方虽然被拒绝，却依然信任你。如果犹豫不决地说出理由，反而会让别人怀疑。

3. 软话求助

“最近忙的事情你知道，我已经很多天没好好吃饭了。你也不忍心看我变成一个又老又丑的黄脸婆吧。”

这个撒娇式的拒绝既未表示否定，又给自己留出了余地，适合温顺地面对家人。

心理话术：

拒绝人情，拒绝姻缘，主要是由于能力、慈悲、情感因素，聪明的人在拒绝他人的时候，都懂得示弱，降低他人对自己的期望，或转嫁能力，或转嫁主动权，从而减低对方的期望，继而“收回成命”又不致影响彼此的交情。

用抬高别人的话语巧妙拒绝对方

生活中难免会遇到这样的情况，亲人、朋友、老乡、同事甚至是陌生人，有时会向你要求一些事情，而这些要求有的根本就不合理，有的甚至超过了你的能力范围，总而言之，你的内心是不情愿的。但是却担心别人会因此而不高兴，甚至会影响到日后双方的交往，那么此时，无论拒绝的对象是谁，我们都要尽量从对方能承受的心理范围内出发，巧妙加以拒绝。

其实，否定和拒绝的艺术有一条原则，就是在不误解意思的情况下，尽量少用生硬的否定词，把话说得委婉一点。应该明确的是，先抬高、赞美对方并不是虚伪。在非原则性问题上，用抬高别人的方法拒绝，能够使对方听出弦外之音，又不伤彼此的和气。因此，在拒绝他人时，这是一种很好的方法。

比如你在拒聘某人时，若只顾罗列他的缺点，肯定会伤害他的自尊心。这时，你不妨先称赞他的优点，然后再指出他不适合这项工作的地方，说明不得不这样做的理由，对方也会更容易接受，甚至感激你对他的肯定。

例如：

有一位女士对林肯说：“总统先生，你必须给我一张授衔令，委任我儿子为上校。”林肯看了她一眼，女士继续说：“我提出这一要求并不是在想求你开恩，而是我有这样做的权利。因为我祖父在列克星敦打过仗，我叔父是布斯堡战役中唯一没有逃跑的士兵，我父亲在新奥尔良作过战，我丈夫战死在蒙特雷。”

林肯认真地听着女士说的话：“夫人，我想你一家为报效国家，做得已经够多了，现在是把这样的机会让给别人的时候了。”

这位女士本意是恳求林肯看在家人功劳的份上，为其儿子授衔。林肯当然明白对方的意思，而他却先肯定了女士一家为国家所做的贡献，然后立即调转语言矛头，最后以装糊涂的方法拒绝了。

有一位同学，在学校正常上课期间想随父亲利用出差的机会去泰山游玩，于是向班主任老师请假，这当然是违反学校纪律的。如果班主任老师直截了当地拒绝他，甚至批评他都是可以的。但是，这位班主任老师却是这样对这位学生说的：“能和爸爸一起去泰山游玩，确实是件美事，不过，这几天我们学校要举行作文比赛，你是我们班的语文尖子生，我们班还指望你拿名次呢。去泰山游玩的机会多得很，以后我们找个放假的机会多组织一些同学一块儿去玩不是更好吗？”这位同学听了班主任老师的话后说：“老师，那我这次就不去了。”他高高兴兴地收回了自己的请求。

你不觉得这位班主任老师拒绝得十分高明吗？人们都不愿意自己的愿望遭到拒绝，对方一个断然的“不”字，更有伤情面。而先肯定对方甚至抬高对方，就可以为对方营造出一种心理优势，此时，即使被拒绝，他们也会乐意接受。

当然，使用这一心理策略拒绝他人，还需要我们掌握一些操作细节：

1. 抬高对方的“好意”

比如，对方发出游玩的邀请，或赠送礼物等，而你出于某种原因需要谢绝时，要称赞和感谢对方的热情友好，表示非常高兴接受这份心意。如“你对我非常关心。你这番心意我领了！”“谢谢你的好意！”这样一来，对方即使被回绝,仍觉得你是个通情达理的人,因为你理解了他的美好用意。这时,你对他拒绝的语气应该是毫无疑问而不容商量的。

2. 抬高对方的"能力"

例如,当上级为对方布置了一项工作任务,而对方却请求你为他完成,你就可以这样拒绝:"我对××这一块很不熟悉,也没做过类似的工作,王总正是因为了解你能胜任它,才把这个任务交给你的!"

3. 抬高对方的"品质"

比如,如果你要拒绝异性的求爱,你可以说:"在认识你以前,我就知道你是个很好的人,而且,你在学校的时候,就一直是很多女生心中的偶像;在工作单位中,你也是……但是对不起,让您失望了!"这些话绝不是可有可无的。没有它,将使你显得高傲和不近人情,因此,为不能满足对方的愿望而致歉是非常必要的。

心理话术:

在心理学上,在批评他人时,有个著名的策略叫"吻后再踢",实际上,这一策略同样适合于拒绝他人这一具体环境中。拒绝他人,如果很快地切入正题,对方很可能会产生不自主的抵触情绪。即使他表面上接受,却未必表明你已经达到了目的。所以,先让他放松下来,然受再开始你的"慷慨陈词"。有一句话说得很好——Kiss and Kick(吻后再踢),这样往往能达到比较好的效果。每个人都需要真诚的赞美,赞美是鼓励,赞美如阳光,在拒绝他人前,若能先抬高别人,对方接受起来也会容易得多。

第7章

赞美之言，人人爱听

从社会心理学的角度来说，真诚的赞美能够迅速地缩短人与人之间的心理距离。但是，在我们的生活之中，大多数的人都不善于赞赏别人。可是，恰恰相反，没有人不喜欢听到别人对自己的赞赏。因为得到别人的赞美，无疑是获得了别人的肯定和认可。因此，要想让别人迅速的喜欢上你，那么就不要吝啬赞美之言。多去赞美身边的人，你会发现，你的朋友慢慢的多了起来。当然，赞美别人也有一定的学问，在这一章，我们将为你详细地讲解。

赞美不要太夸大，把握火候很重要

美国心理学家曾经做过这样的一个调查实验：在喧闹的街市上，和路过的很多女性搭讪，并且赞美她们非常漂亮，堪比闭月羞花，沉鱼落雁。其中一些打扮时尚，相貌漂亮的女性露出了开心的微笑，并真诚道谢。而一些相貌丑陋、打扮土气的女性则表情复杂，其中还有人露出厌恶的目光。更有甚者，还有人骂出“神经病”。

原本是赞美别人的话，为什么有人听了会难堪，会生气呢？这牵扯到心理学中的“镜子原理”。通常情况下，人们对自己有一个基本的“自我认知”，当接收到别人的赞美时，内心之中会有一个“自我认可”，当听到的赞美符合内心的“自我认可”，他们觉得受到的赞美是真诚的，因而内心愉悦。如果听到的赞美与内心的“自我认知”不相符，那么他们觉得受到的赞美不真诚，甚至觉得受到了讽刺和侮辱。因此，基于人们的这种心理，在赞美别人的时候要符合实际，不要太夸大，把握好语言的火候。

拿破仑是一位非常厌恶虚伪奉承的人，有一次在聚会中，来宾大多是一些谄媚逢迎的人，见到拿破仑就笑嘻嘻地迎上前来，其中有一名军官想巴结拿破仑，点头哈腰的迎上去说：“将军真是武功非凡，您对国家贡献十分大。如果没有您，我们如何能享受如此丰富的盛宴呢？”这些话令拿破仑听得十分不舒服。他面露难色，诧异地望了这名军官一眼，摇了摇头走开了。事后，这名阿谀奉承的军官不但没有得到提拔，反而被下放到了炊事班里烧起了饭菜。

军官想要通过赞美获得拿破仑的好感，赞美太夸张，结果与拿破仑内心的“自我认知”不相符，让拿破仑有了一种受了羞辱的感觉，最终被下放也就不足为奇了。美国著名心理学家威廉·詹姆士说：“人类本性上最深的企图之一是期望被赞美、钦佩、尊重。”渴望赞扬是每一个人内心中的一种基本愿望。但是，大多数情况下，赞美之词恰到好处，让对方觉得他的价值得到了肯定和认可，他得到了应有的尊重。相反，赞美之词说得过于夸大，无意于是在否定对方。

在我们的现实生活中，因为赞美的话说的不合适，而招人讨厌的例子非常普遍。有一个朋友长得很像一位著名演员，很多时候，初次见面的朋友都会对他说："你长得真像电影明星！"通常，说某人很像名演员，是一种恭维之词，被称赞的人应该会很高兴，但这位朋友却很郁闷，因为别人的赞美根本不得法。那位电影明星所扮演的都是反面角色。说他酷似那位电影明星，这哪里是在赞美，分明是在讽刺他！因此，在日常交际中，我们应利用"镜子原理"来赞美别人，这能够达到取悦对方的目的，通过恰当的赞美来影响其心理，操控其言行。

那么，究竟如何才能把握住赞美的火候呢？

1. 赞美之词要真实

很多人在表达赞美之情的时候，对他人并不了解，结果是眉毛胡子一把抓。比如：你看到了一个美女，赞美她人长得漂亮，声音很好听，结果对方却是个聋哑人。你的赞美不真实，反而成了对她的讽刺。因此，表达之前多了解对方很有必要。

2. 赞美的话要适度

并不是赞美的话说得越动听，越能让他人高兴，越能留下好印象。相反，如果你的赞美说的恰到好处，往往比一些空话套话要实用得多。比如你的朋友的演讲很成功，你可以说情感表达很合适，逻辑思维很清晰，让人有耳目一新的感觉。

3. 勿与权威划等号

在每个行业都有相应的权威人士，比如文学领域里的茅盾、鲁迅，艺术领域里的凡·高、贝多芬等等。如果你夸奖一个人的文章写得好，说他堪比鲁迅，胜过茅盾。无疑是狠狠地抽了对方一记耳光。

心理话术：

"镜子原理"指每一个人心里都有一个对本人的基本情况的掌握和了

解,在听到别人的赞美和恭维的时候,会迅速的和自己内心的“自我认知”做比较,就好比自己在照镜子一样。“镜子原理”的普遍存在,这使人们通过自我的认可和肯定,而辨析清楚自己在别人心目中的价值和地位。“镜子原理”是人们获得“安全心理”的一种方式,人们总是认为符合自己“心理认知”的赞美是真诚的,因而会表现出喜悦和接纳。

利用他人之口赞美,更能博得欢心

心理学家曾经做了这样一个心理学的实验:当一位同学取得了奥林匹克一等奖之后,让一位老师去直接赞美他聪明,赞美他学习用功刻苦。同时,又让这位老师传达了另外一位老师的赞美和称许,结果,这位同学只是谦虚的微笑着离开了,之后却给那位没有露面的老师打了电话,传达了感激之情。

同样赞美之词,为什么这位同学对直接表达的赞美表现得如此淡然,而又对利用他人之口传达来的赞美却如此重视呢?专家是这样解析的:通常,我们都有“被认可”、“被肯定”的心理需求,同样,在潜意识里,每个人都会对别人说的话做出分析和判断。很多时候,当一个人当面说好听的话,往往是有所图,他所说的话被打上了引号,是否真诚有待定论;而相反,背着当事人的称许则没有任何所图,显得更加可信。这就是为什么前面的同学对当场赞美的老师只是谦虚的微笑,而对另外那位没有露面的老师表达了感激之情的原因所在。

《三国演义》中的貂蝉利用美人计蛊惑吕布,让他刺杀董卓的时候,先假借了别人的口大大地夸奖了吕布,让他觉得自己是很欣赏他的才华的。这就使得吕布深感愧对貂蝉对自己的赞美与敬慕,不觉“羞惭满面”。书中是这样描述的:“貂蝉曰:‘妾在深闺,闻将军之名,如雷贯耳,以为当世一人而已。谁想反受他人之制乎?’言讫,泪下如雨。布羞惭满面,重复倚戟,回身搂抱貂蝉,用好言安慰。”

貂蝉在赞美吕布的时候并没有夸奖他英勇神武，而是通过复述别人对吕布的评价，表达了对吕布的欣赏，让吕布的内心之中产生了被貂蝉欣赏和肯定的感觉，满足了内心的需求。可以说，貂蝉的这番话，对吕布后来反杀董卓起到了至关重要的作用。由此可见，借助他人之口赞美别人比当面表达称许能取得更好的效果。

在我们的现实生活中，这样的例子非常的常见。有一个女孩到朋友家去做客，朋友的父母赞许说："你这么有礼貌，真是太懂事了。"女孩谦虚地说："没有啦，阿姨，比起您的女儿来，我还差得远呢！"当时，朋友的表姐也在场。第二天，朋友告诉这位女孩说："我表姐说你不但人长得漂亮，而且知书达理。"这位女孩惊讶地说："你说的是真的吗？"当这位女孩第二次去的时候，对朋友的父母表现得很一般，对她的表姐却表现的很感兴趣。她觉得朋友的父母是为了让客人高兴才赞美她，而朋友表姐的赞美才是发自肺腑的。可见，在平日里，我们不要当着对方的面表达赞美，这样的赞美只能到达对方的耳朵里，却到不了心里。而要通过别人的口传达你的称许，这样才能起到相应的效果。那么，究竟如何利用别人的嘴来传达你的赞美呢？在表达的时候要注意哪些问题呢？

1. 赞美的话要说的简明扼要

很多人在利用别人之口传达赞美之情时，情感很真挚，结果却没有收到预期的效果，究其原因是表达很啰嗦，没有重点，这就给传话的人带来了难度。比如：你看到了朋友家的小孩很懂事，一会儿赞美她尊重长辈，懂礼貌，一会儿又转移到讲卫生，爱学习上。结果传话的人传达时说了很多，却没表达出你的意思。这让对方觉得你的赞美不真实，反而成了对她的讽刺。表达之前多了解很有必要将赞美的话说的简明扼要。

2. 传播中"他人"要选合适

利用他人的嘴来表达赞美时，如果这个"他人"与被赞美着关系疏远，那么很有可能你的赞美到不了位。例如你想要赞美你的领导很有魄力，却选择一个你的下属做传话人，可想而知赞美被传达的几率有多小。选择对方身边的人，或者是关系亲密的朋友或者家人，往往能达到很好的效果。

3. 不要对对方的期许过高

有的人总是对利用别人的嘴传达赞美之情给予过高的期望，结果一旦收效不明显，就急不可待的上蹿下跳，跑去询问传话人，甚至还会直接向被赞美者打听。最终导致你的赞美完全失效，还有可能引起别人的反感，起到相反的效果。

心理话术：

专家研究表明：每个人的内心都渴望得到别人的赞美和称许，从而在心里对自我价值有一个肯定和认可。而当面表达赞美往往会让别人觉得你是阿谀奉承，对你的赞美之言产生质疑，这就与对方内心的期许产生了误差，“耳边风”自然就刮过去了。相反利用他人的嘴来表达赞美，则会让别人觉得你没什么可图，赞美自然真诚温暖。人们总是认为符合自己“心理认知”的赞美是真诚的，因而表现出喜悦和接纳。

赞美要特别一点才能打动人心

曾经有专家做过这样一个心理学的实验：让一个女孩打扮得非常漂亮，然后去参加朋友的生日晚会。先后让五六个人不断赞美她“非常漂亮”，女孩微笑着点点头，礼貌的说着“谢谢”。之后，让一个人去赞美她“非常有气质”、“显得很高贵”，女孩盯着赞美她的人露出了开心的微笑，并且和她聊了起来，后来他们成了非常要好的朋友。

都是别人的赞美，为什么女孩对前面的赞许只是客套的表达感谢，而对后者的赞美却情有独钟呢？这涉及心理学的一个概念“求异心理”。通常，人都不喜欢千篇一律的东西，不喜欢听重复多次的话，觉得那是在嚼别人嚼过的馒头，利用别人说过的话来敷衍自己，没有自己的情感和思想，内心之中会产生“听觉疲劳”，产生厌烦和抵触心理。相反，如果你的赞美与众不同，刚好符合了别人的内心期待，引起了对方的兴趣，自然能打动人心。基于人们的这种“求异心理”，在表达赞美的时候不妨独到一些，往往会收到不一样的效果。

心理学家认为，每一个人的内心深处都认为自己是与众不同的，都喜欢追求独特、个性。在这种“求异心理”的作用下，人都希望听独特的赞美，这样，才能符合人们内心深处的“与众不同”的心理需要。这样，别人就会觉得你是真的欣赏他，真的了解他，才会把你当成是他的知己。

在我们的现实生活中，这样的例子也非常的多。有一个外科名医，小时候非常调皮，功课很差，经常惹是生非，差一点被勒令退学。尽管父母和朋友经常夸他很聪明，但是他觉得他们都是在说客套话，听烦了。有一位老师的赞美和鼓励却触动了他的心，到现在他还清晰的记得那句话：“你有一双了不起的手，将来你会靠这双灵巧的手出人头地的。”事实上，也正是老师的这番话让他改变了一生。可见，独特的赞美往往能沁人心田，起到不一样的效果。因此，在日常生活中，我们在赞美别人的时候，不妨利用人的“求异心理”，把话说到别人的心坎上。

那么，究竟如何才能把赞美的话说得特别一些呢？

1. 赞美前要多了解对方

赞美别人的之前要多了解别人，这样你才能将赞美的话说到点子上。例如你要赞美一个人工作很努力，你要赞美他废寝忘食，要赞美他的业绩等等。如果你不了解，明明对方工作时很有想法，你却赞美他很努力，与别人的心理期待甚远，你的赞美自然会被当成耳边风。

2. 赞美别人被忽视的优点

如果你总是在赞美很多人都提及的优点，别人听的多了，引不起别人的兴趣。这时候不妨赞美被别人忽视的优点，这样，会达到意向不到的效果。比如：很多人都在赞美刘德华的歌唱得好，戏演得好，殊不知他的书法也是非常的优秀。这时，如果你赞美他的书法，势必会引起关注。

3. 赞美的话要说得独特

在表达赞美时，如果你说很多人都说过的话，别人听得多了，觉得你表达的并非真情实意，尽管你很诚恳，别人给你的也仅仅是一句礼貌性的谢谢。同一个意思，不妨表达得独特一些。比如：你赞美一个人穿着打扮很漂亮，不要说“你很漂亮”，要说“出现了一道亮丽的风景线”。你的赞美很独特，引起别人内心的情绪。

心理话术：

“求异心理”是因为人在重复出现声音之后，会产生听觉疲劳，而渴望听到不一样的声音。在听到别人的赞美和表扬的时候，独特的言语和方式往往能引起他们的兴趣，满足他们内心的渴望和需求，继而引起他们注意力的叠加，引起心理情绪的波动，继而对你独特的赞美有不一样的反应。“求异心理”普遍存在，这是人们内心中对新鲜事物的好奇心的表现，也是人们追求自我提升的一种催化剂。

小细节的赞美往往令人很舒服

有这样一个心理学实验：一个销售员工作很努力，让两个同事去赞美他。第一个人走上前去微笑着说：“你工作起来非常的认真，也很努力。”这名销售员含蓄的笑着说“谢谢”，然后继续埋头工作。第二个人上去之后，说：“你工作这么努力，客户信息整理得这么认真仔细，难怪你的业绩会那么好。”销售员笑着说：“是吗？我也是尝试着做。”随后他主动的和第二个人交谈了起来。

同样是赞美销售员工作很努力，被赞美者的反应却大相径庭，这究竟是为什么呢？专家是这样分析的：人的内心之中会对周围的人有一个“远近关系”的判断，对于越了解自己的人位置会摆得越近，情绪反应也会越大。反之，内心的情绪便会越淡。这在心理学上叫做“自己人效应”。你在赞美的时候能说出细节，对方的内心之中会觉得你对他的关注多，是属于“自己人”。而“粗枝大叶”的赞美，别人觉得你是在说客套话，并不了解和关注他，是一个“他者”。基于人们的这种心理，在表达赞美的时候，不妨多说一些细节，拉近心理距离，把他人营造成“自己人”。

相传法国著名的作家大仲马年轻的时候，有一段时期非常的穷困潦倒，后来流浪到了巴黎，他去找父亲的一位朋友，希望他能够帮助自己找一份工作。当父亲的朋友得知他的来意之后，问道：“你有什么特长吗?”大仲马羞涩地摇了摇头。对方无奈地摇了摇头说：“那你把地址写下来，我帮你找到工作后好通知你。”大仲马惭愧地写下了自己的地址，对方说：“年轻人，你的名字写的很漂亮啊，这就是你的优点!”对方一边点头一边说：“把名字写好，就能把文章写好。”大仲马受到了鼓舞，高兴地离开了。

在赞美大仲马的时候，他父亲的朋友没有直接夸奖他字写得漂亮，而是通过赞美他的名字写的好，通过一个细节，把赞美送到了大仲马的心里，让大仲马觉得他就是自己的知己，属于“自己人”，进而赢得了大仲马的欣赏。心理学家认为：在每个人的心里，都渴望别人更多的欣赏自己。如果你只是“粗枝大叶”的说些好话，则会让对方觉得你根本不了解他，在心理上就会产生落差，继而拉远心理距离。可见，在赞美别人的时候，要多注重一些细节之处，让别人的心里产生“自己人效应”。

在生活中，这样的例子也非常的多。有一个男孩特别喜欢踢足球，他渴望着能够成为足球明星。终于，在他25岁的时候实现了自己的梦想。于是他的老师和同学们前来为他祝贺。有一个老师说：“你真了不起，这么年轻就成为了鼎鼎有名的足球明星。”男孩笑着说：“这没什么。”这时候有一位同学说道：“你的吃苦精神真的很令人折服，不管刮风下雨，你始终在球场上奔跑。”这时候，男孩走过去给了这位同学一个深情的拥抱。赞美别人能抓住细节，往往让你迅速地站到了对方内心中近距离的位置上，从而成为“自己人。”

那么，究竟如何才能在赞美中凸显细节呢?

1. 表达赞美不妨有的放矢

很多人在赞美的时候总是很抽象的表达感觉和印象，却没有具体说明，让接受赞美的人觉得你在敷衍他。比如你在赞美一个女孩很漂亮，却说不出她究竟漂亮在哪里。如果你要想把你的赞美之词送到对方的心里，不妨说你的衣服很时尚，化妆很到位等等。

2. 赞美别人时要局部细化

表达赞美要尽可能局部的细化，让对方知道他的什么地方值得你欣赏，值得你夸奖。这样别人才会觉得你是真的在关注他，而不是对他只是大概的印象和感觉。比如，你赞美一个女孩，与其说她的笑容很灿烂，不如说她笑起来酒窝很迷人。

3. 赞美要透过现象看本质

通常，当一个人取得成绩的时候才会被人关注。因而得到的都是对他的能力的赞扬。殊不知，对方更加在乎自己付出的努力。如果在赞美的时候，透过现象看本质，就不要人云亦云地赞美表面的成就，而是去赞美对方所付出的艰苦的努力，往往在心理上和能对方靠得更近。

心理话术：

“自己人效应”，说的是人会根据周围人对他的喜爱和感兴趣的程度，在内心中确定不同的远近距离，位置在前的人，与自己的关系越密切，相反，则越疏远。位置越前的人往往会被当作是知己，属于“自己人”，表现出的情绪和反应就会越大。“自己人效应”在人际交往当中普遍的存在，是人们获得更多的“心理安全”的一种表现形式。

看准时机，赞美要说在点子上

心理学家曾经做过这样一个实验：分两次去赞美一个考上清华大学的学生。第一次是在状元榜刚刚揭晓了之后，他的一句“你真是天才，考上了清华大学。”当时这位同学正被同学们包围着，他高兴地说：“谢谢你的夸奖。”第二天，他再次赞美这位同学“你真了不起，看来中国诺贝尔奖零的突破就靠你了。”这位同学这时候正和另外一位考上清华的同学在一起，对方的成绩远比他要好得多。这位同学露出了尴尬的表情，白了对方一眼，转身离开了。

尽管两次都是在赞美，可是那位同学的反应却截然相反，究其原因是因为两次表达赞美的时机不一样，赞美的程度不相同。心理学专家分析了这种现象：人们往往通过别人的认可和肯定来达到内心深处的“自我肯定”，得到别人认可的过程中，时机合适，恰如其分的赞美则会使得被别人认可和肯定的程度加深，自我的价值也会随着不断放大。相反，赞美表达的时机不对，脱离了实际情况，别人的评价和认可度会反之减弱，内心自我肯定的价值也会随之减弱。基于人们的这种心理，在表达赞美的时候一定要看准时机，把话说到点子上。

明朝刚刚成立不久，一天，朱元璋突然雅兴大发，叫来了宫廷画师周玄素，命令他在大殿的墙壁上绘制巨幅《天下江山图》，以显示自己的伟业和盖世功劳。周玄素赶紧上前谢罪，说：“微臣才疏学浅，又没有走遍九州，斗胆恳请陛下启动御笔，勾勒本图规模，臣再润色。”朱元璋听完之后，提起御笔，唰唰几下，在墙上草画出一幅《天下江山图》的大致轮廓。随后，对周玄素说：“朕已构建了草图，你加以润色吧！”周玄素奏道：“陛下江山已定，岂可再有改动！”朱元璋听了哈哈大笑，随即赞扬了周玄素，作画的事也便就此作罢了。

周玄素是个绝顶聪明的人，他抓住机会利用“江山已定自己不敢再改动”，不但推卸掉作画的“苦差事”，而且巧妙地把赞美的话说到了点子上，说到了朱元璋的心坎里，让朱元璋如饮甘霖，舒心之极。心理学家研究表明：人内心的期许受到外界因素的影响很大，同样一句赞美的话，表达的时机不一样，表达的程度不一样，对方的接受程度也是不一样的。

在现实生活中，这样的例子也是非常多的。有个职员想拍马屁，可是又总找不到合适的事，再加上总是见不到他的上司，为此苦恼不已。这天，他无意中得知上司的儿子刚刚结婚，认为自己终于找到了个由头，恰巧这天，他在公司碰到了上司。于是他迅速地迎了上去,说:“领导好,听说你的儿子结婚了,真了不起。”此时,上司正好在和一个客户在谈合作。听到下属这么说,白了他一眼,不满地说:“咋了,不可以吗?”很显然,这位职员的赞美不合时宜,也没说到点子上。可见,在表达赞美的时候,要看准时机,把赞美之言说到点子上,送到别人的心坎上,这样才能起到事半功倍的效果。

那么,在赞美别人的时候,究竟如何才能做到看准时机,把话说到点子上呢?

1. 赞美别人要“环顾四周”

在表达对别人的赞美之情的时候,要多照顾周围人的情绪。如果你表达了赞美,可是刚好比他更优秀,甚至是“权威”的人在场,你的赞美就会让另外的人不舒服。比如,你在赞美他人普通话说得标准,刚好第三者的普通话说得更好,那么你的赞美就是嘲笑了。

2. 赞美别人要拿捏心情

当一个人伤心难过的时候,你的赞美无疑让对方觉得你是在看笑话。比如,有人考试没通过,你却赞美他学习刻苦用功,这不就是在嘲笑对方瞎用功吗?在赞美别人的时候,一定要从对方的语气、神情上判断出对方的心情是否愉悦。

3. 赞美别人要实事求是

听到别人赞美的时候,如果与自己的实际情况相符,人们会因此很开心。相反,如果赞美与自己的实际情况不符,就觉得别人在笑话自己没本事。比如:一个人乒乓球打得好,在赞美时,如果说成是连国家队的主力队员都不是他的对手,对方会觉得你是笑话他水平差了。

心理话术:

心理学专家研究表明:人都喜欢听赞美的话,从别人的肯定和认可中得到内心之中的“自我肯定”。但是,并不是任何时候的赞美都能使被赞美者心花怒放,也不是所有的赞美都会被接受。当赞美之言与内心的自我认可相符的时候,人们往往会表现得很愉悦,当然,也要在适当的表达时机出现,让被赞美者不被外界影响而绝对的得到肯定。这种心理学的现象在生活中非常普遍。

巧妙夸人，赞美也要看准人

心理学家曾经做过这样一个实验：在商场里跟来往的顾客打招呼，夸奖他们漂亮。有一部分漂亮的女孩开心极了，礼貌地回谢，有一部分相貌平平的女孩露出惊讶的表情，但是很快也表示了感谢。男人们听了一脸茫然，转身就走，一些老人们则驻足观望，以为他脑子有毛病，孩子们则嘻嘻哈哈的跑开了。

原本是一句赞美别人的话，为什么人们的反应却大相径庭呢？这就涉及到心理学的一个概念——"马蝇效应"。通常情况下，每个人对自己都有一个基本的认识和了解，都渴望别人能赞美自己的优点。人的性别和年龄不同，内心的欲求也是不一样的。女人在乎自己的外在形象，喜欢听别人在赞美她们的形象。男人们则更加渴望在能力上得到更多的肯定。老人更喜欢听别人提及他曾经的辉煌，孩子们更多的想得到祝愿。基于人们不同的心理，针对不同的人的不同心理诉求，要对症下药，投其所好，才能与对方内心的期待相符合。

韩信因为功高震主，被贬为王。终日忧心忡忡，想尽一切办法想东山再起，终于他逮住了一个机会，于是韩信适时适事地把刘邦恭维了一番。刘邦问韩信："你看我能统领多少兵马？"韩信毕恭毕敬地说："陛下能率领 10 万左右的大军吧！"刘邦又问："那么你呢？"韩信笑着说："臣当然是多多益善！"刘邦听了很不高兴，问："那你又为什么被我所用呢？"韩信笑着说："陛下虽然没有'将兵'的才能，却具有"将将"的才能，而且陛下的此种本领是天生的，绝对不是普通人所能具有的。"韩信的这番恭维，使刘邦当时心情大好。

韩信善于揣摩心思，他知道刘邦总想压住自己，因此故意制造了悬念，话锋一转,巧妙地夸奖和赞美了刘邦,让刘邦觉得自己比韩信要强。心理学家表明:每个人由于所处的位置以及性格、年龄的差别,内心的需求是不一样的。在表达赞美之前,要拿捏好对方的心思,把合适的赞美巧妙地说到合适的人的耳朵里,才能达到取悦人心的目的。否则,赞美得不恰当,反而会引起别人的厌恶。

那么,究竟怎样才能在表达赞美的时候看准人呢?有什么方法和技巧呢?

1. 赞美别人要看性别

男人跟女人的心理诉求大相径庭。对于男人来说,更在乎自己的能力强,有本事;而对于女人来说,则更在乎自己年轻漂亮,有魅力。如果你赞美男人长得帅气,会收拾打扮自己,则会让他觉得你在嘲笑他没本事。相反,如果你赞美一个女人能力强,则会让她觉得你在讽刺她没有女人味。要把握男女不同的心理诉求,表达赞美才能收到很好的效果。

2. 赞美别人要看年龄

不同年龄阶段的人心理诉求不同。比如:对于小孩子要赞美他聪明伶俐,活泼可爱,并说他将来有如何大的成就;对于年轻人要赞美他们有才华、有能力,有一个辉煌的前程;对于中年人,要赞美他们事业有成,赞美他们的妻子(丈夫)有责任感;对于老年人,要赞美他们曾经的辉煌和成就等。这样,你才能把你的赞美之词说到对方的心坎上,从而让对方喜欢你。

3. 赞美别人要看喜好

同样,有的人比较爱慕虚荣,听到别人的赞美便会心花怒放,而有的人则喜欢低调,比较自我。对于爱慕虚荣的人,不妨直接一些,热烈一些,极大地满足他们的虚荣心。而对于比较自我的人来说,表达就要含蓄一些,否则,会让对方觉得你在说客套话,并不是真心实意的赞美他,这样,不但不会接受你的赞美,还会因此而对你产生成见。

心理话术:

“马蝇效应”说的是每个人的心理欲念是不一样的,要根据他们的内心所思所想,找到一种适合赞美他们的方法,从而让每一个人都开心和满意。“马蝇效应”在生活中普遍存在,这是人们千差万别的心理诉求所决定的,是人们为了更好的和谐相处所采取的一种方法和理念。利用好“马蝇效应”,在表达赞美的时候因人而异,把不同的赞美恰如其分地送给不同的人,从而实现赞美的目的。

赞美显真诚,轻轻松松赢好感

心理学专家曾经做过这样一个心理学的实验:让两个人分别去赞美一个舞跳得很好,但是却意外地摔倒的姑娘。第一个人走上前去,一边笑一边说:“你的舞跳得太完美了。”第二个人走过去,拍了拍姑娘的肩膀,说了句“你很棒”。姑娘对第一个人的赞美,表现出非常厌恶的情绪,狠狠地瞪了他一眼,而望着第二个人感激的说了声“谢谢”。

两个人同样是去表达赞美,为什么第一个人遭到了白眼,而第二个人却得到了感谢呢?对于这种现象,心理学专家做出了解释:人对外界的反应有一个基本的是非判断,从而迅速的恒定内心的安全感。对于友善的表情和动作,同样会做出友善的迎合,继而换来更大的友善;对于不友善的情绪,则同样的给予敌意,以确保自己安全系数的最大值。基于人们的这种心理,在表达赞美的时候,尽量表达得真诚一些,为你赢得好感。

柯达公司的创始人伊斯曼要捐款建造音乐堂。这天,建筑商亚当森前来会见伊斯曼。进了办公室后,见伊斯曼正忙着看文件,他仔细地打量起办公室来。等伊斯曼忙完之后,他没有谈生意,而是说:“我仔细地观察了办公室,装修得实在是太精致了。”伊斯曼回答说:“是我亲自设计的,我很喜欢。但是平日里很忙,根本没有时间仔细欣赏。”伊斯曼带着亚当森仔细地参观了办公室,并一一做了介绍。亚当森微笑着聆听,饶有兴趣。直到亚当森告别的时候,俩人都未谈及生意。最终,亚当森却如愿以偿地得到了这个订单。

亚当森并没有谈生意，而是赞美了伊斯曼的办公室装修的很精致，从而赢得了伊斯曼的好感，最终达到了想要获得订单的愿望。心理学家研究表明：当一个人被别人真诚地赞美地时候，心中会对对方的欣赏产生感激，在脑中会形成一个完美无瑕的形象。在这种心理作用之下，内心很容易向对方靠拢，甚至会做出妥协和让步。因此，在表达赞美的时候，尽量的表现得真诚一些，赢得别人的好感。

在生活中，这样的例子非常的多。有一个女孩去参加魔术表演，期间，她无意间碰到了裁判老师，就在擦肩而过的一瞬间，她突然转身说了一声："老师，你的裙子很好看"。老师先是一愣，很快，老师高兴地说："真的吗？这是我从北京买回来的。平日里很少穿的。"这天下午比赛结束了，有两个魔术表演都非常不错，难分好坏，其中就有那个打招呼的女孩子。裁判们在左右为难的时候，有老师点了女孩的名，说："我觉得她的表演更胜一筹，表情比较丰富。"就这样，女孩在真诚的表达赞美之后，给自己赢得了老师的好感。可见，在赞美他人的时候，要表达得真诚些，这样才能赢得他人的好感。

那么，究竟如何才能让你的赞美表现得真诚呢？

1. 适当和对方进行眼神交流

在交流时，别人会通过你的眼神来甄别真伪。不要逃避和他人的眼神碰触，眼神也不要四处游走，更不要望着天花板和地，人在说谎的时候，眼神都有这些反应。相反，要多往对方面部的右上角凝聚，因为人在表达真诚的时候，眼神往往会向右上角转移。这样，别人会感受到你的真诚。

2. 多注意一些身体的小动作

在表达赞美时，别人也会通过身体的一些小动作来判断你是否真诚。比如，人在说谎时，下意识的会把手放在嘴上，或者是摸一下鼻子。同样，欣赏对方时，会鼓掌、竖起大拇指，或者是双手交叉和重叠放在身前，身体会主动向对方靠近，还有不断地点头等。

3. 言辞表达一定要恳切

要想表达真诚，最主要的还是在言辞上，要诚恳一些、热烈一些。用你内心迸发的热情来感染对方的情绪。比如：在赞美别人的优秀表现时，你要说"你真是太棒了！！"在"太"上还要加重语气语调，让你浓浓的敬佩之情，通过你热烈的表达传递到对方的心里。

心理话术：

美国马斯洛层次理论认为：自尊和自我实现是一个人较高层次的需求，它一般表现为"荣誉感"和"成就感"。而荣誉和成就的取得，还需得到社会的认可。赞扬的作用，就是把他人需要的"荣誉感"和"成就感"拱手相送到对方手里。当对方的行为得到你真心实意的赞许时，他看到的是别人对自己努力的认同和肯定，从而使自己渴望别人赞许的愿望在荣誉感和成就感接踵而来时得到满足，并在心理上得到强化和鼓舞。

第8章

批评时留心，言辞要顾及他人心理

有位心理学家曾说过："一个批评与被批评的过程是批评者与被批评者在思想、感情上的相互交流与认同的过程。"这种情况下，如果不小心，可能会使对方很难堪，破坏了交往的气氛和基础，并因此带来一系列严重的后果。那么，究竟如何表达批评才能达到使人进步的目的呢?这期间，人究竟有哪些心理活动呢? 在这里，我们为你做了解答。

委婉的指正，胜过直接的批评

心理学家曾经做过这样一个实验：让两个公司的负责人来分别批评迟到的员工。第一个负责人把迟到者叫到了跟前，劈头盖脸一顿臭骂，而第二个负责人则当什么事情也没有发生，只是在公司内添置了一个钟表。结果，第一个公司里仍然有人不断的迟到，而第二个公司里再也没有发生过员工迟到的事情。

同样是表达对下属的批评，采取的方式方法不同，最终的结果也不同。心理学专家是这样解释这种现象的：通常，人在受到别人的攻击时，出于本能，会产生反抗的心理。受到的攻击和压制越强，这种反抗的心理就会越强。这就是心理学上著名的“逆反心理”。基于人的这种心理，在表达批评的时候，尽量的委婉一些，维护别人的自尊，降低对方内心的反抗情绪，才能更好地达到改正的目的。

一天，中午休息时间，查尔斯·史考伯和往常一样，吃过午饭后来他的钢铁厂溜达。这时，他看见几个工人在抽烟，但这帮工人忽视了一点：就在他们头顶上方，挂着一块写有“禁止吸烟”的牌子。史考伯并没有对这些工人严厉批评，他知道这样并没用。他走到那几个人面前，给每个人一支雪茄，这才说：“各位，如果你们能去外面抽这些雪茄，我会非常感激。”这些工人是聪明的，听到史考伯的话，他们知道自己违纪了，但史考伯不但没有指责他们，反而给他们每人一个小礼物，这让工人们更敬重他，也变得更自觉。

钢铁厂的董事长并没有严厉的地指责工人们违反了纪律，而是通过委婉的方式让他们意识到了自己的错误，最终达到了让工人们不在厂内抽烟的目的。心理学专家研究表明：每个人内心都希望人格得到别人尊重，即使是犯了错误也不例外。这时候，倘若能委婉一些，把尊重送达出去，别人内心多会因为感激而顺从，而不是因为不满而对抗。因而，在表达批评的时候，要委婉一些，避免激起对方的逆反心理。

在生活中，这样的例子非常的多。小丽是一名商场的销售主管，她每天都要在商场里巡视。一天，她在例行巡视时看到一位顾客站在柜台外面，面前却没有售货员招待她。原来售货员们都在不远的地方说笑，没有注意到这位顾客。小丽没有责怪售货员，而是默默走到顾客面前招呼起她来。小丽的这种做法使那些售货员注意到了自己的失职，她们马上过来积极地招呼顾客。没有直接严厉的批评，也没有因为逆反心理而产生对抗情绪，相反，委婉的指正让下属认识到自己的错误。可见，委婉的指正胜过直接的批评。

那么，在批评别人的时候，如何才能做到委婉一些呢？

1. 夸赞对方还没形成的优点

夸奖对方还没有形成的优点，是一种不满情绪的表达，是一种赞扬性的批评。因为你在这方面没有优点，甚至是严重的失误，是不可弥补的缺点。本应该受到批评，但是却受到了表扬，而且缺点成了优点。乍一听是在赞扬，实际上传递的却是不满。别人只是在强调这些方面，希望能引起你的注意。

2. 夸赞对方表现过度的优点

人在表现自己优点的时候，希望得到别人的肯定和认可，可是如果这种认可已经演变为人人皆知的事实的时候，你再表扬，无疑带有讽刺的意味了。尤其是对方一个劲的展现个没完的时候，你的赞扬无疑传递这样一种信息："我很反感，你赶快停止。"这样是赞美，对方没有理由生气，但是也是批评，对方又不得不接受。

3. 批评同类错误来加以影射

如果别人犯了错误，又不好意思直接指责和批评的时候，不妨批评和对方所犯的错误同类性质的错误，把你的不满和指责委婉的地递给别人。因为没有所指，所以没有针对性，即使对方不愿意听，或者是有想法，也不会有直接的反击。但是，由于所批评的错误和对方有同类性，所以即使是最笨的白痴，也能感受得到这份责备。

心理话术：

“逆反心理”指的是人们彼此之间为了维护自尊，而对对方的要求采取相反的态度和言行的一种心理状态。这样，才能达到彼此力量在心理上的平衡。“逆反心理”在生活中非常常见，是人们在受到攻击和伤害时，而表现出来的“冷反抗”，是人们维护尊严的一种心理表现。通常情况下，受到的心理挤压越大，这种反抗的情绪就越强烈。因而，在表达批评的时候不妨委婉一些，维护别人的尊严和人格，减弱这种对抗的情绪。

批评他人的言语绝不可伤人自尊

心理学专家曾经做过这样一个实验：让篮球队的两个队长分别去批评由于反应迟钝而导致比赛失败的球员。第一个队长严厉地斥责了他，而且骂到：“简直就是白痴、饭桶！”队员愤恨的说：“不就是一场比赛吗？我怎么就成白痴了啊？”两人之间发生了激烈的争吵。同样是批评，第二位队长也在指责队员，但是仅仅限于比赛这件事情，并没有人身攻击。尽管话说的很难听，但是并没有遭到言语反击。

同样是批评队员，为什么第一个队长和队员之间发生了争吵，而第二个队长却没有遭到言语的反击呢？心理学家分析了这种想象：通常，人对受到的批评有一个“限度”，在这个限度之内，一般不会做出反抗，一旦超出这个限度，就会激起受批评者的反击。这个限度包括言语的激烈程度、时间的长短和尊严、人格不受伤害。基于人的这种心理，在表达批评的时候，注意不要超过这个“限度”，适当保护受批评者的情感和尊重他们的人格和尊严。

美国总统林肯年轻时，特别喜欢批评人，经常写文章讽刺自己看不惯的人。1842 年，他又在当地《春田日报》上发表匿名文章，嘲讽一位傲慢好斗的政客席尔斯，在全镇引起了轰动。这一下可惹恼了席尔斯，当席尔斯查出是林肯写的后，更加愤怒，当即就找到林肯，要和他决斗。林肯反对战斗，可是又不愿意道歉，只得接受。惊恐之余，林肯手臂长，于是挑了骑兵用的长剑，还跟一位从西点军校毕业的人学剑术。到了决斗这天，林肯如约来到密西西河岸，准备一决生死。好在最后一刻有人阻止，才终止了决斗。从此以后，林肯再也不写文章批评讽刺人了。

林肯写信在《春田日报》上批评和攻击席尔斯，让他颜面无存，尊严和人格受到了严重的伤害，结果导致席尔斯想要跟林肯拼命。俗话说："树怕剥皮，人怕伤心。"受到批评，心里就会受到伤害，当一个人承受的伤害超过了"限度"之后，就会导致出现反击甚至是拼命的后果。可见，批评别人的时候一定要把握好这个度，不要随便去伤害别人的自尊。

生活中，这样的例子非常的多。一个男孩和女孩约会，结果男孩临时有事给耽误了，当他匆匆忙忙地赶到约会地点的时候，女孩非常的生气，她严厉地说："你怎么现在才来啊？"男孩一个劲的道歉，女孩不依不饶。男孩有些不高兴的说："我不是给你打过电话了吗？"见男孩辩解，女孩气呼呼的说："你说话不算话，你还是不是男人啊？"男孩狠狠地把为女孩买的冰糖葫芦砸在了地上，扬长而去。很显然，女孩的话严重的伤害了男孩的自尊心。由此可见，在表达批评的时候一定要有个度，不要随便伤害别人的自尊。

那么，如何做才能让你的批评不会伤害到别人的尊严呢？

1. 批评的时候对事不对人

往往很多时候，我们能接受别人批评自己不会做事，但是却不能接受别人批评自己不会做人。在批评别人的时候，很多人稍不注意用了人身攻击的言语，结果遭到对方的反击。因而，言语上一定要注意，要针对对方犯的错误，不要针对人进行批评。比如，你可以说"你不应该这么草率"或者是"这样做大错而特错了"，不要说"你是白痴"等。

2. 批评时要注意场合

人都好面子，都希望能在别人面前留个好的印象。因而，在批评别人的时候，一定要注意场合。一般情况下，在人多的时候不宜表达批评，即使表达也要单独进行。尤其是批评男人，在人多的场合，即使语气再平和，也会受到对方的反击。对方受到的伤害不仅是你的批评,更主要的是别人的嘲笑和议论。

3. 批评要实事求是

如果一个人真的犯了错误,那么受批评也是情理之中的事情。但是如果你没有任何的证据,就对别人大呼小叫,试想,谁愿意受这个冤枉呢?因为对于大多数人来说,受批评是小事,被冤枉却是大事。比如:你的钱包丢了,你怀疑是舍友拿的。在没有人证的情况下,最好别询问和指责。

心理话术:

心理学家研究表明:在面对批评的时候,人的内心之中有个"反弹指数"。一般情况下,受到的批评越强烈,这个反弹的指数会越大。当然,反弹指数不超过一定的"限度",人是不会进行奋起反击的。"反弹指数"的"限度"也是人们内心的最终需求,那就是保证人格和尊严的完整。

点到为止,批评要达到醍醐灌顶之效

心理学家曾经做过这样一个心理学的实验:让两个师父分别去批评各自犯了错误的徒弟。第一个师父一个劲地埋怨徒弟不会做事,引来了徒弟的不满和怨恨,师徒间的配合非常的不默契;而第二个师父没有过多的指责徒弟,只是简单的指出了徒弟的错误,两人如同朋友一样。结果,第一个徒弟的手艺远远不如第二个徒弟。

同样是教育犯了错误的徒弟,两个师父采取的方法不一样,最终的结果也截然相反。这究竟是为什么呢?心理学家分析了这种想象:在人的内心中,都有个自我的肯定,都想通过表现来证明自己。即使犯了错误,也不例外。这时候,如果你能指出他的错误,对方觉得你是在帮助他,彼此之间的"心理位置"是平等的。相反,如果你指责他,对方完全被动,"心理位置"上就会失衡，容易形成心理对抗。可见，在批评别人的时候，点到为止即可，不要过多的干涉对方的事情。

战国时期，齐景公的一匹爱马死去了，一怒之下，他要杀掉马夫。众位大臣一再劝说不要随便动用私刑，可是齐景公就是不听。这时候，国相站出来厉声喝道："这个可恶的马夫，该杀！"国相一口气列出了马夫的罪状："你惹怒了君王，致使他因为一匹马而杀了你，让天下人都知道我们的国君爱马胜过爱人，让别人看不起我们。真是罪不容恕。"齐景公脸上青一阵红一阵，不再提及杀马夫的事情了。

国相并没有直接指责国王，而是通过斥责马夫，把国王的过错转嫁到马夫的身上，让国王听了之后意识到自己的错误。心理学家指出：批评是件并不舒服的事情。在这个过程中不仅是被批评者难受，同样，批评者心理压力也很大。而实际上，批评的目的不是把别人说得体无完肤，而是改正。因此，在表达批评时，可颠倒位置，让别人意识到错误就可以了，千万不要纠缠个没完没了，引起别人的怨恨。

在生活中，这样的事情非常的多。比如：一个刚刚大学毕业，考上老师的毕业生，第一天上课，就有同学迟到了。于是他把这名同学叫出去狠狠地批评了一顿，结果，从那之后，只要是他的课，总有人不断的捣乱，不是起哄，就是旷课和迟到，同学们甚至联名向学校提意见，要求换掉这位不受欢迎的老师。最终，这名老师不得不辞职另谋高就。导致这一切的最终原因，只是因为第一次上课的那次严厉的批评。可见，批评别人点到为止即可，这样才能起到启发教育的目的。

那么，批评别人的时候要想做到点到为止，要注意哪些方面呢？

1. 在犯错的地方要加重语气多强调

当你发现别人的错误之后，不妨在犯错的地方加重语气，多强调几遍。这样，引起对方的注意，便会和自己进行比较，很明显他的错误就凸显了出来。这远比你直接指出来要高明得多。你没有指出对方的错误，也不会引起别人心理上的抵触情绪。这样，即点明了别人的错误，又不至于伤害彼此之间的情感。

2. 自言自语,不经意地说出小不满

人们都不太容易接受直接的指责,但是只要你在表达自己不满情绪时,以一种无意的心态说出,更容易让对方接受。比如,你自己觉得这件事对方做得不对,但要学会对自己讲,让对方听。因为没有针对性,所以没有攻击性,自然就不会有反击,但是却有暗指对象。一般面对这种情况,对方更容易从心理上意识到你对他的不满情绪。

3. 搭幽默的顺风车,暗示对方的缺点

幽默是人们相互交往时的一种情趣表现,是人与人交流之中情感的润滑剂。因此,在向对方提意见的时候,不妨用形象化的比喻幽默的将对方的缺点表达出来,这样可以避免过于严肃的指责和埋怨,也避免了彼此之间的尴尬,避免伤害双方的感情。在这种愉悦的气氛中,对方意识到自己的缺点,而且愉悦的接受,从而加以注意和改正。

心理话术:

心理学家研究表明:人的内心有一个自我评判的机制,当犯了错误的时候,会受到良心的谴责。这时候,内心更渴望别人的谅解,以及迅速的走向正确的路。如果你能点到为止,则会让对方觉得你很尊重他,相反,你的指责会引起对方内心的抵触和对抗,还有可能在逆反心理的作用下,继续坚持自己的错误。这与批评教育的目的大相径庭。因而,在表达批评的时候,点到为止即可。

用鼓励的言辞去批评对方

心理学家做了这样一个测试:让两个妈妈分别带着孩子去郊外散步,当两个孩子追逐嬉戏的时候,不约而同的摔倒在地了。一个妈妈走上前去,斥责道:“你咋回事啊?怎么这么不小心啊!”孩子趴在地上哇哇大哭起来。而第二个妈妈则没有指责和批评，而是拍了拍手说："宝贝，站起来，跌倒一次没什么，在妈妈眼里你永远都是最棒的。"孩子爬起来，拍了拍身上的土，嘻嘻哈哈的跑开了。

同样是面对跌倒的孩子，一个妈妈用指责去批评，而另外一个妈妈用鼓励的言辞去"批评"，结果，两个孩子的表现截然相反。心理学专家解释了这种现象：当人在犯了错误之后，担心会受到外界的批评而心生恐惧，同时，也因为遭受了挫折而感到委屈。在这种复杂的情绪之下，指责只能使恐惧变多，委屈变大，相反，鼓励则能让恐惧变少，委屈变小。这就是为什么两个母亲采取的方法不一样，两个孩子有不同的表现。基于人们的这种心理，在表达批评的时候，不妨用鼓励代替指责，认期收到更好的效果。

唯一蝉联三次世界冠军的天才教练蓝柏第挑出了一位身材高大的后卫，叫作卫杰瑞。可是在比赛中，他屡屡失误，以至被迫下场。教练把他叫到跟前，训斥说："你是个卑劣的运动员，你没能阻止住对方的进攻，你完了！"后卫沮丧的走进了更衣室。过了一会儿，当蓝柏第走进更衣室的时候，看到后卫在低头哭泣。他走上前去，用手臂环绕在后卫的肩膀上，说："孩子，你是一个卑劣的运动员，然而，凭良心说，我应该告诉你，你自己的内心中有一个伟大的橄榄球运动员，我正要紧紧的抱住你，直到你内心中的运动员有机会站出来。并且申明他是一个伟大的橄榄球运动员为止。"这些话让卫杰瑞感动不已。

面对后卫卫杰瑞的拙劣表现，蓝柏第并没有指责他，而是改用鼓励的方式，让他对自己充满信心。事实上，也正是因为有了蓝柏第的鼓励，才出现了历史上的天才球星。著名的心理学家威廉·葛莱瑟说："批评是管教孩子最糟糕的方法。"可见，当一个人做错事之后，内心之中更渴望得到别人的理解和鼓励，而不是严厉的斥责。鼓励能让他们重拾信心，而斥责则会让人更加的灰心。

生活中，这样的例子非常的多。这天，女儿正在专心致志的练习书法。爸爸走上来看了一眼，抚摸着女儿的头，说："很不错，继续努力。"听到这话以后，女儿的心里美滋滋的，练起字来更加的认真仔细了。过了几分钟，妈妈凑上来看了一眼，说："真难看，你都二年级了，字写的这么难看，我到你这么大的时候，字写的可漂亮了。"女儿很不高兴，她嘟囔着说："爸爸都说我写的好看呢。"妈妈笑着说："那是因为你爸爸怕你不高兴，才这么说的。"女儿生气地把笔一扔，说："我不写了。"同样是对女儿的指导，爸爸用了鼓励的方式，妈妈用了批评的方式，结果截然相反。可见，用鼓励的言语去批评别人能更好的达到改变的目的。

那么，究竟如何用鼓励的言语去批评对方呢？

1. 肯定对方的积极态度

不管对方是犯了错误，还是失败了，别人的努力付出是抹杀不掉的。这时候，与其去指责别人，倒不如积极肯定对方的积极态度，让他更加的有信心。比如：代表班级参加比赛的同学没有拿到名次，不要怪罪他能力不行，而要肯定他的努力付出。这样，对方内心的愧疚和难受也会得到适当的减弱。

2. 把你的希望和寄托说出来

尽管别人的表现与你期望的还有一段距离，但是这时候不要责怪别人，在对对方肯定的同时，把你的希望和寄托说出来，让对方明白自己还有多远的距离。比如：孩子的字写的很难看，你与其指责，不如说："你已经写的不错了，要是再耐心一些，认真一些，效果会更好。"这样，你的鼓励会让孩子更加的有信心。

3. 为对方构制一副蓝图

很多时候，我们之所以不懈地努力，是因为我们对自己的优秀深信不疑。当对方做错了事情，或者是遭遇到了挫折。与其批评指责，不如告诉他，他是个了不起的人物。这样，别人的心里会重新燃起熊熊烈火。事实证明，信心对一个人的成功有非常重要的作用。关键时候，不妨为对方构制一幅蓝图，让他对自己充满信心。

心理话术：

心理学家研究表明：当一个人被人批评的时候，往往会内心充满恐惧和担忧，还会因此而怀疑自己，容易产生自卑的心理，不利于更好的改变。相反，当受到鼓励的时候，内心的恐惧和担忧会慢慢的消除，在对方对自己深信不疑的前提下，寻求继续进步和努力。可见，在一个人犯错的时候，鼓励要胜于批评。

实事求是，中肯的建议令对方心服口服

心理学家曾经做过这样一个心理学的实验：让爸爸妈妈分别去劝说女儿放弃男友。妈妈一个劲的说男方的条件多不好，而且态度强烈的要求女儿必须放弃。而爸爸并没有这么做，他听了女儿的想法，提出了自己的想法，给了女儿一些时间，让她好好考虑一下，而且表示，如果女儿选择坚持，他会给予支持。最终，女儿没有向妈妈妥协，最终却听了爸爸的话。

同样是劝说女儿，爸爸和妈妈采取的方法不一样，最终的结果也完全不同。这究竟是怎么一回事呢？这里涉及一个心理学的概念"登门槛效应"。通常情况下，一个人一旦接受了别人的小要求之后，如果对方接着提出更高的要求，也会倾向于答应，因为这个要求和前一个要求有了承继关系。基于人们有这样的心理，我们在说服别人的时候，不妨提一些中肯的建议，获取对方的认可，然后再一步步的提出更高的要求，最终让对方心服口服。

伽利略年轻时立志在科学研究方面有所成就，因此他希望得到父亲的支持和帮助。

一天，他对父亲说："父亲，是什么促成了您同母亲的婚事？"

父亲说："你的母亲十分吸引我。"

伽利略说："那是因为您爱的是她，我现在除了科学以外，什么都能放弃。我对科学的爱，就如同对一位女子的倾慕。"

伽利略说："亲爱的父亲，您有才干但没有力量，可是我却能兼而有之。为什么您不能帮助我达成自己的愿望呢？我一定会成为一位杰出的学者并

以此为生，而且会比别人生活得更好。”

父亲为难地说：“可是我没有钱供你上学。”

伽利略激动地说：“父亲，很多穷学生都能领取奖学金，我为什么不能去领一份奖学金呢？我们只需要告诉公爵的老师就行了，他了解我，知道我的能力！”

父亲被说动了：“嗯，这是个好主意。”

伽利略抓住父亲的手，开心地说：“父亲，求您尽力而为。我保证自己成为一个伟大的科学家！”

伽利略并没有批评父亲的世俗，而是从父亲的情况入手，再引到自己的身上，从而提出了中肯的建议，说服了父亲，取得了他的同意。心理学家查尔迪尼这样分析说：“对别人提出一个非常简单的要求时，人们难以拒绝，只要你接受了别人一个微不足道的要求，为避免认知上的不协调或者想给别人一种前后一致的印象，或许就会接受更大的要求。”基于人们的这种心理，在劝说别人的时候，不妨提一些中肯一些的建议，然后一步步的俘获对方。

在生活中，这样的例子非常的多。有个小孩在做功课，半小时能完成的作业，拖延了两个小时。父母想办法帮助孩子克服这个毛病。他们先让孩子整理干净桌面，拿掉不相关的东西，争取在一个半小时内完成功课，这是比较容易做到的；接着他们和孩子商量，做作业期间不能玩橡皮，争取在一小时之内完成作业；待孩子做到这点以后，他们提出半个小时之内完成作业的要求。可见，在劝说别人的时候，不妨利用“登门槛效应”，一步一步的提出要求，让对方心服口服。

那么，究竟如何才能提出中肯的建议，让对方心服口服呢？

1. 要给别人足够的考虑时间

任何人不可能一听到你的说服，便做出相应的承诺，对方需要一定的时间来考虑。只要别人考虑，说明你的说服就起到了相应的作用。比如：一个男生的求婚遭到了女友的拒绝。可是在内心深处还是会考虑他的好。当这种“好”的考虑有了一定的时间之后，她的心便会开始倾斜了。

2. 一定要把握好跟进的节奏

在用“登门坎效应”对对方进行说服的时候，要把握好跟进的节奏。比如：女生拒绝了男生的求婚，但是，男生发现女生还是愿意跟他做朋友，这时候男生就要抓住机会，及时跟进，跟女生成为知心朋友，等两人谁也离不开谁的时候，再提出求婚，想必女生会考虑嫁给男生的。

3. 要厚着脸皮“得寸进尺”

“登门槛效应”讲究的就是得寸进尺。当对方答应了你的小要求之后，不要感觉不好意思，要敢于提出更高的要求。一些人脸皮薄，担心得寸进尺会被别人骂，事实上，当对方答应你的小要求之后，已经开始在一步步的向你靠拢了。要做的就是大胆的提出更高的要求。

心理话术：

心理学家研究表明：一下子向别人提出一个较大的要求，人们通常很难接受。如果逐步提出小要求，不断缩小差距，人们就比较容易接受。人们在不断满足别人小要求的过程中已经逐渐适应，意识不到逐渐提高的要求已经大大偏离了自己的初衷。如果这种要求给自己造成损失并不大的话，人们往往会有一种“反正都已经帮一次了，再帮一次又何妨”的心理。

巧妙诱导，让对方自行说出错误

心理学家做过这样一个心理学实验：让两个老师分别去指导学生改正作业中的错误。第一个老师对学生说：“你这样做是错误的，你应该那样做。”尽管老师讲得很认真，可是最终学生还是没有学会。第二个老师则没有这么做，而是从根本上分析了学生为什么做错了，但是却从来没有说学生的做法是错误的。结果，很快，学生就学会了。

同样是帮助学生改正错误，两个老师采用的方式方法不一样，结果也完全不一样。这究竟是为什么呢？在这里，心理学专家做出了解释：在每个人的心里都有虚荣心，都不愿意自己被否定。否定往往会激起内心的逆反心里，本能的产生抵触情绪。这种潜意识的抵触会阻挠接受。相反，巧妙的诱导，让别人自己去认识错误，不被否定内心中便没有抵触，接受也就很快了。基于人们的这种心理，在批评教育的时候，不要轻易去否定别人，而要巧妙的进行诱导，让对方自己认识到错误，这样，才能更好的实现教育的目的。

曾经有一位先生，做人做事都很认真，他从事的是秘书工作，他每写一篇文章，都力求做到精益求精。有一次，他的领导交给他一份写演讲稿的任务。终于，他花了三天时间写完了，并且，他又前后修改了七八遍，他觉得自己的文章十分完美了。晚上睡觉前，他将自己的“大作”读给妻子听，而他的妻子认为这篇演讲稿并没有丈夫想象中的那么出色，可是她觉得直接指出来又会伤了丈夫的自尊心，于是，她委婉地说：“如果这篇文章是投给报社的话，肯定算得上是一篇佳作。”丈夫一听，既看到了自己文章的不足，又感激妻子的贴心。于是，他立即撕碎了精心准备的手稿，并决定重写。

妻子并没有说“写的不好”，而是巧妙的暗示了用在别处会更好，丈夫意识到自己的不足，继而开始重写。心理学家说：不论我们用什么方式说“你错了”，对方就绝不会有好脸色给你！因为你直接打击了他的智慧、判断力、荣耀和自尊心。如果你想要让他承认并纠正错误，也应该回避“你错了”或类似的词语。而是采用巧妙的诱导，让对方自己说出错误，而不是你的嘴。

在生活中，这样的例子非常的多。比如，有一位先生，请一位室内设计师为他的居所布置一些窗帘。当他收到室内设计师为他发来的账单时，他实在吃惊，因为很明显这位设计师让他吃了很大的亏。过几天，一个朋友来看他，问及这件事，很气愤地说“这也太离谱了，很明显你吃亏了。”但这位一直认为自己十分精明的先生却不肯承认这一点，他极力辩解：“一分钱一分货，贵有贵的价值，我可不想因为看重价钱便宜而去买一些没品位的东西……”结果，他们为此事争论了一个下午，最后不欢而散。可见，即使一个人犯了错误，也不愿意被别人贴上标签。与其说“你错了”，倒不如用事实说话，让他自己去承认。

那么，究竟如何巧妙诱导，让对方自行说出错误呢？

1. 做正确的范例来衬托对方的错误

人都不愿意承认自己比别人弱，即使是自己真的做错了，也不希望别人说。这时候做个正确的范例，让对方在看到正确的做法的同时，意识到自己的错误和不足。不用你再多说什么，对方自然在比较中清楚的看到差别，你的做法是对的，那么他的做法就是错的。这远比直接指出对方的错误要高明得多。同时，也不会引起别人的不满和抱怨。

2. 表现出淡漠，暗示其自我反省

在人际交往中，如果对对方有不满情绪，那么不妨表现的冷漠些，使得对方意识到问题的存在，从而更好的在自己的身上找毛病，暗示对方进行自我反省，改正自己的缺点和毛病。当然，并不是所有人之间都能用冷淡来表达不满，一般情况，在亲人或者是亲密关系之间比较合适，因为他们才能感受到你的情绪，感受到你热诚和冷淡。

心理话术：

心理学家研究表明：在人的内心之中，都有一种意识，认为自己是最优秀的。当被别人否定了之后，便会奋起反抗，试图证明自己，同时，也会对别人产生抵触和抗拒情绪。相反，如果你不去否定别人，而是巧妙的诱导，让对方自己意识到错误，自行说出来，才能从根本上实现说服和改变的目的。

分清场合，适时软硬兼施

心理学家做过这样一个调查实验：让三个母亲分别去批评他们逃了学的孩子，第一个母亲把孩子劈头盖脸的骂了个狗血喷头；第二个母亲则对孩子说了很多好话；第三个母亲也狠狠的训斥了孩子，然后又对孩子好言相劝。结果，第一个孩子逃学的更厉害了，第二个孩子也在继续逃学，只有第三个孩子不再逃学了。

同样是对孩子进行批评教育,三个母亲采用的方式不一样,结果也不一样。这究竟是为什么呢?心理学家分析了这种现象:犯了错误之后,人们的心里对于惩戒有一个心理期待,当得到的指责和批评超过心理期待,就会产生逆反心理。当得不到任何的指责时,就会错误的认为不会受责罚,犯错也会继续。如果批评指责之后,再给予鼓励和帮助,让他们受了伤害再得到安慰,才会积极地改正错误。基于人们的这种心理,在批评和教育的时候,要软硬兼施,"打一巴掌再给个枣",才能从根本上达到教育的目的。

后藤清一先生曾是三洋电机前副董事长,他曾在松下公司服务多年。但据说他曾经犯了一个错误,让松下先生很生气。当他敲门进入松下的办公室时,松下已经怒不可遏了,松下气急败坏地抓起身边的一支火钳,用力拍在了桌子上,然后大骂后藤清一。后藤先生因为自己的错误和松下先生的责骂而内心十分难受,但就在他准备离开松下的办公室时,松下却站了起来,说道:"等等!刚才我太愤怒了,不小心将这把火钳弄弯了,所以麻烦你用点力把它弄直好吗?"

后藤接到这样的命令,只得照做,于是,他拼命地敲打这把已经弄弯了的火钳,而他的不快的情绪居然随着这有节奏的敲打而逐渐消除了。当他将敲直的火钳交给松下先生时,松下先生看了看便说:"嗯!比原来的还好,你真不错!"

后藤走后,松下便拨通了电话给后藤的妻子,说:"我想今天你先生回去时,可能脸色会很难看,希望你能好好照顾他。"本来,后藤受了上司的责备后,便想即刻辞职不做,松下的关怀,让后藤感动得一塌糊涂,决心为他效忠。

松下狠狠的批评了后藤,之后他没有不管不问,而是打电话给后藤的妻子,表达了对后藤的关怀,让后藤在受了委屈之后,得到了适当的安慰,不但很好的改正了错误,而且被松下感动。心理学家表示:人在受了责备之后,内心之中会产生抵触和对抗的情绪,甚至还会有逆反的心理,这时候如果能得到对方的安慰,内心的抵触和对抗就会大大的降低。可见,在批评别人时，一定要把你的关怀和爱表达出来，温暖对方的心。

在生活里，这样的例子非常的多。正处于青春期的女儿这天晚上一整夜没有回家，爸爸妈妈非常的着急，四处寻找，结果没有任何人知道她的下落。第二天，当女儿走进家门之后，爸爸二话没说，走过去就是一记耳光，当天晚上，爸爸罚她不许吃饭。到了午夜，爸爸打开了女儿的房门，面对惊恐不安的女儿，爸爸端来了自己亲自下厨做的鸡蛋面，摸了摸女儿的脸，问："还疼吗？"女儿摇了摇头，爸爸说："赶紧吃了吧，别饿坏了身体。"顿时，女儿哭着喊道："爸爸，我错了。"如果爸爸没有为女儿做饭，可能女儿会恨爸爸一辈子。爸爸的关怀让女儿内心的委屈得到了适当的安慰，怨气顿时烟消云散了。

那么，在批评的时候究竟如何做到软硬兼施呢？

1. 当众批评之后，单独表达歉意

有些时候，批评要当众进行，这样不但能教育别人，也能给犯错者留下深刻的教训。但是，毕竟当众被批评会很没面子，很多人受不了。在批评之后，要单独找个机会，向对方适当的表达你的歉意。比如：有员工总是迟到，作为老板，就要当众批评，然后再告诉员工，没有办法，不得不这么做。员工理解了老板的无奈，心里便不会再有怨气。

2. 严厉谴责后，由他人关怀慰问

当你的谴责过于严厉，远远的超出了对方的心理承受能力，势必会给犯错者造成心里的伤害。这时候作为批评者，要找一个合适的第三者出来，传达关怀和慰问，让被批评者受伤的心得到及时的安慰。例如：爸爸批评和责骂了女儿，在适当的时候母亲就要出来安慰孩子，化解孩子对父亲的不满和怨恨。

3. 给予惩罚之后，及时好言相劝

很多时候，被批评者心里有不满，总觉得犯了一点小错误，不至于受这么严厉的惩罚，因而内心之中对批评者怀有不满情绪，甚至还会出现逆反心理，和批评者唱对台戏。对于批评者来说，惩罚之后，要及时的和被批评者进行沟通，对其进行好言相劝，让对方在做事情的时候多动脑筋，把事情做好,少犯错误。

心理话术:

心理学家研究表明:人在受了批评之后,内心会产生抵触和对抗的情绪,觉得别人伤害了自己,并因此对批评者产生憎恨。这种情绪会严重的影响批评者和被批评者之间的感情。因此,在指责和批评了别人之后,要及时的表达你的爱和关怀,温暖他人的心,减弱对方内心的怨恨情绪。这样才能达到防微杜渐的目的。

说出对对方的担忧,批评也动情

心理学家做过这样一个实验:让母亲前后三次去劝说女儿放弃与男朋友的交往。第一次,母亲不断责骂,企图让女儿屈服,可是女儿宁死不屈;第二次母亲苦口婆心的好言相劝,女儿依旧不买账;第三次,母亲语重心长的说:“他没有正当的工作,家境又很贫寒,你说你以后该怎么生活啊。”说着,抹起了眼泪。最终,女儿答应了母亲,放弃了男朋友。

同样是劝说,为什么前两次遭到了女儿的反对,而第三次却取得了成功呢?心理学专家分析了这种现象:在人的内心中,都有个“自我意识”,觉得自己是最重要的,自己的想法是最正确的,是最符合“自我需要”,而别人则无法理解自己。于是,在别人劝阻的时候,会出现“捍卫自我”的对抗和抵触情绪。但当明白了别人在为自己担忧之后,内心会形成“自己人”的感受,因而会妥协。基于人们的这种心理,在批评劝说的时候,不妨设身处地的为对方着想,把你的担忧表达出来,让批评直达对方的内心深处。《触龙说赵太后》的故事就说明了这一点:

这天,左师触龙走上前,说:“我一直担心太后的玉体欠安,所以今日特来看望。”

触龙接着先向赵太后提出了一个请求："我的几个孩子中，就属小儿子不成材，可是我又最疼爱他，所以我恳求太后能看在我的面子上，给他个名士的职位。"

赵太后说："我真没想到，原来你们男子汉也会疼爱最小的儿子啊！"

触龙说："男人疼爱小儿子，估计比女人们还厉害呢！"

太后自然有点不服气，她说："还是女人更爱小儿子。"

触龙见时机已到，说："老臣认为您爱小儿子爱得不够。"他说："当年，您忍痛割爱，将我们的公主远嫁燕国，希望她的子孙相继在燕国为王。这才是真正的爱。"

这句话是有道理的，太后信服地点了点头，触龙便接着说："现如今，您赐给您的小儿子也就是长安君很多珠宝、土地，但如果他不能为赵国立功，日后又怎能在赵国理直气壮地立足呢？"触龙这番话说得赵太后心服口服。她立即命人为长安君准备车马、礼物，送他前去齐国当人质。

触龙一开始并没有直接说要劝谏，而是在聊天之中，动之以情，说出了老太后的担忧，尽管是在批评老太后，但是却是在为她设身处地的考虑。最终，赢得了老太后的欣赏。心理学家研究表明：人内心中对自己非常的忠诚，对于反对和批评会产生强烈的抵触和对抗情绪，心里觉得你并不了解他。相反，如果你能设身处地的说出对对方的担忧，表达你的同情和理解，别人心里会感觉到温暖，抵触的情绪会减弱。基于人们的这种心理，在表达批评的时候，不妨动之以情，设身处地的为他人着想，说出对方内心的担忧。

在生活中，这样的例子非常多。男孩平日里不会照顾自己，什么事情都要依靠父母。母亲批评他说："你都是大小伙子了，为什么不自己学着做饭、洗衣服呢？你看看你整天脏兮兮的，多丢人啊。"男孩一副无所谓的样子。母亲语重心长的说："你不学习着照顾自己，将来离开我和你爸爸以后，该怎么办啊？你这个样子，哪个女孩子能看上你啊！"男孩惭愧的低下了头，从那以后，男孩主动学习照顾自己了。母亲为男孩的担忧，深深的触动了他的心。尽管是在表达批评，但是却在传达爱和温暖，因而取得了良好的效果。

那么，究竟如何才能在批评的时候表达对对方担忧呢？

1. 从事情的后果上多考虑

既然做错了事情，那么结果一定不是很好。在表达批评的时候不妨从事情的结果上多考虑一些，这样往往能让你的批评显得温暖些，对方觉得你是在为他着想，内心的抵触情绪也会减弱很多。比如你的家人不小心撞伤了人，你表达的时候不妨说："你说这个事情到底怎么办才好呢，你怎么不小心一点呢。"

2. 为对方的前途表达担心

俗话说："人无远虑，必有近忧。"别人犯了错误，对他的成长和发展或多或少的会有影响。因而，在表达批评的时候不妨为对方的前途表达担心。比如：母亲在批评孩子不专心学习时，要这样说："你现在不好好学习，我看你将来要去干什么啊！"是在表达批评，但是却包含着温暖和关爱。

3. 在亲人的情感上显背负

人往往对亲人的感情很深。如果做事情对不起亲人，良心会受到谴责。这时候，在表达批评的时候，不妨把亲人拉进来，以亲人的期盼为由头，促使对方改正和进步。比如：一个孩子早恋了，老师在批评的时候可以这样说："你爸爸妈妈知道了会有什么样的想法？你对得起他们吗？"往往会让早恋者悬崖勒马。

心理话术：

心理学家研究表明：人对"爱"往往会表现出欢迎和接纳，尽管这种"爱"表达的方式是批评和责怪，内心也会倍感温暖，而不至于产生对抗和抵触情绪。相反，如果与被批评者没有了这层"关系"，那么就会遭到对方的心理对抗。由此可见，在批评别人的时候，不妨说出为对方的担忧，表达出对对方的"爱"和"关怀"，从而更好的达到批评的目的。

第9章

玩转职场，会说话才能前程似锦

作为一个人，要生活就要工作。但是有的人在职场平步青云，而有的人则只能默默无闻。同样是人，为什么会出现这么大的差距呢。究其原因，是因为前者懂得在职场的生存之道，从而进退自如；而后者却不懂人情世故，因而不受欢迎。那么，对于身在职场的人来说，如何说话才能被人喜欢和接纳，为你的职场生涯赢得机遇呢？这其中究竟隐藏着怎样的心理学知识呢？为了弄清这些问题，这就要学习一些基本的方法和策略，或许它们会帮助你迅速的成熟起来。

面试中如何进行完美的自我表达

心理学家曾经做过这样一个心理学实验:让自己充当了一次面试官去选择人才。在要求求职者进行自我介绍的时候,有的人说了很多,去没有把自己介绍清楚,有的人草草说了几句应付了事,只有一个人简明扼要的介绍了自己,给在场的每一个人都留下了清晰的印象。结果,面试官在不考虑其他因素的前提下,迅速的做出了决定,要录取这位女孩。

自我表达只是面试的一个环节,为什么面试官没有考虑别的因素,就迅速的做出了选择这位女孩的决定呢?这牵扯到一个心理学的概念"首因效应"。"首因效应"讲的是人与人之间第一次交往时给人留下的印象,在对方的脑海中形成并占据着主导地位,一旦形成很难改变,直接影响着此后的接触和交往。可见,要想在面试中取得好的成效,那么就要抓住自我表达的机会,给面试官留下好印象,为你的职场生涯走好第一步。

一次,南方的一家大型外资企业在招聘人才,他们急需要一位懂计算机的研究人才。在收到的众多简历中,刚好有这么一位主攻计算机研究的博士生。于是负责招聘的人事经理对这位博士生抱有很高的期望,基本上已经决定要录用他了。但是在录用之前,有必要进行一个面试的环节。当这位博士生来到人事处的时候,非常紧张。人事经理让他简单的介绍一下自己,博士生语无伦次的说了几句。人事经理很不满意,于是不断引导,可是博士生紧张得低着头,不再说话了。博士生的表现让人事经理非常失望,最后他不得不忍痛割爱打发走了博士生。事后,人事经理说:"我们是需要这样一位高材生,但是连基本的沟通都困难的人,又怎么能够担当重任呢。"

博士生在面试的时候,表现非常的差,给人事经理留下了很坏的印象,结果只能与好工作擦肩而过了。心理学家研究表明:在人际交往过程中,第一时间留下的印象非常重要,与一个人初次会面,45 秒钟内就能产生第一印象。这一最先的印象对他人的社会知觉产生较强的影响，并且在对方的头脑中形成并占据着主导地位。一般情况下，一个人的体态、姿势、谈吐、衣着打扮等都在一定程度上反映出这个人的内在素养和其他个性特征。

在职场中这样的例子非常的多。

一个新闻系毕业生来到某报社找工作，找到总编后，他便问“你们需要一个编辑吗？”

“不需要！”

“那么记者呢？”

“不需要！”

“那么，你们一定需要这个东西。”

他说完这句话，便从包中拿出一个小牌子，上面写着“额满，暂不雇用”。总编看到后，不禁笑出声来，不得不为这个大学生的幽默打动。于是，微笑着说：“如果你愿意，可以到我们广告部工作。”

这个大学生为什么能打动总编？他出其不意的招数——拿出写有“额满，暂不雇用”的牌子正是他积极乐观、机智的表现。这样的求职者，用人单位又怎么会拒绝呢？可见，在面试中的自我表达极其重要，对于职场新人来说，一定要注意这个环节。那么，在面试环节中究竟要如何进行完美的自我表达呢？

1.声音要洪亮，吐字要清晰

通常，比较自信的人说话时气势轩昂，声音很洪亮。声音洪亮的人往往给人留下比较自信的印象。同样，吐字清晰则能增加听众的心理愉悦程度。而事实上，在面试中，声音洪亮，吐字清晰的人能获得面试官的青睐，赢得更多的工作机会。

2.逻辑清晰，表达简明扼要

同样是表达，有些人逻辑思维能力很强，说话简明扼要，能说到点子上，给人留下利索的感觉；而有些人尽管表达很多，但是逻辑很混乱，废话很多，这就让人觉得很拖拉。事实上，也是如此。对于企业来说，更多的是需要员工的执行力，一个连话都说不利索的人又怎么能把工作做的干净利索呢？

3. 不妨用创新思维展现优势

每个人都有好奇心，当一个新鲜的事物出现在眼前的时候，人们往往有很大的兴趣，进而留下很深的印象。同一句话听得多了就会产生心理疲劳，一个人云亦云的人会让别人觉得没有想法，没有主见，很容易被忽略。在面试中，如果你的表达有点创意，往往会让面试官眼前一亮，继而产生良好的第一印象。

心理话术：

"首因效应"，就是说人们根据最初获得的信息所形成的印象不易改变，甚至会左右对后来获得的新信息的印象。事实证明，第一印象是难以改变的。"首因效应"职场上到处可见："新官上任三把火"、"早来晚走"、"恶人先告状"、"先发制人"、"下马威"等，都是想利用首因效应占得先机的做法。

领会领导意图，说应景的话

心理学家曾经做过这样一个心理学实验：分别让两个刚毕业的大学生去给领导做秘书，第一个大学生跟着领导去参加客户的欢迎会，期间领导使眼色让他恭维客户，给客户敬酒，结果大学生说："我刚毕业，对应酬上的事情懂的不多。"客户哈哈大笑了起来，领导的脸色非常难看。同样，也是让第二个大学生去跟随领导会见客户，他接到领导的指示之后，说："您的大名，我们如雷贯耳，今天能够得以相见，真是三生有幸。来，我代表我们公司敬您。"客户谦虚的笑了，领导也非常的高兴。

同样是跟随领导应酬客户，两个人的表现不同，客户的反应大相径庭，自然，两人在职场上的路也不一样。心理学家分析了这种现象：人心里的所思所想并不是完全不能预知的，在眼神、表情以及一些小动作上是可以暴露出来的。人都喜欢能读懂自己心思的人，觉得他们聪明，在合适的场合下能把自己的想法说出来。在职场上,领导更喜欢能察言观色,一点就通的聪明人,他们更能得到领导的青睐和重用。基于人们的这种心理,职场新人要学会察言观色,在合适的场合下说合适的话。

这天,一个大客户找到了公司,要求经理作出答复。原来不知是谁之前在经办业务的时候以次充好,发出去的货大多数都有质量问题。负责的销售员已经离开了公司。尽管经理在赔不是,但是看起来客户并不买这个账。这着实让经理非常的为难。

恢宏恰巧找经理有事,来到了办公室,经理赶紧使了个眼色,恢宏对客户说:"实在对不起,你的货是我发的,在发货的时候疏忽了。"

客户厉声斥责了恢宏,恢宏除了一个劲的赔礼道歉之外,并没有做过多的狡辩。最后客户的情绪慢慢的稳定了下来。恢宏趁机说道:"你看这样吧,我给您重新发货,途中的所有费用都由我来承担。"客户没说什么,表示默许。客户离开后,经理拍着恢宏的肩膀说:"小伙子,好好努力吧,我很器重你。"

一个月之后,恢宏被提升当上了销售主管。

恢宏突然出现在办公室,见经理在使眼色,很快便明白了是怎么回事。于是主动承当责任,把经理的围解了。心理学家研究表明:聪敏人往往通过一个眼神和表情,在瞬间就能读懂别人的心思,这样的人往往很受欢迎。在职场上,这样的员工更能懂领导的心思,更能把话说的恰到好处,因而更能得到领导的重用。

在职场中,这样的例子非常的多。有个女孩平日里和领导的关系很好,有一次,一位非常重要的客户来公司和领导洽谈合作的事情。期间,经理示意她给客户倒水,女孩嘻嘻哈哈的说道:"经理,你的眼睛怎么了啊?是不是昨晚没睡好啊?"经理僵硬的笑着说:"没有,没有,挺好的。"没过多久,女孩就被下放到车间去做苦工了。女孩不能很好的理解经理的意思,不但没有把事情做对,还在客户面前表现出对经理的极度关心,留下了很坏的印象。

那么,在职场上究竟怎样才能做到察言观色,说应景的话呢?

1. 眼神要经常在领导身上转悠

一些在职场里如鱼得水的人和领导在一起的时候,目光始终在领导的身上转悠,这样才能及时的接受领导发出来的信息和要求。否则,领导再给你使眼色,你接受不了,更谈不上看领导的颜色行事了。当然,你也不能一直盯着领导看,这样会让领导感到非常的不舒服。

2. 集中注意力听领导的话里之话

有时候,领导在使眼色的同时,说话的时候会有弦外之音。作为下属,要集中注意力听领导的话,弄明白领导的暗示究竟是什么意思。比如:领导和你去给客户接风,领导说我们很期待客户的到来。这时候作为下属,要及时接领导的话,给客户敬酒,表达渴望和期待之情。

3. 要多去观察具体的场合

很多时候,领导的一个眼神让你琢磨不透,究竟让你干什么呢?当然,如果你不去观察具体的场合,明白一个眼神的意思自然很难。这就需要下属在和领导相处时,多注意观察具体的场合,根据场合的需要再来解读领导的暗示,这样会轻松得多。

心理话术:

心理学家研究表明:每个人都渴望别人能更多的懂自己的心思,对越能读懂自己的人往往觉得是有默契,是知己,因而更喜欢和对方接触。而关系越亲密的人,眼神交流的次数也越多,有的人甚至不用言语交谈就知道对方想要表达什么。同样,在职场上,要经常跟领导进行眼神交流,及时读懂领导内心的所思所想,在适当的场合把合适的话说出来,赢得领导的喜欢和重用。

学会赞扬领导,掌握好分寸

心理学家曾经做过这样一个心理学的实验:让两个下属去赞美他们的

领导。第一个下属得知领导最近刚刚拿下了一个很难缠的客户，给公司带来了丰厚的利润。于是他找了个机会对领导说："领导天生就是做生意的奇才啊，我们以后要多多学习啦。"领导听了非常高兴。第二个人得知领导文笔很好，于是恭维他说："领导笔下生辉，就连鲁迅和茅盾都自愧不如啊。"领导听了，阴着脸半天没有说出话来。

同样是赞美领导，第一个下属的话说的恰到好处，博得了领导的欢心，而第二个下属的赞美则让领导心情不好了。这究竟是为什么呢？心理学专家是这样解释的：所有的领导者内心之中都渴望着被下属恭维和赞扬，这样才能显得出他们的与众不同，让他们获得了足够多的自我认可，长足了面子，满足了内心的虚荣心。但是，恭维也要适度，才能恰到好处，分寸把握不好，则有可能让赞美变成讽刺，让恭维变成嘲笑。可见，在职场恭维领导并不是程度越高越好，而是合适才行。

曾国藩是清末一代名将。

一天，闲来无事，他叫来幕僚们，一起谈论天下英雄豪杰。提到英雄，他说："彭玉麟与李鸿章均为大才之人，我自知不如他们，虽然我也可以自我吹嘘一番，但我实在不屑。"

一位幕僚逢迎说："不见得如此，三位是各有所长，彭公威猛，人不敢欺；李公精敏，人不能欺。"说到这里，他突然不知道该如何评价曾国藩了，只好语塞了。有人要对自己评价，曾国藩好奇之心上涌，便穷追不舍问道："那么我呢？"大家你看看我，我看看你，都找不到恰当的词语来赞美曾国藩，只好哑言无语。

恰在此时，一个聪明的幕僚站出来，说道："曾帅仁德，人不忍欺！"众人拍手称好。

曾国藩十分得意，心中暗想："此人大才，不可埋没。"不久，曾国藩升任两江总督，那位机敏的下属担任了盐运使这个要职。

那位下属的恭维，分寸把握得恰到好处，让曾国藩心花怒放，最终为自己的前途迎来了机遇。心理学中是这样解释这种想象的：人都有虚荣心，都希望能得到别人的赞扬，以此来满足内心的自我认同。尤其是领导，在下属面前更要显摆自己的地位高,更渴望被人赞美。恰当的赞美则刚好能满足他们的内心需求。可见,在职场里行走,就要学会恰当的恭维领导,这样才能获得更多晋升和提拔的机会。

在职场里这样的例子非常的多。有个新入职的女孩,对公司的业务很不熟悉,好几次差点给公司造成巨大的损失,好在负责业务的主管非常老道,把被女孩气走的客户通通拉了回来。而且,让他们成为了公司的大客户,为此,公司上下都在拍手称快。这天,女孩来到了主管的跟前,说:"主管,你真了不起,都能把客户起死回生了,真可谓是业务上的活阎王了。"主管听了哭笑不得,冲女孩点了点头就离开了。从那之后,主管再也没有帮助过女孩。可见,恭维和赞美的时候把握不住火候往往带来很大的麻烦。

那么,究竟如何才能让你赞美领导的话说得恰到好处呢?

1. 赞美用词一定要恰当

既然是恭维领导,那么赞美之词一定合适,要多拿些正面的例子来比较,让人感觉到骄傲,感觉到有面子。忌讳用一些贬义的词来赞美,这样的赞美无疑表达的是讽刺。比如:前面的案例中把领导说成是"活阎王",让人怎么都高兴不起来。

2. 勿夸大其词胡乱吹捧

有些人恭维领导的时候,觉得把领导说得越伟大,越能把领导哄高兴,事实上并非如此,过于夸张就会引起别人的怀疑,就连领导本人也会觉得很没面子。再说了,你过大的夸奖,相比之下,也是对领导的嘲笑。这一点,在表达赞美和恭维的时候也要注意。

3. 表达情感不要太肉麻

有时候在表达赞美和恭维的时候,往往需要恭维者表达情感,才能让赞美听上去更加真实。但是,情感表达一定要适度,不要太肉麻。尤其是一些女性,更要注意这一点。不要让领导听着不但没有一点开心,鸡皮疙瘩反而起了一身,这就失去了赞美的意义了。

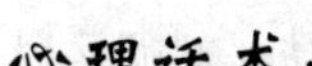

心理学专家研究表明:人都有虚荣心,都渴望听到别人的赞美和夸奖。尤其是作为领导者,更渴望得到下属的恭维,以此在内心深处不断的强化自己的领导身份。然而,恭维的“度”要恰到好处,不能太弱,让领导感觉不到,内心亦不会起涟漪;也不能太强,让领导感觉不是在说他,而产生不悦。

与上司巧谈薪资问题

心理学家曾经做过这样一个心理学实验:让两个下属去跟领导谈薪水。第一个下属直接跟领导摊牌,问道:“你能给我开多少钱的薪水?”领导看了一眼,很不高兴的说:“暂时说不上。”第二个下属则比较聪明,认真工作了两天之后,领导非常满意,这时候他故意有话要说,但是欲言又止,领导看到后说:“你的薪水3000元每月,你看满意吗?”事实上,这已经超出了他的期望。

同样是谈薪水的问题,两人采取的方式方法不一样,最终结果也完全不一样。这究竟是为什么呢?心理学专家做出了解释:在这里涉及一个原则:“主动被动”原则,也可以理解成“欲擒故纵”原则。谈判是一场心理的博弈,如果你过早的暴露自己的“底线”,往往会被对方当作“高线”。如果你过早的把问题提出来,那么这个“问题”是属于你的,但是如果你暂时保持沉默,无疑把“皮球”踢给对方,成为别人的问题。对方就会暴露他的底线。可见,在职场里谈及薪资的问题时,要学会以静制动,让对方先开口,从而占尽先机。

刘娜已经在公司工作了三个年头了,可是工资始终没有涨。这让她的工作热情削减了不少,可是她又不想离开这家公司。这天早上,刘娜敲开了总经理办公室的门,将事先写好的加薪申请递交了上去。总经理热情的和刘娜交流了一次,在谈话中,总经理充分肯定了刘娜这三年来所做出的努力。刘娜悬着的心终于落下来了。总经理这么说,无疑是批准了刘娜的申请。刘娜的工资一下子涨了500块,这对她来说是个不小的激励。刘娜又以饱满的热情投入到工作中去了。

刘娜并没有当面向老板提及增加薪水的问题,而是采取了书面申请攻势,以此来提示和暗示老板,最终如愿以偿。心理学专家研究表明:对于领导来说,尽管和下属之间是上下级的关系,但是时间久了,也会有感情,因此直接赤裸裸的主动提及金钱,难免会让领导觉得心里不痛快。但是不提,作为员工又会损害自己的利益,这时候巧妙的暗示既表达了自己的意思,又顾忌了和领导之间的感情和关系。这个过程,事实上把自己的"问题"摆给了领导。以静制动,欲擒故纵,很好的掌控了全局。

在职场里,这样的问题非常的普遍。大学毕业后的李丽获得了一个不错的工作,当经理问她期望薪水是多少的时候,李丽两难了,直接说出自己的要求吧,担心自己还没有把工作做好就要求薪水会被领导轻视。但是不谈又不行,考虑再三之后,还是没有说。这个问题就一直被搁置了下来。等到发薪水的时候,李丽只得到了别人薪水的一半,这让她多少有些难受。于是,她找了个机会向经理表达了不满。经理坦然的说:"你也没有告诉我你究竟想要多少钱啊!"听了这话,李丽非常后悔。可见,与上司谈薪水是个博弈问题,要有一定的方法和技巧才能保证自己的利益不受损。

那么,究竟如何和领导谈薪水呢?

1. 在绝对的优秀表现之后提

很多职场新人在面试的时候就开出了自己的价位,觉得自己就值这个钱。可是,对于领导来说,花这个钱要冒一定的风险,掏了这个价钱还不知道你究竟行不行。这时候,不妨先不要急着亮底线,而是好好表现一番之后再提,让领导绝对放心你是物有所值的。

2. 欲擒故纵,不要主动提及

谈薪水也是个博弈的过程,这个过程中,谁先主动,谁就会被动。因而,作为下属,不要随便采取主动的进攻,保护好自己的底线,把"皮球"踢给领导。让领导先开口,这样你就会占据绝对的主动。因为领导担心开的低了,被你笑话,冷了你的心。

3. 绝不能等着领导为你解决

在谈薪水的过程中，不要随便采取主动，但是并不是要求你不闻不问，不然，你的被动就会成为最终的吃亏了。当你把"皮球"踢给上司之后，如果发现领导装疯卖傻，要及时的暗示和提醒上司，让他明白你在等待他来解决这个问题。这样，领导便不好意思再拖延了。

心理话术：

"主动被动"定律，说的是在博弈的过程中，谁先采取主动，谁就主动把"问题"揽入怀，就会考虑去解决问题。这样，对方就会一再压制你而获得主动，你就会由主动方变成被动方。"主动被动"定律是博弈学中比较普遍的一种定理，适用于任何双方之间的攻守当中。谈判也是博弈，尤其是和上司谈及薪水的问题，在这个过程中千万别忘了"以静制动"和"欲擒故纵"的策略。

言谈谦逊，避免职场遭人嫉恨

心理学家曾经做过这样一个实验：让两个刚从高等学府毕业的学生分别进入一家公司的两个部门。第一个学生心高气傲，仗着自己的高学历和过硬的技术，和同事说话的时候总是流露出轻蔑的情绪；而第二个学生尽管业务能力也很强，但是和同事们能打成一片，说话比较谦逊，做事比较低调。没过多久，第一个学生遭到了同事的排挤不得不辞职，而第二个同学则晋升为部门经理了。

同样是两个高等学府的高材生，言谈举止之间流露的情感不一样，最终在职场的发展截然相反。这涉及到心理学的一个概念"需求定理"。"需求定理"说的是任何人做任何一件事情都是带有一定需求的。尊重并满足别人的需求，别人才会尊重我们的需求。这种需求的互相尊重是建立和谐的人际关系的基础。基于人们的这种心理,我们要想获得别人的认可,就要先去认可别人。在这个过程中谦逊是最好的良药。

科研所的小王名牌大学毕业,非常有才华,刚工作不久,就带领着同事们主攻一个有难度的科研项目。凭借着扎实的基本功,小王在同事的大力配合下,圆满的完成了科研项目。在庆功宴上,小王不可一世的吹牛皮。

庆功宴结束之后,小王的朋友就劝他:“你怎么可以那么说呢? 你说话就不能谦逊一些吗?”小王不以为然的说:“我有能力才敢吹牛皮,给他们别人去吹,他们有那个能耐吗?”渐渐的,小王觉得同事们都在有意无意的和他作对。事实上,从那之后,小王再也没有研发成功项目。

小王取得了一些成绩之后就不可一世,不把同事们放在眼里,结果遭到了同事们的排挤,慢慢的被淹没了。心理学家表明:任何人都渴望被尊重,希望能被别人重视,只有受到了精神上的认可,他们才会去尊重你,去认可你。人与人之间彼此需要才能更好的生存。因此,在职场中,在和同事的相处中,言语要谦逊一些,把尊重和爱送给同事,他们才会喜欢你。

在职场里,这样的例子非常多。公司人事科的经理和销售科的经理都是很有才干的人,人事科的经理总是觉得自己掌握着很多人的命运,因此不可一世,将公司的员工从来不放在心上,经常冲他们发脾气。而销售科的经理却非常和蔼,和公司的员工很能聊得来。时间久了,人事科的经理的人缘越来越差,而销售科的经理的口碑却很好。在公司的一次调整中,销售科的经理晋升为了副总经理,而人事科的经理却卷铺盖走人了。可见,在一个集体里,如果大多数人不喜欢你,那么你将无立锥之地。因此,平日里和同事相处的时候,尽量谦逊一些,避免遭人嫉妒,为你的职业发展打一个良好的基础。

那么,究竟怎样才能让你的言谈谦逊一些呢?

1. 说话时态度不妨诚恳一些

每个人都有戒备心理,尤其在没有确定对方的友善之前,这时候如果你太过高调,往往堵住了和别人建立平等互信关系的大门。因此,在职场里,说话不妨诚恳一些,口气缓和些,语调温柔些,不要引起别人心里的抵触和对抗情绪，这样才能得到别人的欣赏和喜欢。

2. 不要轻易卖弄自己的才华

在一个集体里，难免会有一些出类拔萃者，由于他们的学历高、技术硬，因而会鹤立鸡群。对于一些普通人来说，无法与你比肩，就会形成对抗。对于这些人来说，说话的时候千万不要卖弄你的才华，否则你就是大家眼里的眼中钉肉中刺了。

3. 坦诚的和每一个人去交流

每个人的理解能力不一样，往往在工作中的表现也不一样。有的人很优秀，有的人很笨拙。这就要求我们在和他们交流的时候不要戴有色眼镜，要坦诚的去面对每一个人，赢得他们的尊重和欣赏。否则，你在大家的眼里便不会有好口碑，遭人妒忌和排挤是难免的。

心理话术：

心理学家研究表明：每个人内心都有一种被需要，被尊重的渴望。这样才能满足内心中被认可、被肯定的需要。你需要别人，尊重别人，别人才会同样的需要你，尊重你。这是建立和谐的人际关系的前提和基础。在职场中，和同事相处时，言谈要尽量表现得谦逊一些，不管你有多优秀，都要牢记这一点。

及时巧妙汇报工作，博得领导认可

心理学家曾经做过这样一个心理学实验：让一个在工作中出了纰漏的下属去给两个领导汇报工作。他对第一个领导说："非常糟糕，我把两个客户给得罪了。不过好在我还发展了另外的两个。"领导听完后满脸的不高兴，责备他说："你是怎么搞的！"挨了批评之后，他去给另一个领导汇报，说："真是一件值得庆祝的事情，我成功的发展了两个客户。只不过出了点小纰漏，另外的两个客户没有做成功。”领导笑呵呵的说：“没关系，工作中难免会出现点小问题。”

同样是一件工作，汇报时的方式不一样，领导的反应截然相反。这究竟是为什么呢？在这里，心理学专家做出了这样的解释：人的内心有一种“先入为主”的效应，意思是最先听到的话往往成为整个谈话的基调，直接影响着后面的谈话。先听到的是好消息，那么会使听者心情愉悦，觉得你说的话是好事情，即使再说坏消息的时候，注意力也不会转移，大大降低了坏消息的程度。相反，如果一开始听到的是坏消息，听者形成一种坏感觉，即使后面的好消息很振奋人心，对方也高兴不起来。基于人们的这种心理，在向领导汇报工作的时候，应先报喜后报忧，赢得领导的认可和肯定。

阿文被领导派去拜访一家非常难缠的客户，见了客户之后，他费了好大的劲，终于拿下了这个客户。回来之后，阿文去向领导汇报工作。阿文对领导说：“经理，我终于拿下这个客户了。”经理笑着说：“真的吗？”阿文：“一开始，客户不见我们，等了一个下午，在这个过程中我和他的秘书聊了一会，获得了很多信息，在谈判中起了很大的帮助。”领导听了笑得合不拢嘴。

阿文接着说：“不过，这个客户真的很刁钻，我一再强调让利 5 个点，他却非要 6 个点，眼看着合作就要失败，我想即使答应 6 个点，我们也有很大的利润，这相比失去这个客户来说，我们还是赢家。”经理听了，点了点头。

阿文的工作可以说是没有做到位，可是他却得到了领导的表扬。这是因为他在汇报工作的时候应用了“先入为主”的效应，在第一时间内定好了谈话的基调，让领导的内心之中产生了“成功”的感觉，即使在后面汇报失误的时候，也被领导内心的这种美好的“成功”感觉淡化了。

在职场上，这样的例子非常的多。小丽上班迟到了，就在临进公司的一瞬间，她买了一份报纸，突然眼前一亮，兴冲冲的走了进去。领导准备着狠狠地批评小丽。小丽一进门就对经理说：“经理，我看报纸，这家企业刚好要破产外卖，如果我们收购了回来，将会壮大我们公司的实力，实在是一件天大的喜事。”经理大概看了一眼，笑着说：“还真是个好机会啊。小丽，你是好样的，你的工资从下个月开始再涨 500 块。”小丽笑着说：“谢谢领导。”就这样,小丽不但没有挨批评,反而获得了领导的表扬。“先入为主”的效应使得小丽迟到的事情被淡忘了。可见,在职场上跟领导汇报工作的时候,要学会“先入为主”的心理学原理,用“成功”、“美好”这样的感觉来淡化工作中的失误,从而多得肯定和表扬,少受批评。

那么,究竟怎样巧妙的汇报工作才能获得领导的认可呢?

1. 报喜的时候,多说自己的付出

作为下属,在汇报好事的时候,一定要记得多强调自己的付出,让领导会觉得你的努力才取得好成绩。比如故事中的阿文,在提及取得的成就时,一直在强调自己如何努力,让领导感觉到他付出了巨大的努力,并因此表扬他,欣赏他。在这里,别的条件会被忽略掉。

2. 报忧的时候,多说前景少说失

在报忧的时候,如果你看到的是损失,领导内心感觉到“失败”,势必会遭受领导的训斥。如果你换种思维,多说相对利益,少说损失,那么领导会觉得尽管事情不完美,但是一样取得了成就。这样,坏事无意当中变成了好事。

3. 喜忧兼报时,要先报喜后报忧

在喜和忧兼有的时候,要学会先报喜,后报忧。你的高兴事把领导哄得心花怒放,然后再报忧,领导会觉得总体上是取得了一定的成就,有点小问题也是避免不了的。如果你先报忧再报喜,则会让领导觉得总体上失败了。

心理话术:

心理学专家研究表明:每个人内心都有一个需求的期待。当这种期待被满足了之后,整体感觉是良好的。相反,如果这种感觉遭到了破坏,心里自然不满足了。“先入为主”的理论说的就是这个道理,让好事迅速的占据领导的心,定好基调,然后再说坏事,领导的心理需求得到了满足。即使在报忧的时候,也要让领导感觉到“成功”,以此来迎合领导内心的美好感觉。

言辞透露忠诚，获得上司信任

心理学专家曾经做过这样一个心理学实验：让领导和两个下属谈及企业发展和员工自身发展的问题。第一个员工说：“我们的企业从创立发展到现在实在不容易，这个产业的发展空间很大，我准备在这里大干一场来实现我的梦想。”而第二个员工则说：“我们企业的发展空间很大，我会好好努力做好我的本职工作。”结果，第一个员工被提拔了，第二个员工不久后失业了。

同样是谈话，第一个员工得到了提升，而第二个员工却丢掉了工作。这究竟是怎么一回事呢？在这里，心理学专家分析了这种现象：人的内心中要不断的获得安全感，才能对人对事更加的有信心。每个人都喜欢忠诚的人，而这种忠诚不仅是要做出来，更要及时地说出来，让别人感觉到，这样才会使得别人对你有“自己人”的感觉，内心的安全感才会不断增加，才会增加对你的信任和依赖。可见，在和领导谈话的时候，要及时巧妙地把你的忠心表现出来。

萧何设计杀了韩信后，消息传到了刘邦的耳朵里，刘邦表现出非常高兴的样子，立即下诏封萧何五千户食邑，并派一个五百人的都尉组，给他当护卫队。朝中大臣纷纷向萧何表示祝贺，只有召平表示非常的担忧。萧何对召平的反应感到非常奇怪，便问他为什么会担忧呢？

召平忧心忡忡地说：“这些奖赏并不是皇上对您的欣赏，相反，表明皇上对您已有疑心了！”萧何大吃一惊，忙问召平其中的微妙之处。召平说：“如今您留守京城，难道真的有危险吗？他派人来不是保护您，而是监视您的。”

萧何立即醒悟。召平接着说：“我觉得您要立即向皇上表示，目前国家正在备战，急需要财源，您不但要捐出加封给您的五千户，还要变卖田产，用作战争的粮饷，祝愿皇上早日凯旋。”萧何赶紧按照召平的方法做了，刘邦知道萧何的所作所为后非常高兴，对萧何放下了戒心，不但收回了五千户封邑，也撤除了相国的卫队。

萧何感觉到皇帝的不信任之后，急忙给刘邦回信，来向他表示忠心，最终重新获得了刘邦的信任。心理学家表示：人有“多疑”的心理，当感觉不到别人的忠诚后，会感觉到极度的不安全，通常采取猜忌和防范措施以避免你的背叛给他带来的伤害。在这种情况下，要及时在言语上向领导表示忠心，以换取领导的信任。可见，在职场上，及时的向领导表示忠心，增加其内心的安全感很有必要。

在职场上，这样的例子非常多。会计小慧是公司花重金聘来管理公司财务的，可是小慧上班好几个月了，经理却总是让她干一些皮毛的事情，在涉及财务的事情上不让她插手，这让小慧非常郁闷。一次，她在查公司账目的时候，发现了一笔账有问题，于是她及时的向经理反应，经理觉得无所谓，小慧说：“这样的账目如果不及时追回，很有可能成为死账，希望经理能慎重考虑。”经理听从了小慧的建议，抓紧时间追讨，终于追回欠债。从那以后，经理非常信任小慧，把公司的财务大权也交给了小慧管理。由此可见，在与领导相处的时候，要适当的向他们表忠心，以换取信任和重用。

那么，究竟要如何做才能表达忠心，获得领导的信任呢？

1. 关心公司的前途和发展

一个忠诚的员工往往对企业的发展很关注，处心积虑的为企业谋利益。这一点，企业的领导自然也会明白。因而，在和领导交谈的时候，不时的透漏出你对企业的前途和发展很关心，让领导觉得你是一个忠诚的下属而重用你。

2. 适当为了公司放弃利益

当一个下属重视企业胜过了自己，很明显，这个员工是企业忠实的追随者。因而，作为下属，在企业利益和自我利益发生冲突的时候，要及时的向领导表示你为了企业放弃自我的利益，这样，往往会让领导很感动，觉得你是个值得信赖的人。

3. 经常用“我们”代替“我”

经常用“我们”代替“我”，让领导觉得你是把自己当作企业的一份子，相反,如果你总是说“我”,领导觉得企业让你没有归属感,你的心是不定的,对企业不忠诚。因而,在和领导沟通的时候,要经常用“我们”来代替“我”,让领导从你的言谈中听出你的忠诚来。

心理话术:

心理学专家研究表明:“多疑”是人的通病,是每个人内心严重缺乏安全感的表现。在这种心理作用下,会因为对身边的人产生怀疑和不信任而不敢委以重用。身在职场,作为下属,不被领导重用直接影响你的前途和发展。因此,作为下属,要适当的在领导面前表达你的忠诚,从而打消领导内心的疑虑而重用你。

对下属的奖惩言辞要掌握好分寸

心理学家曾经做过这样一个心理学实验:让一个领导去分别赞扬和批评两个下属。对于一个表现优秀的下属,领导说:“你的表现真是太好了,我非常的满意。”对表现不佳的下属说:“你是怎么回事,笨的像头猪一样!”受到表扬的下属非常高兴,可是从那以后工作非常怠慢,效率非常的低。受了批评的下属非常自卑,工作也没有了热情,没过多久就辞职离开了。

不管是表扬还是批评,下属的表现都非常的不好,这究竟是怎么回事呢?心理学专家给出了解释:人的内心有被需要的期待,满足这种期待会让他们得到更多的认可和肯定。但是,如果你的肯定超过了对方的心理期待,就会让别人居功自傲,产生骄傲自满的情绪;相反,如果你不能满足对方的心理期待,也会让他们灰心失望,产生自卑的心理。基于人们的这种心理,在表达表扬和批评的时候,一定要把握住“度”,把合适的评价送给适合的人。

某公司一位职员经常迟到,上司非常生气,把他叫到了办公室,对他说:

“你到底打算怎样，公司并不是你一人的，可以想怎么做就怎么做，你这种行为根本无视公司的规定，你自己好好反省反省，回头给我写一份深刻的检查。”从那之后，这位员工再也没有迟到过，但是，也没有和上司再沟通和交流过。

同样是公司的另外一名领导，对于下属经常迟到的问题，他这样说：“我觉得你心里也是认为迟到是不对的，你说是吧？”下属点了点头表示认可。领导笑着说：“如果你能坚持这种观念，相信在不久的将来，你一定能发现准时上班的乐趣。”说完，笑呵呵地拍了拍下属的肩膀。从那之后，下属再也没有迟到过，而且和领导成为了无话不谈的朋友。

前一个领导批评下属的时候，言辞很激烈，结果严重的伤害了下属的自尊心，导致下属和领导之间产生抵触和对抗的情绪。相反，第二个领导在表达批评的时候，充分的尊重了下属，赢得了下属的尊敬。心理学家研究表明：任何人都渴望得到别人的尊重，即使在表达批评的时候也要充分的尊重对方，同样，在表达表扬的时候也要尊重下属，不要给他们过高的荣誉，避免把他们推上期望的“最高点”。可见，作为领导，在职场上批评和表扬下属的时候要注意把握火候。

在职场上，这样的例子非常的常见。在编辑部，有一个叫雯雯的女孩工作起来非常地认真，多次得到了主编的表扬。这天，她的一篇文章登上了全国著名的报纸，主编在大家面前表扬她说：“雯雯的工作能力是你们当中最强的，工作态度是你们当中最好的，我们大家都向她学习。”从那之后，雯雯工作起来漫不经心，当有同事向她指出了之后，雯雯不以为然的说：“你什么水平，敢说我，有本事，你也让主编夸一下你啊？”从那之后，没有人再帮助她了。没过多久，雯雯因为工作态度不端正被编辑部除名了。可见，对下属的表扬要把握住火候，否则超过对方内心的期许之后，容易让下属产生骄傲自满的情绪，这对工作是极其不好的。

那么，作为领导，究竟怎么表达奖罚才算合适呢？

1. 批评时要懂得尊重对方

人在受到批评的时候，往往内心会很不舒服，觉得自己受到了伤害。但是，作为领导，不批评下属又是不可能的。那么，在批评的时候一定要注意言辞和情绪，尽可能的去保护对方的情感少受伤害。如果可以，在表达了批评之后和下属很好的进行沟通和交流。

2. 表扬时不要把对方推到最高点

每个人都希望自己能不断的进步。作为领导，表扬下属的时候不要轻易把他们推向心理期待的最高点，否则会让他们产生骄傲自满的情绪而不思进取。比如："你是最优秀的"，"你永远是第一"等，这样的话最好别说。

3. 批评和表扬同时进行最合适

任何人都不是完美无缺的。这就告诉领导，在表达表扬的时候，也给他提一些小要求，这样能在一定程度上避免下属产生骄傲自满的情绪；在表达批评的同时，也要对他们进行一些肯定和认可，不要全盘否定，避免下属产生自卑的情绪。

心理话术：

心理学专家研究表明：每个人内心都有一个心理期待，同时也有一个上下滑动的弹性机制。当接收到表扬之后，心理期待得到了满足，心理承受滑到最高点；当接受到批评时，这种心理期待远远地得不到满足，心理承受滑到了最低点。因而，在表达赞美和批评的时候，一定要把握住火候，不要超出了他们的心理承受范围。

第10章

甜蜜爱恋，爱情中的动心说话术

有一句经典的话是这么说的："不爱的爱情永远不会变坏。"在很多时候，很多人在恋爱中越爱越觉得痛苦，在婚姻当中，越爱越觉得煎熬。于是，很多人感叹：人生若只如初见。事实上，不是爱情越爱越坏，而是他们不懂得经营爱情，不懂得给爱情保鲜，从而慢慢的失去了爱。那么，婚恋中究竟如何让爱的味道越来越醇厚呢？往往我们在迷惑当中会问这样的问题。那么这一章，我们正是要帮助你解决这个难题。

学会求爱的制胜语言

心理学家曾经做过这样一个心理学实验:让两个男孩分别向他们谈了三年的女朋友求婚。第一个男生买了一束很大的玫瑰花,笑嘻嘻的走到女友面前,跪下来说:“亲爱的,嫁给我吧。”女孩犹豫了一下,摇了摇头。第二个男生什么也没带,轻轻的走到女友的面前,给了她一个深情的拥抱,然后看着她的眼睛,含情脉脉的说:“嫁给我吧,好吗?尽管我没有房子,没有车子,但我有一颗陪你到老的心,永远都不会变。”女孩看着男孩,流下了感动的泪水,紧紧地抱住了男孩。

同样是男生向女生求婚,两人用的方式方法不一样,结果完全相反。这究竟是为什么呢?心理学家分析了这种现象:求爱是相对严肃的事情,女方内心期待男方能把自己的心里话说出来,让女方的心受到感动,这样才能让女方有信心下嫁。如果男方求婚的话不是发自肺腑,过于花哨,作为恋人,女方是完全能够感觉到的。可见,在求婚的时候,对于男方来说,一定要想办法感动女方的心,给女方足够的信心。

一个驼背的男孩爱上了一个非常漂亮的女孩子。当男孩鼓足勇气表白了之后,吓得女孩撒腿就跑。这天,男孩在女孩家门口苦等,女孩看到后要走,男孩赶紧走上前去说:“我只是有几句话想对你说,说完了我就走,行吗?”

女孩说:“你快点说。”

男孩平静地说:“我只是想问你一个问题,你相信这个世界上有缘分吗?”

女孩无所谓地说:“我信啊,怎么了?”

男孩子接着说:“我也相信。记得我奶奶对我说过,每一个人在出生之前都知道自己的另一半是谁。”女孩沉默着,没有说话。

"同样,在我出生前,我也知道了我的另一半的样子,"男孩接着说,"她驼着背,模样非常丑陋。当时我的心里特别的难受,我不断的祈祷,我对神仙说,请把这个驼背和丑陋的长相换给我吧,因为我知道一个女孩子驼着背,长得丑将是多么痛苦啊。"

女孩望着男孩子,感动得热泪直流。她同意了男孩子的求爱。

丑陋的男生的表白让女孩感觉到非常的真诚,因而内心深受感动,最终答应了男生的求爱。心理学家分析说:男生的真诚很容易震撼女生的心,让女生在顷刻间感动和流泪,这时候,女生内心对男生的信任达到了最高值。这远远超出了女生内心的期待,让女生觉得很幸福。基于女生的这种心理诉求,男生在求婚的时候,一定要真诚些,勇敢些。

在情场上,这样的例子非常多。有一个男孩喜欢上了自己的女下属,当他向女孩表白的时候,遭到了女孩的拒绝,但是他并没有放弃。除了在生活和工作中照顾她以外,还时不时的请女孩吃饭,带她出去玩。三个月之后,他觉得女孩不再讨厌他的时候,勇敢的再次向女孩表白,他说:"你有权拒绝我的爱,但你不能蔑视我的爱,因为那是一颗真诚的为你跳动的心。"女孩沉默了,几分钟之后,她伸手拉住了男生的手。可见,男生在向女生表白的时候一定要真诚,所说的话要触动女孩的心。

那么,到底该怎么表白才能制胜呢?

1. 表白的时候一定要真诚

爱情是一件神圣的事情,在表白的时候一定要真诚一些。说话的时候距离不要太远,更主要的是要盯着对方的眼睛进行目光交流,女生也会在你的眼神中确定你是否真诚。往往真诚的表达会让女生的心受到震撼,即使拒绝你,也会关注和留意你。

2. 不妨把话说得浪漫一些

女孩子都比较喜欢浪漫,过于平淡的语言,往往引不起女生内心的涟漪,反而让她们觉得"没味道",继而给你贴上"没劲"的标签。留下这样的印象之后再去追求,就难上加难了。因此,表白的时候不妨把话说得浪漫一些,从而打动女孩的心。

3. 一定要记得勇敢和积极

很多男孩子在表白的时候脸红心跳，害怕遭到拒绝而畏畏缩缩。这反而让女生瞧不起。作为男生，要有点勇气和胆量，大胆的向你喜欢的女生表白。你的主动积极和胆量往往也是女生考虑的因素。

心理话术：

心理学专家研究表明：对于求爱的被动方女生来说，当一个男生向她表白时，如果感觉不到对方是真心付出，一般都会拒绝。同时，男生的表达不能震撼她们的心，一样让她们内心感觉到不安全。对于男生来说，在表达的时候一定要真诚，要浪漫，更要有勇气，让女生有安全感。

爱情里少不了甜言蜜语

心理学家曾经做过这样一个心理学实验：找新婚不久就分开的两对爱人，让第一对每天彼此之间打好几个电话，告诉对方："我想你了，我好爱你。"而却不让另外一对联系。一周之后，当两对爱人再次见面的时候，每天打电话，说甜言蜜语的两口子依旧如胶似漆，甜甜蜜蜜，没有通过电话诉衷情的两个人只是客套性的彼此问个好。

同样是新婚的两口子，为什么第一对尽管分开一周了，依旧是如胶似漆，甜甜蜜蜜，而第二队却感情冷淡了很多呢？心理学家研究表明：爱情中的甜言蜜语会增加感情的浓度，男人说一些甜言蜜语会让妻子的心里觉得老公很爱自己；女人说一些好听的话，则让男人觉得女人心上有他。在这个过程中，甜言蜜语是"兴奋剂"，能不停的传达彼此的在乎和爱。基于男女之间的这种情感需要，在婚恋中的你不妨多说一些甜言蜜语，让你的另一半更加的爱你。

小凯和雯雯已经结婚整整五年了，可是小两口看起来依旧如胶似漆，跟刚结婚一样。这天，小凯从外地出差回来，刚一回家，他就高呼道："亲爱的，我回来了。”雯雯从屋里出来，跑过去紧紧地抱着老公，委屈的说：“你怎么才回来呢，你不知道人家多想你啊。”小凯紧紧地抱着妻子说：“老婆，我也好想好想你。”几分钟的温存之后，小凯神秘地说：“老婆，你看我给你带了什么东西。”说着，从口袋里拿出来了一个小盒子，雯雯抢过来看了，惊奇地说：“这么大一颗钻戒啊。”小凯亲了一下老婆，说：“为了买这个戒指，我专门开车去了趟100公里外的上海。”雯雯感动的说：“老公，我好爱你。”

小凯和雯雯的感情之所以这么好，正是因为他们经常说甜言蜜语，让感情保持足够的新鲜。心理学家研究表明：不管是男人还是女人，都喜欢听甜言蜜语，尤其是夫妻之间，一句“我爱你”、“我想你”往往能把情感推向情绪的最高点，两人因此而感觉幸福。一般情况下，爱意表达的越频繁，夫妻间的情感越浓烈。因此，对于步入婚姻中的男女来说，一定要学会说甜言蜜语，让你们的爱情永远保鲜。

在情场上，这样的例子非常多。男孩和女孩结婚刚刚两年，可是却经常争吵，有时候甚至会大打出手。男孩是个很懂事的小伙子，女孩也很贤惠，可是两个人在一起生活越来越没意思。女孩总是抱怨说，老公从来不懂得哄她，不懂得爱她。男人则说，女人从来也不认可他，甚至还嘲笑他。后来在居委会大妈的协调下，两口子都做了深刻的检讨。每天上下班，丈夫都会去拥抱妻子，节假日的时候会给妻子买礼物；而妻子呢，也开始赞美和欣赏老公了。于是，两人渐渐又恢复了往日的甜蜜和美好。可见，爱情里少不了甜言蜜语，如果缺失了，你的爱情会索然寡味。

那么，到底如何表达甜言蜜语呢？

1. 多说“我爱你”、“我想你”

有很多年轻人总觉得说“我爱你”、“我想你”的时候必须有这种心理情绪才合适，但是，人不可能每时每刻都有这样的情绪，而你的另一半却总是渴望你有。这时候不妨说个善意的“谎言”，把“我爱你”、“我想你”挂在嘴边，让你的另一半为此而高兴，而更加的爱你和疼你。

2. 平日里多欣赏和赞美对方

事实上，不管是男人还是女人都希望能得到对方的喜欢和欣赏，赞美传达的就是认可和肯定。越是在乎的人,越是亲近的人,越希望得到对方的肯定。因而,作为夫妻,不要忘了及时的去赞美和欣赏你的另一半,而不是批评和挑刺。否则,两口子在争吵中得到的只能是痛苦,而不是幸福。

3. 在特殊节日里要真情表达

作为爱人,应对一些节日特别的重视,比如说情人节、圣诞节等等。在这些节日里,男女都希望能跟自己的另一半一起度过。在一起过节的时候,不妨来点动情的表白,以拉近彼此之间感情的甜蜜程度。作为丈夫,你不妨表达对妻子照顾家庭的感激之情,而作为妻子要谢谢老公的包容和忍让等。

心理话术:

心理学专家研究表明:在爱情中,男人和女人是彼此需要,而又彼此付出,通常这是个互动的过程。一方付出得越多,才能激发另一半去付出。同样,在交谈中也是如此,一方多说甜言蜜语,另一方也会及时的跟进。这样,彼此之间的情感才会越来越甜蜜。如果恶性循环,情感会越来越枯竭。

猜透女人心,男人巧说话

心理学家研究表明,两性生活中存在着这样一些心理学的现象:在朋友聚会的时候,女友(或妻子)突然不高兴了,要么冲自己发火,要么选择突然离开。让男人丈二和尚摸不着头脑。因而,人们常说“女人心,海底针”、“女孩的心思你千万别猜”等。

女人的心思真的很复杂多变吗?到底是真的无理取闹,还是有一定的原因在里面呢?对于这个问题,心理学专家给出了解释:由于女性天性比较敏感,她们对于周围的任何不安全的信息都能有敏锐的感觉。比如,她们的妒忌心很强,多疑,而且对年龄问题比较忌讳,在社交当中出现的一些因素都会影响她们的情绪。由此可见，女人不高兴并不是真的没有原因，而是她们内心的不稳定因素在活动。基于这种心理，男人要察言观色，猜透女人的心思，巧妙地把她们哄高兴。

这天，依伦带着妻子去参加朋友的聚会。其中有两个高中的女生跟依伦的关系很好，见面了之后，他们多聊了几句，这让妻子的心里很不舒服，她坐了一会，突然站起来说："我要回去了。"说完，头也不回地走了。让在场的朋友们多少有些尴尬。一开始，依伦非常纳闷，妻子为什么会突然离场呢？不经意间，他突然明白是怎么一回事了。于是向朋友们谎称家里有事，离开了会场。回到家里之后，他看到妻子一个人坐在那里生闷气。于是他上前给了妻子一个拥抱，说："你啊，小心眼，她们早已经结婚了，而且孩子都上小学了。"妻子转过身来说："你是不是不爱我了啊？"依伦哭笑不得，他说："没有啊，好了，我以后保证不跟漂亮女生说话了，看都不看。"妻子脸上顿时露出了笑容。

依伦和漂亮的女同学说话，这让他的妻子感觉到很不舒服，进而突然离场。心理学家分析了这种现象：女人天生嫉妒和多疑，当她们看到丈夫跟别的女人一接触，她们内心就会感觉很不舒服，她们认为丈夫不理自己和别人交谈，那是对别人的兴趣超过了自己，自己没有吸引力了。再加上她们的多疑，胡乱猜测丈夫跟别人之间的交往，因而内心吃醋。由此可见，女人的心思并非难猜。作为男人，要多了解你的妻子，把话说得巧妙一些，让她们心花怒放。

在两性生活中这样的例子非常的多。爱美和强子是在大学时期认识的。他们在一起整整有三年的时间了，可是最近却在闹别扭。原因很简单，那就是强子的一个非常要好的女性朋友来看望他了。而强子一点也没察觉，直到爱美不理他的第三天，强子才觉出爱美的不高兴来。于是他一个劲地追问爱美到底是怎么了，谁惹她生气了。面对强子的一再追问，爱美很烦恼。这天，他们大吵了一架之后，分手了。分手后，过了两个礼拜，强子才从爱美朋友的嘴里知道了原因。可是，这个时候爱美的心已经伤透了。可见，在两性生活中，女人不高兴自然会有理由，作为男人，一定要猜透她们的心，把她们哄高兴。

那么，在男女交往当中，男人究竟如何才能猜透女人心呢？如何才能做到巧说话呢？

1. 多从自己身上找问题

很多时候，女人不高兴是因为自己的男人引起的。比如：男人欺骗了女人，男人跟别的女人接触了等等。作为男人，一旦发现自己的女人不高兴的时候，第一时间应该在自己的身上找问题，然后对症下药，把女人心里的疙瘩解开。

2. 了解女人身边的朋友

女人除了家庭以外，也有自己的社交关系。说不准和朋友之间也有发生误会的时候。尤其是女人的嫉妒心很强，看到别人比自己优秀，也会引起她们内心的不悦。作为男人，要细心一些，多了解女人身边的朋友，及时地把女人不高兴的原因弄清楚。

3. 清楚女人生活的环境

女人平日里也会和朋友们一起聚会或者是购物等，中间说不定还会和别人发生矛盾和误会，这些都可能会让女人很不高兴。作为男人，要清楚女人去过的地方，接触过的人，甚至说过的话等，把女人内心的纠结弄清楚，然后适当的宽心安慰女人。

心理话术：

心理学专家研究表明：在两性关系中，女人比较敏感，因而内心变化也比较复杂。时不时就会心情不好，甚至是发脾气。这是女人独特的生理和心理作用的结果。对于男人来说，要对女人仔细一些，认真一些，猜透女人的心思，然后解开她们内心的疙瘩，把她们哄高兴，这样才能让爱情更加甜蜜。

女人学会说点捧男人的话

心理学专家曾经做过这样一个心理学的实验:让两个男人去搬运货物,对第一个男人进行不断的催促,而对第二个男人进行了表扬和鼓励。结果,第一个男人尽管很卖力,但是用了很长的时间才搬完,而第二个男人看上去很轻松,但是很快就把货物搬完了。

为什么同样的两个男人,对一个用了催促,而对另外一个用的是鼓励和赞扬,最终的结果却大相径庭呢?心理学家分析了这种现象:男人都希望在女人眼里是勇敢的,是优秀的。为了获得女人的欣赏,男人会激发内在的潜质去努力。即使本身不优秀,也会越来越优秀。相反,催促则是对他的不信任,他们心里会产生抵触和对抗的情绪。基于男人的这种“面子心理”,作为女人,要时不时的对男人进行一些表扬和鼓励,让男人更加的有信心,更加的爱你。

恩其和大冰是刚结婚的两口子,两个人感情非常好。可是有一点让恩其非常的不满意,那就是大冰不会做饭,每天做饭的事都由她一个人承担。时间久了,恩其心里多多少少有些怨言。这天,恩其下班晚了,回到家之后,发现大冰做好了饭菜在等她。她感到非常的惊奇。尽管饭菜做的很难吃,但是恩其还是竖起了大拇指夸奖道:“老公,你真棒!”大冰惊喜的说:“老婆,真的吗?”恩其笑着说:“当然是真的,我什么时候骗过你啊。”大冰非常的高兴,从那之后,每天积极抢着做饭,做的饭也越来越好吃了。

对于大冰做的饭菜的难吃,恩其并没有指责和批评,而是及时的赞美和表扬了丈夫。结果大冰更加卖力了。心理学家分析说:男人都希望自己在女人眼里是优秀的,得到她们的夸奖无疑是得到了肯定和认可,也是对自己的一种奖励。为了得到更多的肯定,男人会表现得越来越优秀。可见,在男女相处的过程中,男人需要女人的夸奖,需要女人的赞美和鼓励,这样,他们会表现的更加优秀。

在两性生活中，这样的例子非常的多。男人从来不善于表达，这让女人很不开心。一次，男人给女人写了一封情书，尽管写的枯燥乏味，没有半点温暖，可是女人还是很惊喜。她对男人说："真是太棒了，我看了你的情书之后感动得热泪盈眶，你的字写的很漂亮，文笔也很优秀，我好喜欢。"男人非常高兴，于是经常给女人写情书，后来男人的字越写越漂亮，文笔也越来越好。由此可见，女人的夸奖和赞美，对于男人来说就是最好的奖励。被女人欣赏，对于一个男人来说是最高的荣耀。

那么，对于女人来说，如何去说捧男人的话呢？

1. 多表扬男人取得的小进步

当一个男人在开始改变自己，取得一些小进步时，作为女人要及时地赞美和表扬男人，让男人觉得自己的进步获得了女人的欣赏，为此，男人会更加努力，让自己不断的进步，让女人高兴，获得女人更多的认可和肯定。"你真棒"、"你真不错"这样的话要经常说。

2. 表扬男人的小缺点和小毛病

每个人都有缺点和毛病，对于男人的一些小缺点和小毛病，很多女人往往是指责和批评，试图让男人改变，而结果却事与愿违。事实上，与其和男人闹别扭，不如改批评为赞美，暗示男人，让他积极的改变。男人觉得自己并没有女人说的那么好的时候，便会积极改变，让女人满意。

3. 要不断的发现男人的闪光点

俗话说："生活不是缺少美，而是缺少发现。"对于男人来说，他们本身就有很多的优点值得赞美。可是由于没有凸显，所以女人看不见而忽略了。对于女人来说，要不断的发现男人的闪光点，及时的表扬和赞美，让男人不断建立起自信心，这样才能使得男人更加优秀。

心理话术：

心理学家研究表明：男人内心也有自我认可和自我肯定的机制。通常，女人的赞美和欣赏让男人觉得女人在欣赏他们，因而试图想表现得更加优秀，获得更多的认可。这样才能树立内心的自信心、增加安全感。男人觉得，一个女人欣赏自己才会和自己维持长远和恒久的稳定关系。因而，女人不妨多去赞美你的男人，让他足够的优秀，足够的爱你。

男人必会的哄女人术

在两性关系中，有这样的心理学现象：男女之间发生了矛盾和误会，彼此之间冷战不说话，男人只要给女人一个拥抱，或者说："好了，宝贝，别生气了，你看你一生气，多丑啊。"女人会迅速的破涕为笑。两人之间的矛盾和误会也会瞬间解开。

为什么男女之间发生误会之后，只要男人会哄，女人就会迅速的转变情绪，破涕为笑呢？在这里，心理学专家做出了这样的解释：女人是敏感的动物，情绪变化非常的快。她们生气也不会真的记恨男人，而是希望能被男人宠，被男人爱。在她们不高兴或者是生气的时候，及时的哄一哄，则会让女人觉得这个男人真的在乎她，真的爱她。基于女人的这种心理，作为男人，要学会在适当的时候说好听的话哄女人开心，以此来增进彼此之间的情感。

俄国诗人普希金的长篇小说《叶甫盖尼·奥涅金》中，女主人公达吉雅娜是个朴素热情、富于幻想、热爱自然的姑娘，她见到男主人公奥涅金后就立即爱上了他，并大胆地写诗向他表白，诗中写道：

我知道，你是上帝派到我这里来的，
你是我终身的保护者……
你在我的梦里出现过，
虽然看不见，你在我面前是那么可亲……

达吉雅娜见到奥涅金，真可谓是一见钟情。平时人们所说的"一见钟情"的爱恋，是由双方的直觉感官产生的，是由对方的形象、印象引发的，如外貌、风度、言谈等等,男女双方的“情”就产生于“一见”之际。

达吉雅娜在见到奥涅金的时候,大胆的写诗向他表达,她的诗句,句句反映了达吉雅娜的心理,他让达吉雅娜心花怒放。奥涅金之所以能把女友哄得这么开心,完全是因为他让女友感觉到了炽热的爱恋和喜欢。对于一个女人来说,一个男人的真诚欣赏和喜欢往往能让她们产生无比愉悦的心情。被男人在乎和宠爱可以使女人放下一切的不愉悦。由此可见,男人要学会哄女人,才会把男女之间的情感增加到最高点。

在两性情感中,这样的例子非常多。小欣经朋友介绍认识了年轻有为的青年小栗。在一次约会中,小栗看到别的男人为女朋友买了点东西后两人很亲热,于是,他给小欣买了很多东西。小欣很感动,觉得小栗值得信赖。没过多久,小欣渐渐和小栗之间没有话说。不久,小欣便找了新男朋友,并成立了他们温馨的家庭。有朋友问起的时候,小欣说,小栗的确是一个好男人,懂得体贴别人,就是太稳重,不会说话,不会哄她开心,她感觉不到两个人在一起的那种温馨。可见,男人不会哄女人是不会得到女人的喜欢的,哪怕你再真诚也没用。

那么,对于男人来说,究竟要怎样哄女人呢?

1. 多说甜言蜜语

女人的虚荣心很强,喜欢听甜言蜜语。作为男人,要想让你们的情感不断的增进,就要时不时的说一些甜言蜜语来把女人哄得心花怒放。比如:经常说“我爱你”、“我喜欢你”等话,尽管不一定当时真有这些情绪,但是却能让女人高兴一整天。

2. 要赞美女人的外表

对于女人来说,她们更在乎自己的外表,因此内心之中也对男人有这种期待。作为男人,一定要及时的赞美女人的外表。“你的眼睛真漂亮。”“你笑起来真好看。”你的赞美往往让女人更加自信,也愿意和你在一起,因为你懂得欣赏她的美。

3. 多说有安全感的话

当一个女人知道你喜欢她、爱她之后,也会在乎你。同时,也会产生不安全感。这样，作为男人，要适当的在她们面前说一些有安全感的话，让她们更加有信心来爱你。同时，她们也会打心眼里喜欢你。

心理话术：

心理学专家研究表明：在两性关系中，女人内心的情绪变化比较大。即使没有任何因素影响，她们也会渴望男人逗她们开心。对于男人来说，要学会猜透女人的心思，及时的说一些让她们开心的话，从而让女人更加爱你。

撒娇的语言在爱情里很有用

心理学家曾经做过这样一个心理学实验：女孩先后两次让男友为她买玩具，结果都遭到了男孩的反对。第一次被拒绝之后，女孩是动之以情，晓之以理，好话说尽了，男孩就是不买账，最后两人大吵了一架。第二次，当女孩再次提出这个要求的时候，又遭到了男孩的拒绝，这一次，女孩没有讲道理，而是摇着男孩的手说："哎哟，亲爱的，你就满足我的这个小小要求吧，我真的太喜欢了。"说完，在男友的脸上亲了一下。男孩二话没说就答应了。

女孩前后两次提出了同样的要求，结果费了九牛二虎之力却实现不了的愿望，只撒了撒娇就轻松的俘获了男孩。这究竟是为什么呢？心理学专家做出了这样的解释：在男人的心里都觉得女人是乖巧的，是依附于自己的，因而要表现出对女人的"支配权"，这样，他们觉得维护了男人的尊严。女人要明白男人的这种"面子"心理，用迂回的方式来驾驭男人，而不是硬碰硬。事实上，撒娇也可以让感情更加甜蜜。

大夏和迦女是刚刚结婚的小两口。两人新婚燕尔，整天黏在一起。这天，迦女负责的工作出了问题，需要加班。等到晚上九点多了，她才突然想起大夏。等她火急火燎的赶回家之后,发现大夏一个人静静地坐在沙发上,神色沮丧。迦女轻轻的坐到了大夏的身边,可怜兮兮地摇了摇大夏的胳膊,叫道:"老公……"大夏瞪了她一眼,没有搭理她。迦女向前蹭了蹭,撒娇说:"老公……"不停地摇大夏的胳膊。此时大夏心里的气已经全消了,他张开大嘴瞪着可怜兮兮的迦女说:"你啊,我恨不得咬死你。"说完,摁住迦女挠起了痒痒。迦女一边咯咯大笑,一边大声喊道:"救命啊,非礼啊!"两人嘻嘻哈哈打闹在一起了。

迦女并没有用道歉来换取老公的原谅,而是采用撒娇的方式,柔化了大夏的心,让一段不愉快的别扭在她嗲声嗲气的撒娇声中化为乌有。心理学专家分析说:男人的心看起来很硬,其实他们要的只是"面子",只要让他们感觉到女人很娇弱,需要他们的保护和包容,这样,在爱的女人面前,男人自我认定的责任和爱就体现了出来。由此可见,适度的撒撒娇可以柔化对方的心,化解矛盾和隔阂,从而增进感情。

在情场上,这样的例子非常的多。雯雯和老公吵架了,两个人整整两天没说话了。说来也是雯雯的错。于是这天晚上,雯雯亲自给老公打来了洗脚水,老公看了一眼,没有搭理她。雯雯坐在了老公的身边,拽着老公的胳膊说:"老公……"老公望了她一眼,差一点笑出来。雯雯撒娇说:"笑什么嘛,人家可是很少这样的。"老公笑着说:"想不到你撒娇的样子蛮可爱的嘛。"说完,迅速的洗了脚,熄了灯。在情感中,撒娇比任何的借口和理由都管用,很多时候,是情感的柔化剂。

那么,在撒娇的时候要注意哪些方面的问题呢?

1. 撒娇时要把情感拿捏好

婚恋中的男女双方,利用撒娇的心理来俘获对方的内心时,一定要注意拿捏好情感。如果情绪不到位,而言语到位了,则会让人听着觉得滑稽可笑。反之,言语不到位,情绪到位了一样起不到相应的效果。在撒娇的时候,一定要拿捏好情感,拿捏好语言,这样才能起到软化对方内心的效果。

2. 女人撒娇不妨嗲声嗲气

很多女孩子善于撒娇,尤其是面对自己的男朋友或者是老公的时候更是如此。男人对女人有感情,往往经不住女人的撒娇,他们的心会迅速的被女人征服。而且,这样往往能激起男人的同情心和保护欲,增进双方情感。女人要想征服男人的心,就要在撒娇的时候嗲声嗲气一些,让男人那颗坚硬的心更酥软。

3. 撒娇时带点恭维和自贬

在撒娇的时候,不妨带点恭维,如果再来些自贬,这样形成鲜明的对比,让男人觉得自己很强,而爱人很弱。这样,男人的同情心和保护欲就会被成功的激发出来,女人的撒娇也能真正的柔化男人的心。否则,女人的表达只能是浪费表情,弄不好还会让男人对你产生厌恶。

心理话术:

心理学家研究表明:很多人说男人的心很硬,其实不然,在面对他们心爱的女人时,强硬只是装出来的。他们内心渴望的只是女人的"需要",只要女人学会在男人面前示弱,维护男人的"面子"和"尊严",就能很好的驾驭男人。驾驭男人之术,完全可以适当的撒撒娇,以四两拨千斤之势让男人的心为你而融化。千万不要和男人硬碰硬,你如果强硬,他们会比你更强硬。相反,这时候,如果你撒娇示弱,男人往往会原谅你,更加的疼你爱你。

爱人需要有安全感的语言

心理学家研究表明,生活中有这样一种心理学现象:男人总是对女人说:"我这辈子就爱你一个人"、"你是我今生的唯一。"这些话常常让女人非常感动,并能让女人对这个男人死心塌地。如果男人不说,女人就会没完没了的追问:“你到底爱不爱我?”

事实上,一个人一辈子不可能只喜欢一个人,可是为什么女人却总是喜欢听男人的谎言呢?心理学家解释了这种现象:在婚恋中,不管是男人还是女人都普遍缺乏安全感,总是在对方的不断表决心中来确定彼此之间的关系是否恒定。尽管他们也知道,对方的话可能是假的,可能是口是心非,但是他们还是愿意相信。基于情场中的人们有这种普遍心理,那么在彼此相处的时候,就要学会及时地说一些有安全感的语言,让对方的心得到慰藉。

雯雯和靖宇是通过朋友介绍认识的。见面的那天晚上,两人有说有笑,并没有任何一点拘谨,气氛也很和谐,双方感觉都很好。没过多久,两人牵手,正式确定了恋爱关系。虽然两人一直在热恋中,但是靖宇却感觉不到一点儿幸福,他总是忧心忡忡,被别人伤害过之后,他不敢再放开手脚去爱,他怕对方突然间从他的身边离去。

但,雯雯也担心靖宇会离开她。因为靖宇不落俗套、才华横溢,身边总是有很多漂亮时尚的女孩子出现,其中不乏一些各方面条件比自己都优秀的人。为此,她也总是很担忧,担心某一天靖宇突然从她的身边消失。

尽管两人都在拼命努力,可是感情并没有增进多少。因为两人都缺乏安全感,不敢放手去爱,而把爱情当作模式或者是程序一样走完。以至于后来两人都厌倦了这种模式,他们都很迷茫:接下来怎么办?分手吧,有些不舍得,毕竟彼此爱着对方。可是继续呢,又觉得两人都小心谨慎,爱情没有意义。

雯雯和靖宇都很喜欢对方,但是由于缺乏安全感,所以不敢放手去爱,以至于让爱情完全变了味道,走到了十字路口,亮起了黄灯。究竟是该继续呢,还是该放弃呢?两人都很茫然。心理学家说:事实上,他们只是缺乏对彼此的信任,对自己产生怀疑,对别人产生怀疑,对爱情产生怀疑。安全感是爱情保鲜的防护墙,因为生活的变数实在太大,爱的深了,会伤害自己。缺乏安全感,爱情便索然寡味了。可见,在爱情中,需要爱人多说一点有安全感的语言,鼓励对方放手去爱。

在生活中，这样的例子非常多。娜娜和小鹏相爱已经有三年的时间了，三年中他们吵过，闹过，也分过手，可是始终在一起坚持。可是最近两人却分道扬镳了。不是因为别的原因，是因为娜娜的一个同事在追求她，这让小鹏非常不舒服，他不让娜娜和对方接触，可是娜娜还是经常和对方有电话联系，有时候还赴约。这让小鹏受不了，最终提出了分手的要求。事实上，娜娜和对方也没有怎么着，可是对于小鹏来说，总是不放心，总是没有安全感。可见，作为恋人，一定要在对方面前多说有安全感的话，让对方对你有足够的信心。

那么，如何表达才算是有安全感的语言呢？

1. 常表达“你是我的唯一”

由于爱情的唯一性和排他性，在情场中的人都希望自己是对方的唯一。但是，这或许是自己的一厢情愿罢了，对方未必会这么认为。因此，对对方的怀疑，常常让恋爱中的人感到不安全。因而，需要我们在爱人的面前时不时的表表忠心。这在一定程度上能促进爱情的甜蜜。

2. 不要提及关系密切的异性

在情爱中，另一半身边的异性无疑是你潜在的危险，因此，在和爱人聊天的时候，最好也少提你身边的异性，否则会增加对方内心的不安全感。当然，多谈一些同性朋友，则能增加伴侣内心的安全感。让他（她）觉得你是处于一个绝对安全的环境中，分手，或者是离婚的影响因素就会少了很多。

3. 要诚实些，轻易不要撒谎

爱人之间要互相坦诚，这样能增加彼此之间的信任程度。当然，最好不要随便对对方撒谎，因为这样会减低你所说的话的可信度，增加另一半内心的不安全感。即使不得已撒了谎，事后也要主动沟通，避免彼此之间因为不信任而互相猜忌，事实上，这无益于感情的增进，相反会降低情感的质量。

心理话术：

人有“多疑”的心理，事实上是内心之中极度缺乏安全感的表现。尤其是恋人之间，这种安全感的需要更为强烈。如果在对方身上得不到确认，心里就会产生恐慌，甚至会影响彼此之间的关系。对于处于情感关系中的男女，一定要及时的向你的爱人传达让他（她）感到安全的语言。这样才能让你们的情感更扎实。

>>> 下 篇

解析情景说话入人心

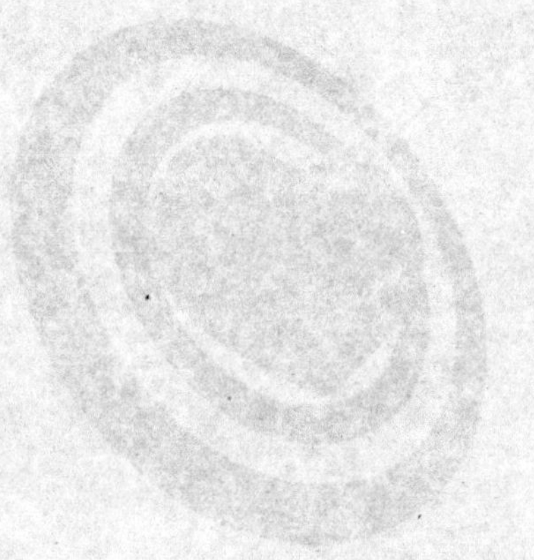

第11章

纵横商场，剖析人心经商自有妙语

人们常说，商场如战场。然而在这场战争中，语言才是真正强有力的武器，但有些人却说："我不会说话。"这种观点是错误的，除了有语言障碍的哑巴都会说话。只不过看你说的是不是能起到作用，能不能说到对方心里去。而如果我们能掌握对方心理，说出能让对方产生积极心理作用的话，那么，就能掌握交易中的主动权，形成心理优势，让对方无力还击，进而促成有利于我们的交易。

寒暄有道，消除彼此的陌生感

俗话说："话要开好头，事要收好尾"。说好一句话的方法很多、花样各异，寒暄便是其中之一。作为现代商业活动中的成员，我们在与陌生的商业合作者或者客户交流前，能否做好开场工作，几乎可以决定我们的整个商业活动的成败。因为初次见面的时候，人们一般都有戒心，对我们有一种自然的防备心理。为了打破相互之间的隔膜，我们不妨与对方寒暄一番，迅速拉近彼此间的距离，尽可能与对方实现沟通和交流。日本著名的寿险推销员原一平曾经也说过："寒暄是建立人际关系的基石，也是向对方表示关怀的一种行为。寒暄内容与方法得当与否，往往是一个人人际关系好坏的关键，所以要特别重视。"

被美国人誉为"销售大王"的霍伊拉先生曾经经历过这样一次销售经历：

一次，他听说著名的梅依百货公司需要打一则很大的广告，并且，经费很可观，于是，他便决定将这笔生意揽到自己手中。为此，他开始寻找各种能获得这笔生意的方法。然而，他首先做的就是，想方设法了解该公司总经理的专长爱好。经过了解，他得知，这位总经理会驾驶飞机，并以此为乐趣。

于是，霍伊拉在获得了与总经理见面的机会后，在彼此相互介绍后，他不失时机地问道："听说您会驾驶飞机，您是在哪儿学的?"这一句话挑起了总经理的兴致，他谈兴大发，兴致勃勃地谈起了他的飞机和他学习驾驶的经历。

结果，霍伊拉不仅得到了广告代理权，还荣幸地乘坐了一回总经理亲自驾驶的专机。

案例中，霍伊拉先生之所以能成功拿到这笔大单子，可以说，完全得益于他一句恰到好处的寒暄。从对方感兴趣的话题寒暄，能激发对方继续谈下去的欲望。这样,即使是陌生人之间,也能迅速让感情升温,产生一种亲近感。

英国著名作家托马斯·卡莱尔曾说:“礼貌比法律更强有力。”寒暄其实就是一种礼貌,这是我们在商业交涉中接触到的一个比较重要的问题。商业活动中,与人接触一般都是从寒暄开始的,然后慢慢寻找切入点,这也是双方交往的一个正常的程序。如果在与对方接触时,在本该与对方寒暄几句的时刻,反而一言不发,或者直奔主题,则是极其无礼而冒失的。

那么,具体来说,商业活动中,有哪些寒暄的方式呢?

1. 问候式

常见的问候式寒暄有:“您好!”“早上好!”“节日快乐”等。具体来说,我们要根据不同的交谈环境、时间、交谈对象等,采取不同的问候方式。另外,近些年来,随着国际化的深入,人们也开始流行一些欧美的问候方式。

2. 攀亲认故

这种寒暄的方式需要我们与交谈对方有共同的亲近点,并以此为契机进行发挥性问候,以达到与对方顺利接近的目的。

可能你会产生这样的疑惑:如何找到这一共同的亲近点呢?其实,只要我们留心,就不难发现与对方有着这样或那样的共同点,比如,“同乡”、“共同喜欢的地方”、“母校”等等就是与对方攀认的契机,就能与对方“沾亲带故”。如:“大家是天津人,我母亲出生在天津,说起来,我们算是半个老乡了。”“大家都是昆明人,我也算是昆明人。我在昆明读了四年书,昆明可以说是我的第二故乡了。”

另外,如果我们能更好地利用这一点攀亲认故,最好要先对我们进行交流的对方进行一番了解。并且,在交往中,要善于发掘双方的共同点,从感情上靠拢对方。当然这也需要我们必须要有很宽广的兴趣爱好以及很广的知识面。

3. 触景生情

这种寒暄的方式要求我们根据具体的交谈环境、场景,即兴联想到问候的话语,比如,如果我们正在拜访一位客户,客户正在进行的工作,客户办公室的布置，客户的衣着等，这些都可以作为寒暄的话题。

比如：“王经理，原来你也喜欢兰花啊……”

4. 赞美式

每个人都希望得到他人的肯定和欣赏，即使是我们不了解的陌生人的赞美。因此，商务活动中，我们可以抓住对方的这一心理，在交谈前先做好准备，了解对方的优点，适时地夸奖对方，如“我听过您作的报告”、“早就听说过您的大名”、“我拜读过您的大作”等。寒暄中，适时的赞美固然很重要，但千万不要过度赞美，过分就会显得虚假。

总之，寒暄能起到一定的促进交谈的作用，但寒暄同时也是一门学问，是需要积累和学习的。我们不妨在这方面多下工夫，多运用就会得心应手，就能在任何场合都可以做到处乱不惊，游刃有余。

心理话术：

在“寒暄”这个词中，“寒”是寒冷的意思，“暄”是温暖的意思，合起来，就是问寒问暖。而在商务活动中的寒暄不是最终目的，寒暄主要是为了缓和气氛，拉近彼此心中的距离，解除对方的警戒心理，为接下来的交谈打下良好的基础，以利于慢慢建立一种友好的合作关系。

信誉是生命，表达出你的真诚

现代社会，人们做生意，最看重的就是信誉。一位商界的西点人士曾这样说：“美国前五百大企业是教给人伦理，而西点是教给人品德。”的确，信任的达成是生意成功最为关键的一步。而通常情况下，人们对那些说话言辞中肯、措辞严谨的人更容易产生信任感。因为语言是思想的外衣，一个人是否沉稳，是否值得人相信，是可以通过语言来观察的。所以，我们与人做生意，一定要使用稳当、富有真情言词交谈，绝不用那些模棱两可的词，这样，才能有效表达我们的真诚，降低对方的疑虑。

很多年前，松下电器公司并没有现在的规模，而只是一间乡下的小工厂。那时候，作为工厂的领导者，松下幸之助总是亲自出门推销产品。每次在碰到砍价高手时，他总是真诚地说："我的工厂是家小厂。炎炎夏日，工人们在炽热的铁板上加工制作产品。大家汗流浃背，却依旧努力工作，好不容易才制造出了这些产品，依照正常的利润计算方法，应该是每件××元承购。"

听了这样的话，对方总是开怀大笑，说："很多卖方在讨价还价的时候，总是说出种种不同的理由，但是你说的很不一样，句句都很诚恳。好吧，我就按你开出的价格买下来好了。"

可以说，松下幸之助的成功就在于他真诚的说话态度、朴素的语言。在他简短、毫不修饰的几句话中，为客户展示了工厂工人工作的艰辛、自己创业的艰难，正因为这几句话，唤起了对方切肤之感和深切的同情。正是他的真诚，才换来了对方真诚的合作。

由此可见，真诚的语言，不论是对说话者还是对听话者来说都至关重要。说话的魅力，不在于说得多么流畅，多么滔滔不绝，而在于是否善于表达真诚。最能推销产品的人，不见得一定是口若悬河的人，而是善于表达自己真诚情感的人。

那么，从这个角度看，商务活动中的谈生意，我们该如何表达才能表现出真诚，让对方对我们产生信任感呢？

1. 语言流畅

语无伦次、前后矛盾、结结巴巴、吞吞吐吐是沟通的大忌，在谈生意时，我们一定要克服这种情况。应该掌握清晰、流利的说话技能，同时做到表述连贯，逻辑合理，前后衔接，将原因结果叙述清楚。不然的话，对方不仅会轻视你，还会怀疑你说话的真实性。需要注意的是，语言流畅并不是要滔滔不绝地说个不停，那样反而会带来负面作用。

2. 陈述简洁，不可啰嗦

简洁的语言最容易让人理解，也最能让人信任，所以要求陈述简洁是我们谈生意过程中对语言的第一要求。

所以,与对方谈生意,要想获得对方的信任,就不要说话啰嗦,而应该尽可能在较短的时间内,简单明了、干净利落地把比较重要的信息传达给对方。

3. 表述准确,说话要有条理、有重点

我们都知道,谈生意的最终目的是为了达成令双方意见一致的买卖协议。因此,我们在与对方沟通的时候,不要一味空谈。要知道,对方在面对你时本来就抱着对待陌生人甚至是利益对立的态度,如果你说话总是进入不了主题,不仅耽搁了双方的时间,还容易让对方产生不耐烦的情绪,导致交易的失败。说话有重点,才会让人觉得你办事有效率,精明、干练,是值得信赖的对象。

当然,在沟通中,不同阶段的沟通重点是不一样的,我们要根据具体情况把重要的信息分成几次陈述,这样才能保证对方正确理解陈述的内容。另外,表述时,我们要发音清晰,音量适中,用词尽量准确。

另外,准确、中肯的表述还需要在说话时有条有理。说话有条理才会让人觉得言之有物,有重点可言。有的人在说话时东拉西扯,颠三倒四,对方听了半天,也觉得一头雾水,失去了继续交谈的兴趣。说话有条理和有重点是相辅相成的,二者缺一不可。只有条理性才能突出说话的重点,也只有说话有重点才能让人觉得这人说话有条有理。

比如,商务谈判中,假如我们是要卖产品,就免不了要介绍产品,这时,就要在抓住重点后逐一的分条列举,还要围绕某一点做出相关阐述,讲明以后,再解说下一条。这样一来,对方在听你说话时就会觉得你说话有条理性,容易听明白,能让客户对产品本身有深刻的了解,从而促成销售的成功达成。

心理话术:

真正能打动人心的话语,才称得上是有效的,而只有能表达真挚的感情的语言,才能打动人心。同样,与人合作、做生意,信誉就是生命。与人谈生意时，如果你能用得体的语言表达你的真诚，你就能很容易赢得对方的信任，与对方建立起信赖关系，对方也可能因此喜欢你说的话，并愿意与你合作。

描述诱人的利益，对方更容易就范

任何一场商业交涉活动，双方都会竭尽全力维护自己的利益。通常交涉的关键也最容易将谈判的焦点集中在价格上。例如，作为卖方，必当想方设法抬高产品的价值，提高报价；而买主也不会示弱，他们总是能挑出产品的不足，还会不断地压价。而双方势必都会找出无数的理由来支持自己的报价，而最终的结果不是陷入僵局，就是一方不得不做出让步，或双方经过漫长的谈判，各自都进行了让步，从而达成了一个中间价。这是最为常见的一种结果。

但是，如果在商业活动中，大家都遵循这样的交涉原则与技巧，往往会使得彼此间的交谈陷入一种误区，这种传统的坚持立场而非利益的交涉方式常常会导致双方不欢而散，以至破坏了双方今后的进一步合作。

此时，我们就应该抓住对方的心理，从对方所渴求的利益说起，或许有截然不同的效果。

我们来看看下面一段谈判对话：

客户："我还是觉得W公司的产品比较好，更符合我们的要求，而且，他们明显比你们的价格便宜。"

销售方："不错，我们承认，他们的产品价格要低一些，而且，他们的设备也不错，但实际上，还是我们的产品更适合贵公司的生产情况。可能您会问为什么？首先每年贵公司的维修费都是一笔巨大的开支，产品的使用寿命是贵公司需要考虑的关键问题，再加上贵公司的生产方式需要一种高性能、高效率的设备，而且需要考虑设备长久的资源利用率，我们公司的产品刚好可以与贵公司的旧设备共同作业。您觉得呢?”

客户:“可是,我还是觉得他们的性价比高一些。”

销售方:“他们的质量确实不错,这是一份产品的故障调查报告,我们的设备故障率只有1.2%,不知道对方有没有这样一份故障调查报告。据我所知,他们的故障率一直都是在5%左右。这样算下来,贵厂将会为此多付出几万块。”

在这段谈话中,作为销售方的谈判者,就是从客户最关心的利益出发,让客户明白:如果购买了另外一家公司的产品,会带来利益上的多大损失;然后说出自己产品的优势,这样,在对比之后,客户必然会做出正确的选择。

商务交涉过程中,当一方的需求与另一方的实际情况得到有机的结合之后,那么,作为卖方,必当会得到几个利益点,而这些利益点能否成为现实,就要看你为对方提供的条件是否足够诱人,因为只有诱人的利益才能够事半功倍地打动对方。

那么,我们该如何通过语言描述,为对方展示诱人的利益,从而使对方就范呢?

1.“投入比例小”利益法

如果我们希望对方以某个条件答应成交,那么,我们就需要让对方觉得,以这样的条件达成共识是可取的。比如,在商务谈判中,我们可以利用产品价格对比法,也就是销售人员用所推销的产品与同类产品进行比较,用较高的同类产品价格与所谈的产品价格作对比,从而让客户明显感觉便宜的那种产品。很明显,所谈的产品价格就显得低了些。但运用这一策略时,我们手中至少要掌握一种较高价格的同类产品,当然,掌握得越多越好,这样,才更有可比性。

2.为顾客计算性价比

受很多因素的影响,当今社会,很多消费者在购买东西的时候,更能着眼于产品的性价比来决定是否购买。性价比已经成为越来越多的客户购买商品时考虑的重要因素,无论商品价格高低,顾客们都希望通过衡量商品的质量、价格、功能等来考虑商品的性价比。但并不是所有客户对自己所要购买的产品都有足够的了解，很多时候，由于客户对产品的认识受到很多因素的制约，例如对商品的性能不够清楚，忽视了一些重要的细节等等，也就可能对所购商品的价格提出质疑。

所以作为销售员，想要尽快消除客户的错误理解，就要准确及时地传达给客户与商品质量相关的信息，尽量让客户全面地了解商品质量，并以此为客户计算出性价比，让客户一目了然地看到商品的质量与价钱之间的内在关系，消除其有关价格的质疑。

总之，要使对方接受我们的交涉意见，我们就须要明确地表达出某种诱人的利益。当然这种利益绝对不能是子虚乌有的，否则就会适得其反，你苦心经营的“大厦”瞬间倾塌。

心理话术：

是否能攻心，是商务交涉活动中的关键因素。而争取最大的利益就是对方的内心需求。事实上，利益也是他的死穴。如果你能攻进他的死穴，展示令人垂涎的利益，就能让对方心服口服。而只靠声音大或死缠烂打的诡辩，根本不算是“说话高手”或“谈判高手”。

妙语温暖客户心，助你轻松成交

有人说商场如战场，商场竞争之激烈不得不让我们认真对待每一笔生意。在促使客户成交这一问题上，很多时候，我们都会用尽各种办法让对方相信我们比其他对手更有优势，最常使用并且效果最佳的方法就是给对方施加压力。比如，我们会搬出竞争对手，在事前对竞争者前进行充分的调查，谈判时突然拿出数十张数据资料使客户信以为真并让他接受谈判条件。

但事实上，无论是何种较量，“用刑”不如“用情”，用点情说话，会更容易打动对方，让对方臣服于我们的真情实意，销售结果自然会有利于我们。人都是感情的动物,客户也不例外,也会"感情用事",即使谈话过程中涉及到利益问题,对方也可能会因为"情"做出"有失偏颇"的决定。

实际上,即使在现代产品营销中,随着消费品市场的扩大和客户对产品认识的提高,客户逐渐变得更加理性,不再轻易为了商家的促销活动而冲动购买,他们更需要一种亲情式的服务。但就在这种情况下,还是有很多客户会为了那些简单直白的销售而感动,原因在哪?就在于销售过程中这些销售工作者抓住了客户的心。

在日本,上午,家庭主妇多忙于打扫与洗衣服,这时候,她们多半不欢迎推销员,而有空闲应付推销员的时间大约是下午四点钟,然而这时正是婴儿午睡的时间。

大吉保险公司的川木先生只要看到某户人家晒着尿布,就不会轻易按门铃,只是轻轻敲门,以示访问之意。当主妇前来开门时,他会用最小的声音向一脸狐疑的母亲说:"宝宝正在睡午觉吧?我是大吉保险公司的川木先生,请多指教。四点多的时候,我会再来拜访一次。"

任何母亲对这种细心的考虑都充满感激,不是立即邀请他进来坐,便是在他重新来访时面带笑容地迎接他。反之,如果大摇大摆地冲进去,结果只会被对方撵出去。

可见,用情感打动客户,还需要我们懂得从客户的角度,说出最让客户感动的话。比如,在客户最无助的时候及时出现并说出安慰的话、关心客户最关心的人、多考虑客户的利益等,让客户真正感受到我们送去的温暖,也自然愿意对我们打开心扉!

在生活中,我们可以承受严厉的斥责,却难以抵抗温柔的劝说;我们在强硬的态度面前往往会不屈不挠,丝毫不为所动,而在和颜悦色的劝说下,却能够网开一面,做出让步。那么,具体来说,我们该如何运用柔情的语言打动客户呢?

1. 不要急于谈生意

客户也是人,也会受情感的左右。所以,如果在接近客户之初,不要急于谈生意,先与客户寻找共同感兴趣的话题,这样,在不做生意只谈友情的前提之下，和客户取得了心灵的共通，博得了相互之间的认同。“先做朋友，后做生意”，既然是客户的朋友了，对于客户来说，跟自己熟悉的朋友合作，自然要比跟陌生的人合作更加放心了。只要做成了朋友，那么你的单子自然很快就签下来了。

2. 考虑客户的利益，从客户的角度说话

我们在与准客户沟通的时候，要多站在客户角度想想，考虑一下客户的利益以及客户的想法，多倾听他们的想法。可能客户一次两次还不能接受你，只要我们是真诚的，我想第三次就能打动他了，真心付出总会有收获的。

3. 在销售语言中加入你的热忱

客户总是喜欢和热情、开朗的销售员谈生意，因为客户总是会把热情和人的其他一些品质联系在一起，比如，真诚、善良等，而重要的是，他们以为拥有热忱态度的销售员总是能带给他们快乐的感受和周到的服务。而同时，热忱的态度是一个优秀的销售员不可或缺的素质。可以这么说，如果没有热忱的态度，销售成功的几率也就十分渺茫了。

4. 说话要有耐心

无论多么简单的交易，我们都要充满耐心，即使是一个很小的环节。人们经常因为没有花时间系统地质疑自己的先入之见，或者考虑清楚交易的原因，而身陷糟糕的交易中。心理学家把这种急切的心态称为“确认陷阱”——他们没有去寻找支持自己想法的证据，同时又忽视了那些能证明相反意见的证据。

因此，在和客户说话的时候，我们说话越是有耐心，他们越是能看出我们的素质和修养，也自然愿意与我们合作。

心理话术：

“动人心者，莫先乎情”，尽管销售员和客户之间存在着利益关系，但是尽管如此，这种利益关系并不是赤裸裸的金钱交易。其中还包含着人与人之间的温暖和真情。因此与冷冰冰的销售言辞来相比，热情、充满关爱的关怀有时更容易打动一些感性的客户。因此，在与客户打交道的过程中，与其将产品煞费苦心地劝说客户购买,倒不如用温情打动客户。

合理铺垫,打消对方疑虑

在现代商业活动中,无论是寻找合作伙伴,还是洽谈业务,我们免不了要与形形色色的人打交道。有的人在参与这些活动时,有着明确的目的,可以说是直奔主题,这对于我们来说,倒也是很轻松,但大多数人却是疑虑重重。比如,有的客户在购买产品的时候,就有怕贵、怕假、怕不适合、怕"花钱不识字"的心理;还有一些合作者,总是怕被骗,怕损失等,这种情况该如何解决?其实,聪明的人并不会从正面劝说,而是运用语言的艺术,合理铺垫,让对方自己得出结论。因为从心理学的角度看,人们更愿意相信自己推理得出的结论,而对于他人一味的劝解,则会加深疑虑。

下面是一位保险销售人员和客户之间对话:

客户:"上次那个销售人员叫我附加个什么医疗保险,说一天可以领多少多少,结果还领不到1/3,那都是骗人的!"

销售人员:"请问您是不是有劳保?"

客户:"有啊!"

销售人员:"那么当初那个推销员有没有告诉您,必须先扣除劳保支出的部分,再实支实付?"

客户:"这个……"

销售人员:"我想可能是他忘记讲了或是解说得不够详细。其实,保险是不会骗人的,只不过有很多契约条款我们都没有注意到。就好比说,骨折时我们都喜欢找中医贴膏药而不愿看西医上石膏,但万一所找的不是有中医师执照的中医,往往就得不偿失。"

客户:"原来是这样啊!"

销售人员:"这些在契约条款上都有明文记载,同时也具有法律约束力,只要合乎规定，保险公司一定会依法行事的！"

这则案例中，这位销售人员就是机智的，在明白客户疑虑的症结之后，他并没有直接为自己的销售工作辩解，而是先在客户现有认知的基础上，提出一个疑问，然后让客户主动承认是误会，从而重新接纳了他。可见，这位销售员在处理这类问题上是很独到的。

在实际的商务活动中，可能很多人都遇到过这样的问题，与我们交涉的对方，似乎总是疑心重重，我们说的任何一句话，都会让对方忖度半天，即使我们已经确认了多次，他们还是以审视的眼光回应我们。这种情况，常常使我们束手无策。

而其实，只要我们从对方的内心角度出发，并设置语言铺垫，让对方自己得出推翻他们内心疑虑的结论，必当是能让交涉顺利进行的。具体来说，我们可以这样说：

1. 巧用问句，探查疑虑存在的原因

一位销售人员试图将一台新复印机推荐给客户。客户看起来也很有兴趣，但是他说要考虑一下。

"好极了！想考虑一下就表示您有兴趣，对不对呢？"

客户："你说得对，我们确实有兴趣，我们会考虑一下的。"

销售员："先生，既然您真的有兴趣，那么我可以假设您会很认真地考虑我们的产品，对吗？"

此处，销售员的这种问法就能问清楚客户疑虑的原因。销售员还可以尝试着这样继续问下去："先生，有没有可能会是钱的问题呢？"如果对方确定真的是钱的问题，销售人员已经打破了"我会考虑一下"说法，而此时如果销售人员能处理得很好，就能把生意做成。

2. 铁证如山，打消对方的顾虑

客户：我觉得你们的产品还是比较符合我们的要求的，但我还是比较担心产品质量。以这样的质量，应该不值这个价吧？

销售方：我知道您的顾虑，但您大可以放心，国家质检部门已经做过多次检验了，我们所有的产品的合格率都在95%以上。而且这种型号的设备

质量比其他的都好，它的合格率达到了98%，而其他公司的产品才85%

客户：你说的是真的？

销售方：是的，您看，这是我们产品的合格证、质检部门的检测报告……

客户：是这样啊。

销售方：目前这款产品的销售情况非常好，全国一百多个城市都有我们的销售点了，而最重要的是，直到现在我们仍然没有接到任何关于这款设备的退货要求。所以，你大可放心。

这里，作为销售方的谈判者，就是抓住了客户担心产品质量的心理，从事实出发，从而打消了客户的这种想法，最终让客户觉得购买该产品物有所值。

因此，当对方用别人的优势来表达自己的反对意见时，你就要根据自己所掌握的产品知识和同行业相关知识，了解对方的心理需求和对商品的信息掌握程度，并在此基础上向对方罗列出你所销售的商品优势在哪里，引导对方改变关注点。特别是对于那些竞争对手所没有的独特优势，你就更需要重点说明。

心理话术：

任何商务交涉活动都可能存在问题，对方心有疑虑实属情理之中。对此，我们需要保持冷静平和的心态，真正了解对方内心所想，并巧妙的进行语言铺垫，让客户自己得出结论，这才是销售能否取得成功的关键。

化解对方推脱借口的语言策略

商务活动中的交涉，买卖双方一拍即合的情况是很少见的；多数情况是客户先拒绝，作为卖方的我们再解释说明，如此不断反复才能最终达成交易。可以说，被拒绝在交易过程中是很普遍的事情。做生意就是从拒绝开始的，而如何化解客户的拒绝才是关乎生意成败的关键。

可能你会经常听到客户这样说："预算不够！""我们已经从其他商家那里购买了"等，情况确实如此吗？这是借口，还是谎言？如果是谎言，又该怎么怎么化解？事实上，很多时候，对方看似言之凿凿的理由，多半是推脱的借口而已，对此，我们只有从对方的心理角度出发，找到化解对方推脱的语言策略，是可以促成合作的。

小王作为公司代表与一家大型公司就购买连接器的问题进行洽谈，当他介绍完自己公司的品牌以后，客户问起了产品的制造厂商，然后说："谢谢你，辛苦了。不过很抱歉，前几天已经买过了。很对不起，我不能向你买，因为制造工厂有我的朋友在那里，不向我的朋友买好像说不过去，而最重要的是，人家是大公司，我还是相信大公司的产品。"

"是这样啊。您跟××公司的王先生是朋友啊？××电器公司的产品在这一行是数一数二的，信誉卓著。不过我们公司出的产品也不落人后，请您看一看吧！我们这个连接器保证绝不输于××电器公司的连接器，我知道贵公司一向都是使用高级产品的，最合适不过了。为了求得进步，您采用我们公司产品试试，也不会对不起朋友的公司呀！是吧？"

那客户说："好吧！那就用一次试试看。"

客户拒绝我们，往往会找到很多借口，针对客户的这些借口，往往会使得我们束手无策，最终也只能知难而退，放弃产品的销售。其实，是否能用正确的技巧回应客户的拒绝，恰恰体现了我们的语言水平。而要化解客户的拒绝，就必须要求我们把话说到客户心坎上去。

那些经验丰富的商业人士，由于有深刻的洞察力，往往能准确地把握对方拒绝的真实心理，然后再通过实施技巧性的语言策略，成功扭转局势，促成合作。一般来说，对方常常使用的借口有两种，我们可以根据不同的情景，用不同的方式回应：

1."我已经从朋友那里购买了。"

的确，面对这种情况，缺乏应对经验的人会感到棘手。其实，大可不必这样，应该向对方核实事实，然后采取相应的对策解决这一难题，你可以这样回答：

“是吗？很好，能从朋友那里购买，肯定是信得过的产品，你们一定关系很不错吧！”（稍微停顿一下）对于这样的回答，可能有些善于言论的人会从容应付过去，但一般对方会这样说：“哦！大概是这样子的吧！好多年了！”或者说：“叫我怎么说呢？”或者说：“你管太多了！我的朋友与你有什么关系啊！”

这样，我们就能看出对方只不过是在找拒绝的托词。此刻，你可以说：“这个请您做参考好吗？”一边拿出产品说明书、图样来给他看，或一边操作示范机器；同时劝导对方买下来，但他如果一点儿也没有改变心意的意思，我们就必须想办法游说，或作个长期计划，先慢慢成为对方的朋友，再逐步进行推销事宜。

2.“我一直在××那里购买，我没打算更换供应商。”

如果对方这样回答，你可能认为这一瓶颈根本无法突破，事实上并不是这样。因为，虽然对方对目前的供货商很满意，但这并不代表供应商的产品和服务是最好的。此时，如果你能让对方继续说下去的话，其实也很容易找到机会，找到突破口。

然而，任何问题的出现都是有理由的，对方满意现在的供应商，说明一个问题：此供应商的产品质量和服务态度都让他满意，这就是为什么对方与供应商合作这么长时间的原因，而这也是他为什么拒绝你的原因。找出这一问题，我们也就能逐步解决这一难题了。

我们在了解了这些原因之后就应该采取以下语言策略：

(1)提出专业性的建议。这些建议必须是中肯的，例如，你可以说：“王总，你也知道销售行业竞争是多么激烈，有竞争就有比较，有比较就会产生差别，就比如供货商，即使我们现在的供货商已经合作了很多年，但我们还是需要另外一家供应商当作参考，以保证自己得到的是最合理的价格、最好的产品。”

(2)问清对方选择的原因：“您用什么标准来衡量您的供应商？”

(3)激将与劝导双管齐下：“刘董事长，作为一名企业家，我想您应该积极寻找为公司节约成本的办法。”

(4)让客户了解产品的优势。比如,你可以为对方算一笔经济账:“张经理,您可能也知道,我们这份报纸在全国的发行量都是相当大的,因此贵些。可是如果您在其他小报上做几个广告,这些小报合起来的发行量还不如我们一家报社,费用却高多了,您说是吧?”

心理话术:

商务活动中,被拒绝是正常的事。对于拒绝,我们应调整好自己的心态,不要因为对方一次的拒绝而退缩,要自信、真诚地向对方讲解,找到对方拒绝的原因,解开心结,最终达成交易。

剖析人心,以退为进的语言计谋

在商务活动过程中,在准确理解对方利益的前提下,努力寻求双方各种互利的解决方案是一种通过正常渠道达成协议的方式,但在解决一些棘手的利益冲突问题时,如双方就某一个利益问题争执不下,就应该采取以退为进的策略。例如,在国际贸易中的交货期长短问题;最终的价格条款的谈判问题等,此时,作为代表一方利益的代表者,如果你死守自己的立场,不肯退步的话,那么,你迎来的不是交易的失败就是僵局。

一般来说,人们在交易中,都不太敢用“退”要挟对方,生怕谈崩了弄得鸡飞蛋打。而那些有经验的人都会“不择手段”的揣摸对方的真实意图,摸清了对方底细,然后再大胆地采用以退为进的语言计谋,那么,交易的达成也就变得顺利得多!

小杨是一家电子公司的销售经理,几天前,他曾代表公司和另外一家公司的采购部主任进行过洽谈,客户对他们公司的商品很感兴趣。这天,他第二次拜访这位客户,想敲定这趟生意。在经过一番寒暄之后,双方谈到了价

格问题:

销售方:“您觉得还有什么问题吗?”

客户:“你们的产品质量的确不错,不过我还是觉得贵了点。如果能再优惠一些我会考虑的。”

销售方:“这样,每件电子配件我们再降 10 元,这个价格已经很低了,不能再降了。”

客户:“这个价格也不低啊,能再降一些吗?”

销售方:“这样,我们电子配件单价的降价范围是不能超过 20 元的。说实话,对于那些合作多年的老客户,我们也始终没有超过这个范围。如果您真的想要我们公司的产品,我就给您个特惠价,每件电子配件我们给您降 20 元。就权当您是我们的老客户了,您看怎么样?”

客户:“哦,那好,就这样吧。”

交易过程中,无疑会碰到讨价还价的事,让步也不足为奇,适当的让步有助于缓和紧张的销售氛围。可以说,案例中的销售经理小杨让步的策略就是正确的,寥寥数语中,他便表明了让步的立场,让客户明白他做出的让步已经是情理之外了,这样,即使客户还想讨价还价,也不好提出了。

当然,让步也需要讲究方法。如果我们的让步过早,或者每次的让步幅度过大,不能正确把握让步的尺度,不给自己的销售留退路,就很可能陷入两难的境地,从而给接下来的销售工作带来影响。

可见,运用好语言策略进行让步在交易工作中的重要性。事实上,很多时候,我们交易工作的失败,就是因为我们缺乏变通,不懂得“以退为进”,浪费了不少口舌却得不到对方的点头。

具体来说,我们在使用这一语言策略的时候,需要注意以下两点:

1. 先洞悉对方的底细

在对方心里必定有个理想的成交条件,一般成交的时候,也不会悬殊很大。如果我们能把握住对方理想的成交条件,那么,交易的达成将会轻松得多。比如,在销售产品时,我们通常并不容易揣摩或是洞悉客户的价格标准,但是我们可以通过其他的途径来分析获得。如:通过客户周边的人了解客户的购买习惯、擅不擅长还价，在同类产品上的购买状况等。当我们清楚客户心中的价格标准后再采取措施，就能有的放矢，更好的把握退让的“度”，从而更快成交。

2. 把握“退”的尺度

我们一定要记住，永远也不要做没有利润的交易。如果你的让步已经使自己无利润可赚，那么就算成交了也是一种失败，所以“以退为进”这一语言策略并非无条件的让步，一定要把握一个“度”。比如，在价格商谈中，每次降价的幅度都不能太大，这样才能使自己始终处在主动地位，从而保证获得利润。

心理话术：

有位营销专家曾经说过：“谈判并非是一条直线，而是一个圆，销售员处于这个圆上的某一点，我们的目标是到达圆内的另一点。当我们无法朝着一个方向直线前往的时候，我们完全可以转个身，退后几步，从另一个方向跨越障碍到达目的地。”这就是以退为进、欲擒故纵的交易法。而交易离不开语言，如果我们能使用以退为进的语言计谋，那么很多交易中的问题的商定就不是难题。

第12章

灵巧社交，经营人际的说话术

随着社会的发展，人与人之间的交往日益频繁。社交作为人们相互沟通交往的纽带和桥梁，显得更加重要。正如一句名言中所说的那样："一个成功的因素，归纳起来，15%得益于他的专业知识，85%得益于良好的社交能力。"可以毫不夸张地说，社交会成就一个人，同样也会毁了一个人。而社交是心与心的碰撞，心理学在人际交往中具有十分重要的作用。因此，掌握一些心理说话术会帮助你成为一个深谙交际语言的人，从而帮助你成功获得良好的社交关系。

首因效应:言谈礼貌亲切留下完美印象

有一位心理学家曾做过一个实验:把被试者分为两组,同看一张照片。对甲组说,这是一位屡教不改的罪犯。对乙组说,这是位著名的科学家。看完后让被试者根据这个人的外貌来分析其性格特征。结果甲组说:深陷的眼睛藏着险恶,高耸的额头表明了他死不改悔的决心。乙组说:深沉的目光表明他思维深邃,高耸的额头说明了科学家探索的意志。

这个实验充分说明了第一印象在人际交往中的重要性。这种影响是两方面的,如果第一印象形成的是肯定的心理定式,那么,在日后的相处过程中,人们会逐渐发现其很多美好的品质;而相反,这一心理定式如果是否定的,那么,则会使人在后续的了解中发现其诸多不好的品质。

所谓第一印象,指的是人们在短时间内、根据一些片面的资料对某些人、事、物产生的印象。第一印象一般都是先入为主的,并且,这种印象带有明显的主观倾向,还会直接影响到以后的一系列行为。

第一印象效应是一个妇孺皆知的道理,为官者总是很注意烧好上任之初的“三把火”,平民百姓也深知“下马威”的妙用,每个人都力图给别人留下良好的“第一印象”。

为此,在人们的日常交往中,尤其是与别人的初次交往时,一定要注意给别人留下美好的印象。

当然,要想给对方留下良好的第一印象,我们除了要注意自己的衣着打扮和行为之外,还需要注意的一点就是言语。初次结识,一声温馨的问候,几句深入人心的话语,都能给对方留下美好的第一印象,而且这种良好的印象将会持续保留下去。

因此,无论是求职面试、交友、还是商务社交,我们都应该重视自己的谈吐,从而为日后进一步深交打下良好的基础。

有时候，第一印象可以决定一个人的前程甚至命运。而第一印象即心理学所说的"首因效应"，首因效应体现在先入为主上。这种先入为主给人带来的第一印象是鲜明的、强烈的、过目不忘的。对方也最容易将你的第一印象存进他的大脑档案，留下难以磨灭的印象。虽然我们也知道仅凭一次谈话就给对方下结论为时过早，并不完全可靠，甚至还有可能会出现很大的差错，但是，绝大多数的人还是会下意识地跟着的感觉走。所以说，我们若想在人际交往中获得别人的好感和认可，就应当给别人留下良好的第一印象。

通常来说，人际交往多半体现在语言上，初次交谈中的语言，更是体现着尤为重要的作用。可见，在结交朋友的时候，由语言而产生的第一印象总是十分重要的。为此，根据首因效应，在与人初次交谈的过程中，我们需要这样说话来让对方产生积极正面的印象：

1. 多使用礼貌语

俗话说："礼多人不怪"。"你好"、"谢谢你"、"对不起"和"请"这些礼貌用语，如使用恰当，对调和及融洽人际关系会起到意想不到的作用。比如"谢谢"，无论别人给予你的帮助是多么微不足道，你都应该诚恳地说声"谢谢"。正确地运用"谢谢"一词，会使你的语言充满魅力，使对方备感温暖。当然，道谢时要及时注意对方的反应，对方对你的感谢感到茫然时，你要用简洁的语言向他说明致谢的原因。对他人的道谢要答谢，答谢可以用"没什么，别客气"、"我很乐意帮忙"、"应该的"来回答。

2. 在你的语言中注入正面积极的情感

你说出的每一句话都是你精神面貌的体现，因此，说话时要开朗、热情，让人感觉随和亲切，平易近人，容易接触。另外，在说话的时候，你应放松心情，保持自己的既有特点而不要故意矫揉造作。而有的人在亮相时语言气势逼人，跟人接触时过分热情……这样故作姿态，不仅会令别人难受，连你自己也觉得别扭。

心理话术：

心理学研究发现，与一个人初次会面，45 秒钟内就能产生第一印象。这一最先的印象对他人的社会直觉产生较强的影响,并且在对方的头脑中形成并占据着主导地位。首因效应也叫首次效应、优先效应或“第一印象”效应。它是指当人们第一次与某物或某人相接触时会留下深刻印象。第一印象作用最强,持续的时间也长,比以后得到的信息对于事物整个印象产生的作用更强。

投其所好的话语容易走进人心

一个人的内心需要最后往往会化为他相应的行为,这种现象就是钓鱼效应。钓鱼没有鱼饵是钓不上来鱼的,人也一样。著名的口才大师卡耐基说:“即使你喜欢吃香蕉、三明治,但是你不能用这些去钓鱼,因为鱼不喜欢它们,你想钓到鱼就必须下鱼饵才行。”的确,人际交往中,说话之难,难就难在对象可以犹如变色龙般捉摸不定,你若一言面对所有人,那就算你“不会说话”了。要和对方和平相处,并得到对方的认同,甚至化解自己的危机,就要彻底的了解对方的所“好”,知己知彼,真正做到迎合对方,投其所好。

在人与人交流中,说话投其所好是一种高超的表达技巧。俗话说:“话不投机半句多”、“人逢知己千言少。”要想和他人顺利交往,首先就要学会针对对方感兴趣的地方说话,用动听的语言打开对方的心房。一般而言,当人们的意见、观点一致时,彼此就会相互肯定、信任,反之,就会彼此否定,产生防备心理。所以,那些人际关系高手在与他人沟通之前总是先细细揣摩对方的喜好,然后尽量迎合他,满足他的欲望。事实也证明了这一点,谈话中,没有人会对自己不感兴趣的话题投入过多的热情,而如果遇到自己感兴趣的话题,他们常常会情绪激昂的参与进来。因此,在与对方谈话时,我们就可以抓住对方的这种心理,深刻了解对方,并与对方和谐相处,从而实现进一步的交流。

卡耐基也曾经说过,如果想要和他人顺利沟通,并成功地获得他人的好感和认同,最好的方法就是和对方谈论他感兴趣的话题。事实也是这样。

一句话说的好不好是有技巧的,这并不是要我们巧舌如簧,而是要懂得把话说到对方心坎里去,这就是投其所好,对方高兴了,自然愿意听你的意见。而首先,我们必须要猜透对方心理。

所谓猜透对方心理,无外乎两个原则:

1. 饰其所矜

那些他认为骄傲的、值得夸赞的地方,你一定要渲染一下,以提高他的听话兴趣。

2. 减其所耻

他自认为不足的、过去所做过的亏心事等,你要会为其辩解,从而使其放心。

站在他人的立场上分析问题,能给他人一种为他着想的感觉,这种投其所好的技巧常常具有极强的说服力。要做到这一点,"知己知彼"十分重要。惟先知彼,而后方能从对方立场上考虑问题。

此外,在交流过程中,我们也要学会通过对方的手势、姿势、表情以及当时的整个反应,去分析对方的感情变化,体会对方的话语意义。要知道对方说话时的感受要比他的话语本身更重要。

心理话术:

在谈话中,如果双方所交谈的话题是交谈者自己感兴趣的话题,他就会投入十二分的热情,但是如果他对所说的话题没有丝毫兴趣,即使场面再热闹,对方热情再高涨,他也会觉得寡淡无趣的。要和对方和平相处,并得到对方的认同,甚至化解自己的危机,就要彻底的了解对方的所"好",知己知彼,真正做到迎合对方,投其所好。

善用鼓励和夸奖,让对方心里更舒服

人人都喜欢正面刺激,而不喜欢负面刺激,这是人类的天性。美国著名社会活动家曾推出一条“给人一个好名声” 原则,让他们去达到它。他们宁愿做出惊人的努力,也不会使你失望。因为人们是不会拒绝那些肯定自己能力和价值的正面夸奖的。

有这样一个心理实验:

某几位专家学者到一所学校做实验,到某班时,随意点出几个学生并很认真地对老师们说:“他们几个将有很大潜力可以挖掘。”果不其然,几年之后,本来表现一般的这几位学生真的成为了学校的佼佼者。

原因很简单,专家学者将暗示转给了老师,老师对这些学生时常充满信心。而正是积极的心理暗示,使他们的情绪始终处于积极向上的亢奋状态,所以,结果就如人们所看到的。

这个实验正是向我们展示了鼓励和夸奖的力量。之所以如此,最主要的原因便在于夸奖他人能满足他们的自我。如果你能真心实意地赞赏一个人,那么,对方必然会因此受到鼓舞,从而更愿意与你结交、合作。这正如美国有位学者曾经所说:“我们应努力去发现那些人们值得夸奖的事,哪怕这件事情再小,若我们能及时指出来,也能使我们与他人的关系变得更加和谐。”

同样,与人交往中,如果人人都乐于赞赏他人,善于夸奖他人的长处,那么,人际间的愉快度将会大大增加。赞美他人会使别人愉快,更会使自己身心健康。被赞美者的良性回报会使我们更为自信,也会使我们更有魅力,形成人际关系的良性循环。吝惜于夸奖他人者常会难以获得朋友、得到他人的拥待,从而加重自身的自卑。

而实际上,人们往往习惯并专长于寻找别人的缺点,其实只要我们用心去发现并形成习惯,便会很容易看到别人长处。

有一位很善于挖掘孩子优点的小学老师,他为了让班级里的孩子都自信起来,他让所有的同学都写下“我眼里的全班之最”,将班里同学最优秀,最突出的特点都写下来,并将这些有“最”都收集起来。这里,我们也可以发现,人都是有优点的,只要我们愿意去寻找。

有一位心理医生在银行排队取款时,看到前面有一位老先生满面愁苦,这位心理医生暗想,我要让他开朗起来。于是一边排队一边寻找老先生的优点,终于他看到,老先生虽然年近70,驼背哈腰,却长着一头漂亮的金发。当这位老先生办完事情走到心理医生对面时,心理医生衷心地赞美道:“先生,您的头发真漂亮!”老先生一向以一头漂亮的头发而自豪,听到心理医生的赞美非常高兴,顿时面容开朗起来,挺了挺腰,道声谢后一路哼着小曲地走开了。

可见,一句简单的夸奖给别人带来了多大的好处!事实上,我们每个人的内心,都希望得到别人的肯定,我们甚至愿意付出很多努力去得到他人的认同和赞赏。而遗憾的是,我们生活的周围,能理解人们这一心理特点的人似乎并不多,这也是令人奇怪的。因为表示赞赏是非常容易的,不需要任何代价,而我们在赞美别人后自己得到的报偿却是多方面的。如果你对下属说:“大家知道,你是很能干的,最近单位人力紧张,我们希望得到你的帮助,辛苦你了。”这样一来,你的下属不会不为你分忧,即使一人干了两个人的活也不会有任何怨言。

当然,夸奖他人并不意味可以毫无顾忌,以下两个原则是要注意的:

1. 真诚

夸奖别人要出于真心,所夸奖的内容是对方确实具有或即将具有的优良品质和特点,不要让别人感到你言不由衷,另有所图。如夸奖一位身材矮小者长相魁梧,恐怕真要出现“拍马屁拍在蹄子上了”的情况了。

2. 具体

西方有句俗话说:“每天早晨大夸你的朋友,还不如诅咒他。”因此,我们的赞美都必须是恰如其分的,也就是要具体的。空泛、含混、夸大的赞美是起不到效果甚至会产生反面作用的。实际上,我们赞扬别人时不一定非要

是一件大事不可，别人的一个很小的优点或长处，只要我们能给予恰如其分的赞美，同样能收到好的效果。比如一位你所熟悉的美貌女士，你可以对她说："你真美。"这样她可能会感激你对她的赞美；但如果你对一位其貌不扬的女士说这句话，则可能会引起她的反感。

心理话术：

鼓励和夸奖他人，是我们在日常沟通中常常碰到的情况。要建立良好的人际关系，恰当的夸赞别人是必不可少的。这是人们的一种心理需要，是对他人尊敬的一种表现。恰当地夸赞别人，会给人以舒适感，同时也会改善我们的人际关系。

言语禁忌，有些话有碍人际关系

人际交往，并非单纯的与人说话交流，更多的是一种技巧性的沟通，因此，当你与别人谈话时，始终要意识到，你对对方扮演的是双重角色。言语交流也是具有双向性的，也就是说，你的责任不仅是把自己的思想表达清楚，还应考虑怎样谈才能使对方产生兴趣，易于理解，并根据对方的各种反馈信息来调整自己的讲话内容和方式。而做到这一切的前提，都依赖于一个先决条件——不触及到人际交流中的禁忌。

我们来看下面的一个真实故事：

1972 年 2 月 16 日，日本知县的一位小学老师突然杀死自己的岳母和妻子。原因是他不堪忍受岳母的咒骂："你这蠢货！不但不能好好养家糊口，竟然还四处借债。最好你请个邻居作证人，顺便把房子卖掉，夫妇俩离婚，只怕你还做不到。"

故事中的小学老师，之所以会做出如此过激的行为，引发这一悲剧，是因为其岳母对其进行了人格羞辱，自尊心受到极大伤害而造成的。因此，决不能随意伤害他人自尊心，要谨慎地选择言语。

当然，现实交际中，不慎言谈并不会引起如此恶劣的后果，但会损害人际关系，疏远人际间的距离。那么，除此之外，在交际中，我们还该注意哪些交谈禁忌呢？

1. 意识形态、宗教类话题

因为上述话题都具有强烈的立场，一旦谈起来可能会引起激烈的争辩。因而要尽量避免谈及此类话题。

2. 隐私类话题

所谓隐私，着眼点就在“隐”，指的就是人们不愿意说出来的、公开的情况，也就是秘密。任何一个人，即使再外向，也都有不希望他人知道的隐私。同时，在极为重视隐私权的现代社会，人们即使交朋友，也希望自己的朋友能和自己保持一定的心理距离。如果你的朋友愿意向你透露他的隐私，那么，这是因为他信任你，你应该感到荣幸，但是你若不能保守秘密，则会使朋友伤心，甚至让他离你而去。

的确，隐私是人的心灵深处最敏感、最易被激怒、最易刺痛的角落。无论是当面还是在背后都应回避这样的话题。

如果询问对方有关生活部分的隐私，如“恋爱没？”“收入怎么样？”之类的话题，便很可能让对方觉得尴尬，因此，最好不要随便提及。

3. 不便回答的话题

比如，你在逛街时遇到一个女同事，你会随便问一句：“你怎么在这儿？”或“你要去哪里？”而实际上，你可能没想到的是，你这样的问题，对方是不便回答的。因为有时候对方可能并不想告知你他的目的地，或者是漫无目的地散步。另外，有些多心的了对于“去哪里”这样的问题是极为反感的，因为他们会认为：“这是我的隐私，与你何干？”

4. 敏感话题

一般来说，这些话题包括女士的年龄和体重、婚姻问题、收入问题等。比如，当你无意中告诉一位女士：“你胖了”，她会担心自己是不是体态走样了。相对的，也许你说他（她）瘦了，刚好那时对方正受到疾病的困扰，又没有顾及人家的伤心事。总之,个人想法、立场不同,某些话题也许你认为没什么,却可能是别人的禁忌,特别是别人身体上的改变,尽量少拿来做寒暄的话题。

对待敏感话题反应一定要快。有人会想,以前谈及这一类话题都没问题,现在必定也一样。这种"轻忽"态度很不合适。

除此之外,大家应该了解的一个原则是:特定的场合有着特定的敏感话题,不要"误踩地雷"。例如,在一些喜庆场合,千万不要谈论晦气的话题;相对的,在葬礼等场合,就不应该谈论开心的话题。

在某次结婚典礼即将结束时,忽然有个人谈起了离婚的话题:"千万不要离婚。我离过三次婚,对这一点太有体会了;所以我要对你们提出忠告……"这人实在是大煞风景。

那么,怎样才能避免类似的错误呢?最好的方法就是"设身处地"地站在他人的立场来看待自己的言谈。

总之,我们在与人交往的时候,要注意交谈规则,规避交谈禁忌,注意用恰当的方式把该说的话说好,使语言沟通成为人际关系的"润滑剂"。

心理话术:

交谈已逐渐成为一门艺术,被众多的人所推崇。"说对话"是我们搞好与对方关系的关键,这要求我们要学会恰到好处地运用语言技巧,准确、巧妙地表达自己的意思,说对方需要听、喜欢听的话,而不是说对方避讳的话。当然,这需要我们在与人交谈的时候懂得机智、灵活,要能察言观色,注意如何"说对话"。

真诚爽朗的言谈最能捕获人心

人们常说"言为心声",人际交往中,与人交流最重要的是要以情感人,没有感情就等于人没有生命。从表面上看,口才不过是用嘴巴去叙述,而实际上，是用心、用感情去和听众进行交流。而要做到言谈间透露真情，就必须要做到真诚爽朗。因此，真诚是人际交往的“指南针”。的确，没有人喜欢与那些说话拐弯抹角、不坦诚相待的人交往，在《人性的弱点》中，卡耐基教读者要“真诚地尊重别人”。只有真诚，朋友、同事才愿意和你交往、乐于和你交往，彼此之间的关系才能够长久。

绍斌是一家大型健身器材公司的业务经理，可能是他本身性格的关系——老实本分，不善言谈，他带领的团队业绩一直不理想。面临销售瓶颈，他的直属上司给他下了一个死命令——必须做出新的销售方案，解决现下的销售问题。苦思冥想后的他终于做出了一套。在他向上司汇报工作方案并征求其意见时，不料上司却让他自己去找解决办法。可见，绍斌的方案并没有让上司满意。令绍斌不解和气恼的是，他明显感觉到最近一段时间，上司好像跟自己有仇似的，即使是别的部门出现了一些故障，开例会的时候，上司也总是拿他出气，这些传到下属耳朵里，让他很没面子。绍斌思前想后，自己并未得罪过上司啊，那他为什么几次拒绝自己的销售方案，也并不给一点意见呢？他到底想怎样？绍斌觉得自己肯定是要被炒鱿鱼了，想到这些，他就烦躁不安。于是，他决定豁出去，跟上司摊牌。

这天，他坐在自己的办公椅上，远远看到上司笑眯眯地进了他自己的办公室，看起来上司心情不错。于是，他鼓足了勇气敲开了上司办公室的门，并表明自己有一些不解的问题要请教。上司请他坐下后，他告诉上司，他很喜欢这个工作，也很热爱自己的团队和公司，更希望在上司的带领下好好发展和提高自己，并把公司的销售业绩上升到一个新的台阶，同时也希望自己可以帮助上司一起将公司发展壮大。上司一听绍斌有这样的想法，高兴得直点头。绍斌一看上司已经在心理上接受了自己，就开始慢慢诚恳的陈述自己最近心头的一些疑惑，希望上司能真心地帮助自己，并给自己今后的工作方案之类的东西以更为明确的指示和指导。

听到这时，上司明白了绍斌的真正来意，哈哈大笑，然后说：“你每次让我给你提建议时总是笼统地问这个计划行不行、那个问题怎么解决，由于我不在第一线，所以没办法给你具体的指导，只好叫你自己去找办法了。”

这次开诚布公的面谈让绍斌明白了自己与上司沟通不畅的症结所在。他知道是自己诚恳自然的表达让上司了解了自己。这时,他一下子感觉工作轻松了,原来的困惑与不安都被抛到了九霄云外。

故事中的下属绍斌的做法很明显是对的,也是值得学习的。当他诚恳地要求主管领导一步一步、仔细具体地告诉他正确的做法和方向时,领导也进入了角色。如此开诚布公的交谈,上下级之间的关系自然会更紧密,于人于己都有益。

实际上,坦诚的交流是解决人际关系中问题的关键,更是打开他人心灵的钥匙。人的心灵好像对温度有强烈的敏感,遇见抑郁的、冰冷的语言就凝结了起来,变硬了起来;但遇见了欢乐的、温暖的语言就柔软了、融化了、活泼了。所以,真诚的、舒畅的、悦耳的声调,就像明媚的阳光一样,使一切欣欣向荣,使谈话进行得生动活泼,使大家谈笑风生、心旷神怡。

具体说来,我们要使语言产生真诚爽朗的效果,需要做到:

1. 少讲客套话

无论你和交际对方的关系如何,都不能过分客气。不知道你是否有这样的境遇:你接受朋友的邀请,到朋友家里做客,但朋友不但把你奉为上宾,还对你异常客气。你每说一句话,他都谨慎回答:和你说话时,总是满口客套,唯恐你不高兴,唯恐开罪于你。如此一来,你一定觉得如针芒刺背,坐立不安。

客套也需要有个度,开始见面时寒暄几句并不为过,但继续说个不停就太不妥当了。谈话的目的在于沟通双方的情感,增加双方的谈话兴趣。而太过客套,则难免会阻碍双方“掏心窝子”地说话。如果谁都客客气气,那还有什么可谈?

2. 不可忸怩作态、怪声怪调

生活中,就是有这样一些人,为了表示一种轻蔑或鄙视,故意阴阳怪气的说话,结果是反而落得一阵嬉笑;有的人觉得某一艺人的声音特别好听,便刻意去模仿人家或浑厚、或粗犷、或甜美、或悦耳的嗓音,结果邯郸学步,十分造作,令人作呕。

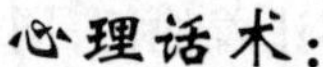

人们都希望自己在人际交往中是吸引人的，但真正的魅力往往是建立在真诚的基础上的。人们往往对那些说话坦率、不故作姿态的人更有好感。因此，不要认为卖关子总能吊别人胃口，有没有想过，一旦倒了别人的胃口，恐怕会引起对方永久性的厌恶。

言语谦和，朋友才会越来越多

人们之间的交往、交流离不开语言，要相互交流成功，达到预期的目的和结果，很大程度上取决于运用语言的艺术。孔子说："文质彬彬，然后君子。"说话人人都会，但语言显然有文雅粗俗之分。具备现代文明修养的我们，要在人际交往中交到朋友，就要在交流中彰显自己的谈吐，表现自己谦和之态度。

的确，我们不难发现，那些性情宽厚豁达、说话谦和热情的人易受欢迎，易建立良好的人际关系。相反，心胸狭窄、性情孤僻的人，说话尖酸刻薄，人际关系必然紧张。与人交往，对人宽容，不斤斤计较，才能与他人相处融洽，自己也会更快乐、自在。一团和气，微笑的脸，诚恳的眼神，谦卑的神态，温言软语，不管是提出请求、要求，还是表示赞赏、批评，又有谁能够拒绝呢？

当然，语言谦和绝不是说一些不着边际的客气话，也不是要如好好先生一般唯唯诺诺，更不是任人欺凌。谦和有礼是一方面，真诚地尊重对方、关心对方的需要，尽力避免伤害对方，虚心地听取别人的意见，关心别人的感受和反应是另一方面。

巴西曾经有一位总统深得民心，民众在接受采访时说："我们之所以极力认同这样一位总统，就是因为他是一个时刻为老百姓着想的政府官员。我们老百姓日夜盼望的，也正是这样的一位国家领袖。"而这位国家领袖是怎样看待自己的呢？他这样说："他们说的一点没错，我的确是一个喜欢为别人着想的人。小时候，我时常为兄弟姐妹着想，什么事情都让着他们；同时也为父母着想，尽可能地不给他们添麻烦，为了减轻他们的负担，我很小的时候就学会自食其力，利用假期赚学费；长大以后，我在政府部门工作，我常常为老百姓着想，通过降低税收等方式减轻他们的负担。他们说选我当总统是因为我时刻想着为老百姓谋利，我非常高兴。”

我们不得不敬佩巴西的那位总统，因为他为人谦和，时刻为他人着想，受到巴西人民的爱戴，同时也创造了辉煌的人生。“见事知长短，听话品高低”。同样，人际交往中，与人交谈，也应该处处考虑他人感受，表现自己的谦和之态，因为我们所说的每一句话都会成为交际对方为我们打分的标准。

那么，具体来说，我们该如何通过谦和的语言打动他人呢？为此，你需要掌握以下“五不要”：

1. 不可傲慢无礼

那些说话夸夸其谈、目中无人者是令人讨厌的，为此，我们要做到态度自然、和蔼。

2. 注意你声音的分贝

与人交谈时，不要认为高声谈笑就是真实自然的表现，声音分贝过大，不仅会影响到别人，让别人觉得刺耳，这还是一种无礼的表现。因此，你说话应轻声轻语，声音大小以对方能听清为宜。

3. 不要卖弄你的口才

即使遇到意见不合的问题，也不可高声辩论，不要当面指责，更不要冷嘲热讽，甚至恶语伤人，而应语气委婉，各抒己见，尽量说服对方或求同存异。

4. 不要顾此失彼

在和多人交谈对，千万不要只关注一个人而冷落了其他人。最好是用一个话题唤起大家的兴趣，让每个人都发表自己的意见。

5. 不要打断别人的谈话

别人讲话时，话题突然被打断，会让对方产生不满或怀疑的心理。认为你没有修养，水平低，见识浅；认为你讨厌、反感这类话题；认为你不尊重人，没有修养。

当然，语言谦和也要把握好度的问题，说话只是表达思想、说明事情，没有必要靠语言来乞讨怜悯或掠取威严，你不必要唯恐别人不高兴，极力表现出毕恭毕敬的样子，唯唯诺诺、点头哈腰，堆砌一大套客套话，其实这只会被人瞧不起；而盛气凌人、出口伤人，摆出一副傲慢的姿态，会令人敬而远之，或觉得这人不知天高地厚、浅薄至极。正确的方法是不卑不亢、客气大方、讲究实在、有理有节。

心理话术：

心理学研究表明：情感引导行动。积极的情感，比如谦和、大度等往往能产生理解、接纳、合作的行为效果；而消极的情感，如傲慢、无礼等，则会带来排斥和拒绝。所以，若是你想要人们相信你是对的，并愿意与你结交，那么，你就首先要以礼待人，让对方感受到你积极的情感。

分清年龄性格，巧妙与之攀谈

中国人常说："到什么山上唱什么歌。"俄罗斯也有谚语："语言不是蜜，却可以粘住一切东西"。这两句话的意思都是说，与人交往，说话要有针对性，要有的放矢，说话时要看对象，根据交际对象来说话。这就要求我们在说话时，能够注意听话人的性别、性格、文化程度、文化背景、心理状态等因素。忽视了任何一个因素，都可能导致"无的放矢"，甚至还会给自己当头一击。

古时有一个书呆子，说话不看对象，总爱卖弄学问。有一次睡觉被蝎子蜇了，便摇头晃脑地喊道："贤妻，速燃银烛，你夫为虫所袭！"一连说了几遍，他的妻子怎么也听不明白。

他更着急了，说道："身如琵琶，尾似钢锥，叫声贤妻，打个亮儿，看是什么东西。”

他的妻子还是不明白怎么回事。结果他痛得熬不住了，一气之下道：“老婆，快点灯，蝎子蜇了我啦！痛死我了！”

这则笑话提示我们，讲话时一定要先看对象，这一点是绝不能忽视的。

语言的内容是我们平时非常重视的，说话时不能只照着自己的思路走，要考虑对方对自己说的话是否有兴趣，要考虑对方的立场，以及自己的观点能够被接受的程度。能看对象说话的人绝对是精明人。因此，有经验的人都知道，针对不同的对象、不同的事情、在不同的时机，说话的方式不一样。就说话对象的年龄和性格这两个要素，我们需要注意的是：

1. 年龄

说话对象的年龄是我们不可忽视的重要因素。对小孩或同龄人，说话要坦诚、亲切；对老年人或自己的师长，则要尊重他们，让人感觉到你是有教养、懂礼貌的晚辈。

比如询问年龄时，如果发问者是一个十几岁的学生，那么，他对不同年龄的人询问年龄，是应该选择不同的发问方式的：

如果问比自己小的孩子，可问：“你几岁了？”

问同龄人，可问：“你多大年纪？”

问中青年，可问：“您多大年纪了？”

问老人，则可问：“您高寿？”或“您高龄？”

恰当使用不同的问语，就能取得满意的效果。

和老年人谈话要谦虚。我们常听到长辈教育后辈时说：“我走过的桥比你走过的路还多。”这是很有道理的，老年人虽然接受的新知识比你少，可是他的经验比你丰富。因此谈话时，必须谦虚。另外，老年人不喜欢别人说自己年纪大，他们喜欢显得比真实年龄更年轻，或努力获得一个青年人的活力和健康的神气。所以与老年人谈话时，首先，不必直接涉及到他的年纪，只提起他所干过的事，这一话题就能深入他的心，他也会觉得你非常惹人喜欢。

和年幼人的人交谈，不可降低自己的身份。年幼者，他们有些思想太超前，有些懂得没有你多。和他们交流是没有问题的，但不要跟他们争辩，深沉一点才会让人尊敬你，才能一直维护自己的尊严。要知道，人们总是因你自己看重自己才尊重你，尤其是那些比你年幼的人。

2. 性格

(1)与沉默寡言者交谈。这种人的性格特点是出言谨慎，反应冷漠，一问三不知，不轻易表明自己的想法，甚至你说什么，他都点头说好；遇事没有主见，往往消极被动，难以做出决定。面对这种人，首先，你需要主动出击，把握交谈的主动权，并充满自信地运用说话的技巧，多运用肯定性用语，多站在对方的立场来表达自己的观点，指出积极的建议。其次，不要强迫他说话，应该顺着他的性格，轻声说话，多提一些容易回答的问题来拉动他的谈话兴趣。

(2) 与夸夸其谈、先入为主的人交谈。这类人的性格特点是以自我为中心，喜欢在别人面前夸耀，吹牛，并且说话的时候喜欢带有针对性，以挖苦他人、贬低他人为乐。与这种人交谈，我们不能卑下，必须在肯定自己高贵尊严的基础上适当的肯定。另外，根据他们爱炫耀的特点，你不妨成全他，恭维他，表示想跟他交朋友。你可以赞扬别人对他们的看法，以及他们与人相处融洽的能力。

(3) 与生性多疑的人交谈。这种性格的人，对你所说的话皆持有怀疑态度。总喜欢追问："是吗？""为什么？"与之进行交流时，态度要平和，言辞要恳切，而且要观察出他心里的矛盾之处所在，尽量去避免存在矛盾的问题，以免双方发生争执，不欢而散。当他对你所说的话提出质疑的时候，你可以适当的去迎合他的思想，比如你可以这样说："您的问题真是切中要害，我也有过这种想法，不过要很好地解决这个问题，我们还得多多交换意见。"

心理话术：

话总是说给别人听的，说得好不好，是否有口才，不仅要看话语是不是恰到好处地表达了自己的思想感情，尤其要看别人能不能准确理解，乐于接受。而听话的对象是不同的，因此，懂得因人而异地说话不仅能表现出自己的素质修养，更能让对方在与你的谈话中感受到尊重与信任，这一点不可不知、不可不学。

与异性朋友说话的语言技巧

在谈情说爱的阶段，我们大都很会说话，因为对方是我们的恋人，对对方是比较了解的，即使说了不恰当的话，也会获得原谅。而异性朋友之间，对异性乱说话或说了不恰当的话，不但会产生相反的不如意的结果，有时甚至会演变成一场灾祸。因此，异性朋友之间说话，必须要掌握一定的语言技巧，应以自然大方为准则。

小森是个活泼的男士，办公室中，其他男同事为了避嫌，似乎总是很少和女同事来往。而小森则不同，他周围有一大群女性朋友，并且，他和这些女同事相处得极为融洽，也并没有传来什么是是非非。这一点，令周围的男同胞们很是羡慕，当他们问到小森是如何做到的，小森坦言："大大方方即可。"这句话令众人不明就里。

小森看这一情形，继续说："看在哥们儿今儿高兴的份上，给你们指点一二吧。瞧见没有，她们正在茶水间倒水呢，要是你们，你们过去说什么？"

"不知道。说声'你好'呗。"一个男同事搭腔。

"然后呢？"

"然后、然后……"这个男同事无话可说了。

"谈时事政治吧，应该大家都挺喜欢的。"另一个同事说。

"你能保证每一个女人都喜欢这样的话题吗？"小森反问道。

"这……"

"那如果是你，你怎么插话呢？"一个同事直接问小森。

我会说："'嗨，你们看最新出来的杂志没，外国最近发明了一种代替人造纤维的织造丝袜，可以久穿不坏。'我相信没有哪个女人不会问我哪里可以买得到这种产品的。"

“嗯,果真高明。”其他同事啧啧称赞。

可以说,案例中的小森是个善于和异性沟通的人,他能迅速找到让女同事打开话匣子的话题,并且能做到大大方方,不失男女之间的谈话礼仪。

在我国,由于长期以来受传统观点和习俗影响,男女交往尤其是已婚男女与其他异性的交往往往显得拘谨,不自然。实质上,这是因为人们存在一些观念上的误区,他们认为,男女之间没有纯真的友谊。实则不然,男女之间也可以有正常的交往。

因此,异性交往应尽量大大方方,或是用一句“你好”,或是用一个微笑来开始相互之间的讲话。尤其是已婚妇女同男性交往,讲话时更不能羞羞答答,显得过分多情,以致引起男性的紧张、轻视或嘲笑。

具体来说,需要我们做到:

1. 自然大方,态度诚恳

因此,首先要克服自卑感和怯场心理,你可以漫不经心地说一些眼前存在的事实,用声音引起对方的注意。接上话后,便可以谈下去,但谈话的内容不要太深入,仅作一般性的聊天,大多是没话找话。这时,最忌心情紧张或心中有鬼,否则,你会找不到话题,语无伦次。这个就要看你的语言艺术和你的亲和力了。首先自己不能太死板;再有就是要注意抓住对方话语中对某些事情的关注点;也可以适当做一些兴趣试探问答,但是不要过于频繁,要尽量找到对方最感兴趣的谈话方向,只有这样你才能有针对性的寻找话题;再有就是要根据对方的性格来判断应该由谁来做主导。应该从最浅显、最大众、最不牵扯个人隐私的方向开始,已最轻松的话题开始,逐步加深话题内容。

2. 慎重选择话题

异性交谈,更主要考虑不同性别对谈话兴趣的不同。一般来说,男性似乎更喜欢谈军事、政治、体育等方面,而女性似乎喜欢谈美容、购物、家庭等方面。异性之间交谈,如果一味地只谈自己喜欢的话题,而忽视对方的兴趣,那么,只会让对方觉得无聊甚至产生厌烦情绪。

比如,和女性谈话时,你得先开个头,然后她就会接下去。例如,询问天气;询问她亲朋的健康;询问书籍、金鱼、花草或其他种种事物。总之,只要是她们感兴趣的话题。同时,切记一切以她们为中心,采取一种能增加对方感情的谈话口气、态度和方式,那么,你们的交谈就能愉悦而顺利地继续。

异性交谈的忌讳体现在:一忌交头接耳、窃窃私语,或发出令人莫名其妙的笑声;二忌谈隐私及与性有关的事情;三忌过分严肃或过分轻薄;四忌揭别人的短,尤其是女性忌讳别人说她矮胖、老丑等。

心理话术:

社交生活中,自然少不了异性之间的交往,我们的社会本身就是由男人和女人共同构成的男女之间的交往是正常而又频繁的,同时因为性别差异又心存戒备,异性之间比同性之间的关系更微妙,更难以处理,处理不当,交际就会失败。与异性交往,应本着大方自然、光明磊落的态度,这一过程中,口语表达可充分发挥属于自己性别的语言特色,自然展现自己的语言风采,的确能产生震撼人心的巨大魅力。

第13章

幸福婚姻，让家庭更和谐的说话术

生活中的任何一个人，都希望自己有个幸福的家，家里有我们的爱人、孩子，父母，每当身心俱疲的时候，只要我们回家，就有了温暖。而人们常常说，家家有本难念的经，加上生活琐事太多，家中似乎总有一些不和谐的因素。此时，我们就需要发挥语言的力量，但前提是，我们需要站在对方的心理角度上，因为任何语言策略都只有产生心理作用才是成功的。当然，和谐温馨的家庭关系，需要每一个家庭成员的共同努力！

体会父母心，多说令人欣慰的话

我们每个人的一生中，都会经历友情、爱情、亲情，但唯有亲情是永恒的，尤其是父母对我们的爱，更是一种没有条件、不求回报的阳光沐浴。从婴儿呱呱坠地到哺育他长大成人，父母们花去了多少的心血与汗水，编织了多少个日日夜夜；从上小学到初中，乃至大学，又有多少父母为我们呕心沥血。母亲的爱总是无微不至，父爱则是伟岸的，亲情最无私。而只有当我们体验了亲情的深度，才可能领略到友情的广度，拥有爱情的纯度，这样的人生，才称得上是名副其实的人生。

人们常说“百事孝为先”，一个人能够孝顺，他就有一颗善良、仁慈的心，有了这份仁心，就可以利于许多的人。孝，首先要孝顺父母，如果世界存有爱，那么首先爱的应该是自己的父母，其次才谈到爱他人、爱集体、爱社会、爱祖国……有人说，等我有钱了，我会给父母买很多好吃的；也有人说，等我有时间了，我会带着父母环游世界！但“树欲静而风不止，子欲养而亲不待”，父母有这么多时间来等你吗？对父母的孝心更应该在平时的生活中完成。

可怜天下父母心，任何父母，都倾其所有的为儿女付出，但他们同样有一种心理：希望孩子懂得感恩，并体会到父母的艰辛。其实，感恩父母，哪怕是一件微不足道的事，只要能让他们感到欣慰，就足矣。我们发现，那些懂得经营家庭生活、让父母感受到天伦之乐的人似乎总是有一项本领，那就是他们会时常说出一些令父母感到欣慰的话。的确，有时候，那些物质上的报偿远远不如一句贴心的话更能让父母感到幸福。可能我们都看过这样一则广告：

一个大眼睛的小男孩，吃力地端着一盆水，天真的对妈妈说：“妈妈，洗脚！”很多人为其流泪，不止为了可爱的男孩，也为了那一份至深的爱和发自内心的感恩。这样的事，每个人都能够做到，却没去做。身为子女的我们，感恩你真的懂吗？

实际上，即使你工作繁忙，生活负担重，很少有时间和精力去为父母做一些小事，那么，至少你可以从语言的角度表达对父母的感恩。相信“妈妈，您辛苦了”、“爸，以后少喝点酒”这些话都能让父母体会到你的关心。曾经有个著名的音乐家在音乐会上这样表达对父亲的爱。

提到父亲，这位音乐家一度哽咽，她说：“很小的时候，都是父亲陪着我、看着我、逼着我练琴，那时候我常常心里很委屈，然而父亲的双手一直在我身后有力地托举着我，直到我取得今天的成绩。明天我父亲年满80岁，这场音乐会也算是回报给父亲的一份礼物，也希望现在像我小时候一样在心里偷偷抱怨父母的孩子们，能早点体会到父母的苦心。”

听完这段话，我们不禁会感叹，父母给予我们的爱是我们一辈子的财富。可是生活中，又有多少女人能和这位音乐家一样读懂细腻的亲情并懂得用心感恩呢？正如这位音乐家所说，日常生活中，很多时候，我们曾经抱怨过父母、不理解父母，甚至到为人父母之后依然不理解他们。但如果我们用心体会，那么，你会发现，无论他们做什么，一切初衷都是为了孩子好。

了解到这一点，我们在与父母沟通的时候，不妨也多说一些令人欣慰的话。那么，具体来说，我们该说哪些话呢？

1. 关心父母的话

实际上，任何一个父母何尝不希望自己的子女能在生活中多关心一点自己呢？那么，从现在起，每天不要忘了从生活细节上关心父母，关心他们的健康，关心他们的生活起居。比如你可以说：“爸妈，早点休息。”“妈，少吃点辣椒，容易上火。”这些看似微不足道的话语，却能让你的父母由衷地感到幸福。

2. 理解父母的话

居家过日子，难免磕磕碰碰，和父母也一样。有时候，父母的行为、语言可能导致了家庭纷争，但对此，你一定要保持良好的态度，对父母报以理解。比如，你可以说：“妈，我知道你这样做是为了我好……但是……”

3. 感谢父母的话

你是否还在享受母亲每天为你准备的晚餐？你的父亲是否还经常“接济”你？照顾你的孩子的重任是否一直是你的父母在承担？那么，你对父母说“谢谢了”吗？你对他们说“辛苦”了吗？不要以为父母对你的付出是理所当然的。

心理话术：

从我们呱呱落地的那一刻起，我们的生命就倾注了父母无尽的爱与祝福，父母为我们撑起了一片爱的天空。或许，父母不能给我们奢华的生活，但是，他们给予了我们一生中不可替代的——生命！但生活中的我们，你真的能体会父母的良苦用心吗？你感恩了吗？

婆媳之间相处的语言沟通技巧

俗话说：“多年的媳妇熬成婆”，婆媳之间的关系，向来是中国人家庭关系中一个不可缺少的主题。婆媳之间为什么会有那么多矛盾呢？婆媳在一起真的就那么难以相处吗？实则不尽然，如果你爱你的孩子和家庭，就希望婚姻稳定，为了自己家庭的温馨稳定，就算婆媳之间有再大的矛盾，也不要发作出来，当然也不能对婆婆恶语相向。实际上，从心理学的角度看，如果你能掌握一些语言策略，并在日常生活中加以运用，那么，婆媳之间是完全可以相处融洽的。我们先来看下面一个案例：

这是一个很热闹的家庭，婆婆，儿媳，丈夫三口人住在一起。俗话说：“三个女人一台戏”，这里两个女人，也打得不可开交。婆婆是急脾气，儿媳受不了，两个人天天闹矛盾；丈夫是个好脾气，遇上婆媳吵架，他也不说什么，只哈哈一笑就算了。媳妇向他埋怨婆婆，他听着；妈妈向他说媳妇的不是，他也听着。

这样的家庭，是中国城乡千千万万个传统家庭的一个缩影。婆媳关系的丝线，剪不断，理还乱。像这样的家庭，为什么会有那么多婆媳之间的矛盾呢？这可以从心理动力学的角度作出说明。原来，在潜意识里，母亲是男孩亲近的第一个女性，也是他爱的第一个女性，男孩依恋母亲，需要一个和母亲具有类似特点的女性来结成伴侣，度过一生。于是，有了"小小子，坐门墩，哭着喊着要媳妇"的想法，人类也才一代代繁衍下去。男孩长大，真的娶了媳妇，儿媳也就常常具有某些和婆婆类似的特点。

俗话说："同性相斥"，婆婆和儿媳都是女人，又有某些类似之处，因此，出现上面的案例中，婆婆和儿媳相互排斥的现象就不奇怪了。除了这些，还有更深层的原因。在内心深处，婆婆想得到儿子的爱，媳妇想独占丈夫的爱，于是两个人竞争着想要得到爱，谁也不想丧失被爱的幸福，遇到家庭结构本来就有一定问题的时候，婆媳之间也就不能不吵架了。

那么，在这样的家庭里，怎样处理婆媳之间的矛盾呢？

1. 多沟通，商量彼此都能接受的原则和方法

矛盾的产生大多是因为差异，婆媳间的矛盾大多也不是因为原则性的差异，而只是生活观念、消费观念、家庭事物、家人健康、孙子(女)抚养和教育问题等等方面的看法不同。而要消除这些产生矛盾的因素，婆媳间就必须做好沟通工作，商量双方都接纳的原则和方法。当然，如果婆媳双方能够拥有更多相同的兴趣爱好和生活习惯，则更能加快建立双方的合作模式，增进双方的感情。

2. 把焦点多投入到婆媳关系以外的世界

比如，作为儿媳，可以更加积极努力的工作，并增加与丈夫在一起的生活情趣，更多的关心丈夫，通过爱来抵消和疏泄不愉快的情绪。

3. 关心老人，满足老人的正常心理需求

比如，在家庭气氛比较愉快的时候，夫妻二人应放下手中的工作，多陪老人拉拉家常，听听"革命家史"。付出爱心，也就能得到人情味儿，让原本紧张的关系缓和下来。就好像往一锅沸腾的汤里倒了一瓢凉水，让家庭舒心、爽心、安心。

可见,沟通是联络感情的最好手段。跟自己的婆婆在某个闲暇的午后或晚餐后拉拉家常,听婆婆畅想过去的岁月,谈谈自己的感想,夸夸优秀的老公,聊聊可爱的孩子,双方的距离就会迅速拉近。婆媳之间的沟通越直接,大家开诚布公的交谈可以澄清很多误会,是婆媳之间最常用的方法,也是出现矛盾时最好的解决之道。

心理话术:

婆媳之间的微妙关系长期以来都是影响家庭关系的重要方面。谈恋爱是两个人的事,可婚姻却是一个家庭和另一个家庭之间的互相磨合。婆媳关系若是处理不好,将直接导致一段美好感情出现裂痕甚至最终分道扬镳。其实,在家庭中换位思考很重要,保有一颗宽容之心也很重要。同样都是女人,为什么不能做到静下心来互相体谅互相疼爱呢?不为别的,就算为了这个双方都深爱着的男子,不让他为难,为了全家人能更加幸福快乐地相处,婆婆和媳妇们都应该好好研究婆媳相处的艺术。

赏识教育,孩子需要你的语言鼓励

对于任何一个家庭来说,孩子是否能健康、愉快的成长,是家庭是否幸福、和谐的重要因素之一。但对于如何教育孩子却成为困扰很多家长的问题。随着教育理念的更新,家长对孩子的教育也从以前的严厉批评、严格管教变成了现在的“赏识教育”,这对于孩子来说无疑是一件幸事。孩子天生需要赏识,就如同花草需要阳光和雨露,鱼儿需要溪流和江河。

心理学家曾经做过一个关于“孩子最怕什么”的调查,结果表明:孩子最怕的不是生活上苦、学习上累,而是人格受挫、面子丢光。美国心理学家威谱·詹姆斯有句名言:“人性最深刻的原则就是希望别人对自己加以赏识。”孩子是处于生理、心理变化关键时期的特殊群体,他们尚未形成独立的自我意识，非常在乎他人对自己的看法。因此，对孩子进行“赏识教育”、尊重孩子、相信孩子、鼓励孩子，不仅可以及时发现他们身上的优点和长处，挖掘隐藏在其身上巨大的、不可估量的潜力，而且能够缩短家长和孩子的距离，从而促进孩子的健康成长。

可能很多人都听说过周婷婷的故事：

周婷婷是个先天性耳聋的孩子，1岁半的时候因发烧打了一针庆大霉素，犹如雪上加霜导致双耳全聋。父亲周弘历经千辛万苦，四处寻医问诊，最后得出的结论是双耳全聋的孩子在全世界都属康复禁区，无法救治。为了不使女儿在心理上存在差异，父亲在婷婷4岁半的时候便把她送进了正常儿童的幼儿园；6岁认识了两千多汉字，进入普通小学，并连跳两级；8岁背诵了圆周率小数点后一千位，打破了当时吉尼斯世界纪录；11岁被评为全国十佳少先队员；16岁考入了世界名牌大学哈佛大学，成为中国第一位聋人少年大学生。

那么，周弘具体的是怎样培养婷婷的呢？这就是赏识、信任和尊重，简单地说就是坚信自己的孩子是天才。婷婷学习桌子的玻璃台板下压着一张纸——《天才行为表》，只要婷婷读书忘了吃饭和睡觉，他马上指着表格第一条大声对女儿说：“你看，天才就是这样废寝忘食，你不是天才，谁是天才呢？”他就是这样给孩子积极的暗示。

婷婷上二年级了，一天晚上，老师布置做十道应用题，而她只做对了一道。面对这种情况，有的家长早已一巴掌上去，可是周弘没有这么做，他在做对的一道题下打了一个大大的勾。对于女儿做对的一道题，他想到的是鼓励，想到的是女儿小时蹒跚学步时他欢欣鼓舞的情景，想到女儿第一声喊他爸爸时，他泪流满面的情景，于是周弘满怀深情地对女儿说：“简直不可思议，这么小的年纪做这么难的题，第一次居然就做对了一道。”女儿露出喜悦的表情，她还想进一步证明自己，问：“爸爸呀，你小时候会不会做？”周弘说：“不会，像你这个年龄，这么难的题，爸爸连碰都不敢碰。”女儿顿时信心倍增，仿佛插上了飞翔的翅膀，自由地翱翔在数学知识的天空里，仅用了三年的时间就学完了小学六年的课程。

这些只是周婷成长的点滴，但是却告诉我们：即便是那些带着先天不足或后天不足的孩子身上也蕴藏着巨大的潜力。更何况我们身边健康的孩子呢？

所以我们家长一定要好好运用“赏识”这个法宝，不要因为孩子做好了、学好了是应该的事而疏于表扬，渴望被人赏识是人的天性。大人们也是如此，就连美国著名的作家马克·吐温先生也曾经说过：“凭一句动听的表扬，我能快活上半个月。”

很多家长说：“我该怎么夸孩子呢？总不能一天到晚说‘好啊，乖啊’。”这里就谈到了赏识教育的中心话题，鼓励孩子，让孩子在“我是好孩子”的心态中觉醒，同时一定要注意表达的方式和内容。

具体来说，你的赏识必须满足两个要求：

1. 真实的

赏识教育一定要不动声色，一定不能被别人发现，不能太虚伪，首先它必须是真实的，并且是自然流露出来的，不是直接说出来的。比如你可以说：“小燕子，你这个上衣是哪买的？在什么地方？能不能哪一天带我去？我太太正好也想买一件带条纹的青色衣服，我一直都没有看见。”当人离开了以后，她会觉得你真喜欢这件衣服，觉得自己的眼光得到了别人的肯定。你没有直接夸奖，但效果达到了。对孩子说话的水平一定要达到这种程度，做到滴水不漏。

2. 具体的、细节化的

有时，有的家长虽然也给予了孩子一些赞美，但是由于心理的标尺太高，高于孩子的现实，夸奖时常喜欢加一条小尾巴，比如说：“你做这件事很对，但是……”自以为很聪明，先扬后拍，让孩子高高兴兴地接受教训。其实，孩子对这类表扬很敏感，他会认为“噢，他原来就是为了后面一段话才假惺惺地表扬我几句。”因此，对孩子表扬要真诚大方，讲究实效，讲究细节。比如：“孩子，你今天被子叠得真整齐。”“孩子，你真孝顺，帮妈妈把牙膏挤好了。”“今天你表现得真不错，妈妈注意到你向周爷爷问好的时候，脸上笑眯眯的。”……

心理话术:

什么是赏识呢?所谓“赏”,就是欣赏赞美,“识”,就是认识和发现,综合起来的意思就是家长们要认识和发现自己孩子所特有的长处和优点,并加以有目的的引导,勿使其压抑和埋没。

批评要讲方法,巧说令孩子接受

教育是家庭生活的重要部分,孩子犯错了,批评管教少不得,而孩子心灵也该得到保护,怎么拿捏其中分寸呢?对于众多家长,一些心理权威人士称,家长们保护孩子自尊的意识强了,可有时,却把“对孩子的尊重”和“管教孩子”这两件事给对立起来了,好像保护孩子的尊严,就要放弃最基本的管教和批评。其实,如果我们了解孩子在不同的年龄段对批评的接受方式,就完全可以根据他的承受能力进行适当的批评。并且,在孩子做错事时,明确地告诉他“这件事你做得不对”是非常必要的,不能因为担心伤害,就不批评、不管教。

但任何批评都必须要讲方法,如果孩子一旦犯错就采取谩骂、呵斥的方式,那么,不但不能让孩子接受并改正错误,还会给家庭生活带来很多困扰。

该吃饭了,四岁的儿子拿着玩具不肯放,叫了几遍也没反应,小琳决定来点硬的。儿子哭闹着不肯放玩具,挣扎间竟用玩具把妈妈的头给敲出了个大包。小琳这下可火了,生气地把孩子说了一顿。可是,说完之后,看着儿子哭得可怜兮兮的,小琳又心软了,开始后怕,自己这样批评孩子,会不会给他留下心理阴影?

和小琳一样,不少做妈妈的都有类似的困扰:孩子难免会犯错,不批评是不可能的,可我的批评会不会过火呢?或者说,怎样批评才能既起到教育的作用,又不伤害孩子呢?

心理专家告诉我们,在批评和尊重之间,了解孩子的承受能力,并选择适合的批评方式,会帮助父母找到平衡,但父母们必须掌握以下几个在批评孩子时说话的原则：

1. 注意时间和场合

在时间上，批评孩子应照顾孩子会产生的情绪。若在清晨批评孩子，可能会破坏孩子一天的好心情；吃饭时批评孩子，会影响孩子的食欲，长此以往会对孩子的身体健康不利；睡觉前批评孩子，会影响孩子的睡眠，不利于孩子的身体发育。因此，批评孩子尽量不要在清晨、吃饭时、睡觉前。

在场合上，批评孩子不应在公共场合或当着孩子同学朋友的面、当着众多亲朋的面。因为孩子的自尊心往往很强，在人多的地方批评孩子，会让孩子觉得没面子，也会打击孩子的自信心，甚至影响亲子之间的关系。

2. 批评孩子之前先冷静，找出自己的过失

任何父母对孩子犯错都会生气，但千万不要在冲动之下批评孩子，说一些伤害孩子的话。你应该做的是，先冷静下来，然后找到自己做的不足的地方，告诉你的孩子，比如，“这事也不全怪你，妈妈也有责任”；“只怪爸爸平时工作太忙，对你不够关心”等等，会让家长和孩子的心理距离一下子拉得很近，会让孩子更乐意接受父母的批评，还可以培养孩子勇于承担责任、勇于自我批评的良好品质。

3. 给孩子申诉的机会

大人尚且经常犯错误，更何况孩子，他们犯错误，有可能是有意为之，也有可能是无心所致；有可能是态度问题，也可能是能力不足等等。所以，当孩子犯错后，不要剥夺孩子说话的权利，要给孩子一个申诉的机会，让孩子把自己想说的话和盘托出，这样家长会对孩子所犯的错误有一个更全面、更清楚的认识，也才知道孩子为何犯错，批评才会起作用。

4. 批评之后进行心理安慰

没有人喜欢被批评，孩子的自信心更容易受到伤害，因此，父母在批评孩子后，应及时给孩子一些心理上的安慰，从语言上来安慰孩子，比如说“没关系，知道错了改正就行”、“我知道你是个聪明的孩子，自己会知道怎么做”、“爸爸妈妈也有犯错的时候，重新再来”之类的话。

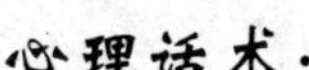

孩子的心灵是脆弱的,他们对批评的心理承受能力远远不如成人。作为父母,在批评孩子的时候,必须掌握一些方法,才能让孩子接受你的批评并改正自己的错误。

妻子如何对丈夫说话才算聪明

谈到婚姻,男人说:“幸福的婚姻有一个共同点,妻子都特别好。”女人不同意:“男人在干吗?”男人又说:“好男人是靠培养的,所以有‘好女人是一所学校’这句话。”的确,因为女人聪明,女人心细,女人在家庭中占的分量更重,婚姻便成了一支以女人为主的交谊舞,舞跳得好不好,很大程度上取决于女人怎么带。到底什么样的女人才最能打动男人的心呢?很多女人认为,是女人的善良、温柔、勤勉。诚然,这是好妻子的表现,但真正聪明的女人除了具备以上的品性外,还有个重要的特质,那就是会说话,她们很善于抓住男人的心,巧妙地将自己在生活中的情感、愿望、意图表达出来。

那么,女人到底应该怎样对丈夫说话呢?

1.偶尔撒撒娇

我们先来看看这样一个生活中的场景:

妻子下班回来说:“喂,我今天要做活,你去接孩子,回来做饭!”

丈夫一听也火了:“你没见我正忙着吗?”

妻子也不是等闲之辈:“忙,就你忙,难道这个家的事都我一人包了?”

结果,一来二去两个人就吵起来了,各自装了一肚子怒气。

这样的例子在生活中不胜枚举,从人们的接受心理看,盛气凌人最容易引起对方的反感。妻子希望丈夫做饭、接孩子,完全可以利用女性的性别优势,对丈夫撒撒娇,或许会是不一样的结果。比如:

妻子从单位回来,对正在看书的丈夫说:“晚上我得去单位加班,我知道你不想让你老婆累死，那今天你能不能帮我接接孩子、再做做饭？”

这种撒娇式的商讨口吻，对方是很乐意接受的。

丈夫说：“行，我这就去。”

这样说不但达到了目的，而且还可使彼此的关系更加和谐融洽。的确，一般情况下，能让人欣然答应的事情，通常是通过商讨的语气来达成的。当你需要丈夫的帮助时，切莫用生硬的命令口吻，应委婉柔和一些，撒娇就不失为其中良好的方法之一。

2. 附和丈夫的兴趣爱好

有个妻子在与自己闺蜜谈心时聊到：“有一个休息天，丈夫在和电脑下围棋，我擦地板，擦到他那儿，我让他挪挪位置，他露出一副紧张的样子说：‘别动，别动，我马上就要赢了。’因为知道他下围棋从没赢过电脑，这次快赢了，我也很来劲，二话没说，放下拖把就凑过去看，还和他一起计算最后的一步。一番厮杀后，他果真赢了。那一刻，他高兴地吻了我。接着他一边兴奋地和我讨论围棋，一边又帮我拖地板，还提议晚上出去吃饭——我只在他感兴趣的事上附和了他一下，他竟然会这么喜出望外。那晚，坐在点着蜡烛的餐桌前，忽然想，如果下午我硬是让他挪位子而让他输了棋，或许就没有这样一个浪漫的夜晚了。”

案例中的这位妻子就是聪明的，任何一个男人，都有自己的一点兴趣爱好，作为妻子，如果你能放下手中的家务活，和丈夫一起聊聊它，那么，丈夫一定认为你不仅是一个好妻子，还是一个知心人，对你就更疼爱有加了。

3. 不要责怪

女人真的很喜欢说这句话：“都怪你！”虽然作为老婆，这么说的本意是撒娇，但是男人却会把它理解成一种责怪。男人会心想：“我怎么这么吃力不讨好啊。每次遇到什么事情，都要问我怎么办，出了什么问题又要怪我。下次你跟我咨询任何事情，我还是闭嘴好了。”要知道，主意是男人出的，但是作决定的还是女人自己，没理由让男人来承担失败的后果。如果还想拥有老公这个“军师”，就别再总是说“都怪你”了。

心理话术：

婚姻“围城”需要的是夫妻双方共同的经营，也难免潜伏着两个人的矛盾，在战争一触即发之际，是火上浇油，还是春风化雨，往往取决于妻子的言语。有时候，恰到好处的一句话，不仅能平息争端、掌握住局面，还能增进夫妻感情。

丈夫妙语讨得老婆欢心

可能很多男人在婚前都对女友百般疼爱，尤其是在追求爱情的过程中更是使出浑身解数，说尽各种甜言蜜语，但一旦结婚，似乎就有一种“既成事实”的感觉，认为只需要赚钱养家、给老婆充足的物质生活即可，实际上，婚姻中的女人同样需要各种“情话”，会说话的男人总是能讨得欢心，婚姻生活也更幸福。

周末，小晴被女友约出去逛街了，出门的时候，老公正好也不在家，也就没有和他打招呼，没想到，兴致勃勃的她一回家，老公就丢下一句：“上哪儿去了？”小晴逛街回来热情洋溢的心一下就冷了。她本来正要拿出购物的时候给丈夫买的衬衫，结果被这句话噎得火冒三丈。

“我去哪里要你管吗？”

可能很多男人都遇到过这样的情况，那么，别怪老婆这样回你。因为她在你的这句话里听到的，除了怀疑就是质问。男人从来都不懂得温柔，即使本意是出于关心。其实，如果在结尾加上一句“老婆，我好担心你”，也许效果会好很多。

的确，任何一个女人，都是听觉动物，他们更希望自己的丈夫有一张会说话的嘴，这远比名牌衣服、高档房屋更让她们觉得有幸福感。为此，男人必须掌握一些讨老婆欢心的窍门：

1. 不可沉默

有些男性会想:“只要我闭上嘴不说话,就万事大吉了。”然而,设想一下,你在打乒乓球时既没有对手,也没有接球员,一个人不得不在发球之后,自己去捡回来,那种感觉如何?当男性一言不发、三缄其口时,妻子的感觉就是这样。

对于女人来说,沉默是很可怕的,因为她很重视别人的回应。所以,一个女人在说话,另一个女人总会夸张地发出“天哪”之类的声音。这样的声音是在告诉说话的女人,“我一直在听着呢”。可是在吵架的时候,老公却常常亮出沉默这个杀手锏。“他为什么不说话?是不是不屑于跟我说话?还是有什么事情瞒着我?他不再爱我了吗?”不要怪老婆的联想没逻辑,因为老公的沉默吓到她了。

2. 说些关心、爱护的话

你的妻子是辛苦的,除了和你一样需要面临社会的竞争,还需要照顾好家庭,你感受到了吗?那么,你不妨展示一下一个男子汉的担当吧,看到老婆回家累了还要做饭的时候,你要说:“这么辛苦,我来养你吧!”明智的老婆也会想到你的辛苦,得到了关心和承认,老婆的工作干劲会更大!

3. 别忘了说“我爱你”

在适当的时候或心情愉悦的时候总是真诚的对老婆说:“我爱你!”“爱你的一切!”看到这里,也许有人会嗤之以鼻:“老套!”但究竟有几个人做到呢?

4. 说些假话

那么,一个老公可以对老婆说哪些假话呢?

(1)年龄。你老婆本来已经四十有余、略显苍老,不过你不能将这一真实情况直言相告,而只能说:“老婆看起来就是三十多岁”。这句话有双重效果:一是夸奖了老婆的形象,使老婆大人暗暗窃喜,二是顺便就可淡化老婆生气的情绪。

(2)厨艺。你可能会经常说:“我真的不想吃这个东西,不好吃。”试想一下,老婆辛辛苦苦在厨房忙碌了两个小时,你却说了这么一句。这话真是像盆冰水似的，透心凉啊！老婆不崩溃才怪。男人有男人的尊严，女人也有女人的面子。而且女人更善于想象和夸大问题。你说老婆做的东西不好吃，她就会认为“你不是对我有什么不满，就是觉得我不够贤惠”。以后再遇到这种情况，你一定要锻炼一下演技，难吃归难吃，挤出一丝笑容也不难嘛。先夸一下老婆，然后说：“如果能再加点盐就更好啦”。目的同样可以达到，还照顾了老婆的心情，何乐而不为呢？

心理话术：

一项婚姻调查显示，现代婚姻的最大杀手不是第三者、家庭暴力或生理问题，而是无法与对方沟通。语言似乎是夫妻之间普遍欠缺的技巧，而女性是通过语言来感受爱的。因此只有充分交流，才能有彼此融入的感觉，建立信任与真诚。

夫妻间的沟通要把握好态度

日常生活中，夫妻之间少不了要就家庭、工作、教育等一些问题进行沟通。很多的交流都是随意的，非正式的，基本属于一种“说话”的本能需要。看似很简单的交流，也蕴藏着很深的道理，也有一定的讲究。如果不明白其中的道理，把握不好原则和方法，也会交流出矛盾来。很多夫妻之间的“疙瘩”就是在这看似简单的几乎没有什么艺术可言的交流之中结成的。

夫妻之间沟通，首先要把握的原则就是注意态度。“态度决定一切”，态度诚恳、友善、平和，沟通就成功了一半。反之就会适得其反，越沟通越僵。日常生活中我们常听到的一句话“瞧你那态度！”这句话的潜台词是：我反感的不是你说话的内容，而是你说话时的态度。所以沟通时态度非常重要，不可不注意。态度好给人的感觉如沐春风，态度不好给人的感觉如寒风刺骨。谁愿意在“刺骨的寒风”中站立？因此，从心理学的角度看，夫妻双方之间在沟通任何问题时，都必须注意自己的态度。

小黄和小梅经过一段时间的了解，双方都对对方感到满意。在双方父母的祝福下，他们结婚了。

一天晚上，小梅很晚还没回家，小黄就给小梅的几个朋友打电话，结果他们都不知道小梅在哪，小黄索性就坐在沙发上等，直到十点半，小梅才回来，

见到小梅，小黄劈头就问："你到哪儿去了，这么晚才回来？梅，你知道我爱你，你可不能对不起我呀！"

小梅听了这话就很生气，说："我怎么对不起你了？我在单位加班了，你如果不信任我，那咱俩就离婚！"

结果，结婚还不到一个月的小两口就离婚了。

的确，爱情与婚姻都是建立在真诚、理解和信任的基础上的。上例中，不能说小黄不爱妻子，但由于他表达不当，在别人看来，却是质疑的态度。他倘能在小梅回来后，说出"梅，你这么晚回来真让我担心。现在社会治安不好，以后如果没要紧的事，晚上尽量早点回来，好吗"等关爱的话，对方听后感动都来不及，又怎么会心生反感？

那么，具体来说，夫妻间沟通时，应本着怎样的态度呢？

1. 以尊重为前提

人都是要面子的，夫妻之间即便朝夕相处，也是独立的个体，而不是彼此的一部分，因此，在交流中，切不可伤害对方的自尊。事实上，很多夫妻遭遇婚姻沟通问题，都是因为忽视了这一问题。而只要在交流中不突破这个底线，基本上就不会出现问题。只要你心中有尊重，你就会注意自己说话的态度和措辞，就不会说话不过脑子，信口开河，逮着什么说什么，把语言当成武器来伤害自己最亲近的爱人了。

2. 不要涉及对方的"交流雷区"

生活中，每个人都有一些不愿他人提及的事，这些事或许是自己身体上的不足，或许是曾经一些丢面子的事。夫妻生活日久，应该都非常熟悉彼此的"交流禁地"，所以在日常交流过程中应懂得适可而止，不要踏入对方的

“交流雷区”。

3. 注意说话的语气

夫妻之间，是最熟悉彼此的人，正因为熟悉，他们在说话时便不再拿彼此当“外人”了，便不注意态度和方式方法了，变得不讲理了，没有了顾忌，有时还会骂骂咧咧，话也不好好说，开口就是讽刺、挖苦、打击、揭短，语言粗俗，态度蛮横。尤其是家中的“大男子主义”、“女权主义”者，甚至当着外人的面也口不留情，常常弄得爱人窘迫异常，下不来台。这样的交流后果可想而知，勿需多言。

有夫妻在日常交流中把握好上述三点，如果再加上点幽默、风趣，交流便会成为夫妻日常生活中的一道靓丽风景线。

心理话术：

婚姻中，夫妻双方并不是彼此的一部分，而是独立的，在交流中，任何一方都应该考虑对方的感受，注意自己沟通的态度，只有善意的、有理的沟通，才能让对方接受。

家庭矛盾如何用妙言化解

任何人都知道，家庭生活中，成员之间免不了磕磕碰碰，可能有不少人在与家人互相指责时都扮演了受害者的角色，但指责的话刚脱口而出，你就后悔了。和对方说话总是生硬的，或者你的本意也许是好的，可说出来却全变了味——这时一场争执往往在所难免，错误信息的传递眼看就要引发家庭大战。这时候，就需要你改变说话的方式来化解矛盾。我们先来看下面两个故事：

史密斯夫妇俩吵架之后，互不理睬。在晚上就寝前，丈夫递给妻子一张字条，上面写着：“明天早上 7 点叫醒我。”第二天，丈夫醒来时已是九点半。

他急忙穿衣，只见床几上放着一张字条，上面写着："7点了，快起床！"

又有一位先生下班回家后，发现他的妻子正在收拾行李。"你在干什么？"他问。

"我再也呆不下去了，"她喊道，"一年到头老是争吵不休，我要离开这个家！"

先生困惑地站在那儿，望着他的妻子提着皮箱走出门去。忽然，他跑进卧室，从架子上抓起一个箱子。"等一等，"他喊道："我也呆不下去了，我和你一起走！"

夫妻难免也会发生口角，但又不是快刀斩乱麻般地断绝情义。在这种"割不断，理还乱"的感情状况下，无论哪一方来点幽默，都能化解矛盾，让对方破涕为笑。

其实，可能每个家庭每天都在上演各种战争，婆媳间、夫妻间、子女间，实际上，语言的小小改变就能令你所表达的意思有很大的不同。关键在于调节你的情绪不要带着火气和抱怨，这才是创造和谐关系的秘密所在。

西西是一个很可爱的小女孩，一直以来，她都喜欢扮演家庭调解员的身份来"瓦解"家庭里的任何"不法行为"，有"破坏"家庭温馨氛围的人首当其冲就会成为她"批判"的对象。

其实，西西经常调节的事情，无非就是谁把东西乱放唠叨几句，谁总是忘事提醒几句，谁太袒护孩子叮嘱两句。总之，都是小到根本不算矛盾的琐事。可是，这一切，在孩子眼里，那可是大事。大人总是要求孩子之间要相亲相爱，不能打架吵架，不能推推嚷嚷，为什么大人就可以想来点脾气就来点脾气呢？西西觉得不公平，所以她会抗议，她要维护家庭的和睦。

这不，有一天，西西奶奶的胃不舒服，因为老太太太节俭，舍不得把吃剩下的东西扔了。爸爸很生气，怪奶奶不听话，总是要去吃冷饭。奶奶也气了，怪爸爸态度不好。西西很会察言观色，她觉得这个矛盾是爸爸引起的。就开始批评爸爸，说"爸爸不要说奶奶，说米菲的爷爷嘛！"西西总是以米菲的爷爷来挡箭牌，让我们赶紧把矛盾转移到动画人物米菲的爷爷身上。其实，她这方法真的很管用，只要她把这话一说，没人再敢批评谁了。

这里，我们看到的是一个很可爱、懂得调节家庭矛盾的孩子。那么，为人长辈的我们，是不是也该掌握一些调节家庭矛盾的方法呢？为此，我们在与家人产生矛盾而进行沟通时，需要掌握以下原则：

1. 冷静下来，不要带着情绪沟通

情绪会直接影响着你的沟通态度，进而影响着沟通的效果。据说拿破仑的军队有一条纪律，士兵犯了错误后，作为军队指挥者，不可马上批评，因为此时的指挥官是带有情绪的，批评就会受到情绪的影响，如放一放再批评效果更好。家庭生活中的沟通亦是如此，沟通亦然，带着情绪沟通，就很容易使沟通走偏。

2. 站在彼此的角度，给予必要的理解

矛盾既然产生，就必定是因为意见不一导致的，对方也必定有自己的理由和考虑，你应该理解。如果你表示一下理解，那么在情感上就相当于给了对方一个极大的安慰，使其郁积在胸中的不良情绪也得到缓解和疏通。

3. 要诚恳地道歉

不要认为自己没有错，其实，矛盾的产生就已经说明你有一定的错处。一个巴掌能拍得响吗？退一万步说，即使真的没有错，那么因为你和对方发生了矛盾进而伤害了家人的感情，这是不是错呢？所以你只要想道歉，就一定能找出道歉的理由。理解和道歉之后，你再把自己的理由和道理讲出来，对方便会容易接受。

心理话术：

家庭成员间意见不统一，有了矛盾之后，必须要及时地进行沟通。只有通过沟通统一了认识，化解了矛盾，才能使“梗阻”的家庭关系通畅起来。而沟通又是有一定方法的，只有掌握了这其中的道理、技艺，才能使沟通取得良好的效果。

第14章

圆润处世，揣摩人心轻松应酬的妙语

在人这一生中，我们需要通过正常的人际交往与这个社会保持联系。健康正常的互访活动，对于建立、加深这种联系，交流信息，沟通感情，都有着其他方式所不可替代的作用。而语言的交流与运用，又在拜访活动中起着至关重要的作用，因此我们应当给予足够重视。实际上，任何一个交际高手都善于揣摩他人的心理，因此，成功的语言交流都必须以对方的心理为出发点，任何应酬语言也只有说到对方心坎里，才能起到积极、有效的作用。

处世为人不可不会的客套话

中国是一个有着悠久历史的国家,是一个礼仪之邦。从心理学的角度看,人们都喜欢与知晓礼数的人交谈。而会不会说客套话是一个人懂不懂礼数的重要表现,更是一个人社交能力的体现,为此,客套话可以说是敲开陌生人心里大门的一个重要方面。与人见面之初,往往可能陷入无话可说的尴尬场面。这时你不妨以一些"客套话"开头,比如:"天气似乎热了点!"或者"最近忙些什么呢"等。虽然这些"场面话"大部分并不重要,然而,正是这些话才使彼此免于尴尬的沉默。

在古典名著《红楼梦》中,就有许多经典的场面话。在《刘姥姥进大观园》一回中,刘姥姥找到周瑞的娘子时,两人就用了许多场面话来进行寒暄。

周瑞娘子迎出来问:"是哪位?"刘姥姥忙迎上来问道:"好呀,周嫂子!"周瑞娘子认了半天,方笑道:"刘姥姥,你好呀!你说说才几年呀,我就忘了。请家里来坐吧。"刘姥姥边走边笑道:"你老是贵人多忘事,哪里还记得我们呢。"来至房中,周瑞娘子命小丫头倒上茶来吃,再问些别后闲话后,又问姥姥:"今日是路过,还是特来的?"刘姥姥便说:"原是特来瞧瞧嫂子你,二则也请请姑太太的安。若可以领我见一见更好,若不能,便借嫂子转达致意罢了。"

在这段对话中,刘姥姥与周瑞娘子说的大部分都是客套话。刘姥姥通过一番场面话,让周瑞娘子觉得,刘姥姥虽然是个出身寒酸的人,但还是很懂礼数的。而同时,刘姥姥也化解了自己寒酸的身份,之后双方再聊起正题就显得亲切许多,自然,周瑞娘子也会给刘姥姥一个见主子的机会。一些本来不好开口的话,经过场面话的客套之后,听起来就舒服多了。因此,在交际过程中,一定要重视客套话的作用,特别是当你与陌生的人或不熟悉的人交往时,场面话无疑是打破距离障碍的第一把钥匙。

在交际过程中，经常使用客套话、场面话和寒暄语，可以消除陌生心理，促成彼此间的良好交往，正如培根说过的："得体的客套和美好的仪容，都是交际艺术中不可缺少的。"所以，会交际的人应当像司机精通交通规则一样，熟悉和掌握好各种客套话。

一般来说，"客套话"有以下几种：

1. 当面称赞人的话

诸如称赞小孩子可爱聪明，称赞女士的衣服大方漂亮，称赞某人教子有方……这种场面话所说的有的是实情，有的则与事实有相当的差距，听起来说起来虽然"恶心"，但只要不太离谱，听的人十之八九都感到高兴，而且旁人越多他越高兴。因为事实上，每个人都愿意听赞美的话，尤其是公开化赞美的话，对方接受起来也更乐意。

2. 当面答应人的话

和陌生人交往，如果对方希望你帮什么忙，即使你不能帮忙，也不能当面拒绝。因为场面会很难堪，而且会马上得罪人。你可以说一些场面话，诸如"我全力帮忙"、"有什么问题尽管来找我"等。给足对方面子，不至于让他下不来台，他也会觉得你是个顾全大局的人。

另外，我们要记住一些特定场合下有针对性的客套话。比如在打扰别人或者给对方添麻烦时，要真诚地说一声"对不起"、"不好意思"，一旦没有了这句话，对方可能很长时间还对此事耿耿于怀；在求人办事后，要真诚地说声"谢谢"、"拜托您了"，如果没有这句客套，对方会认为你求人的态度不够真诚或者认为你不懂礼节，对你的印象大打折扣；在作报告或者讲话时，可以先这样客套一下："我的讲话水平不高，讲得不好，还请大家见谅"，"如果讲得不好，还望大家多多指正"……这类客套话表面上看似是随口而出，实际上确实起到了表现自身涵养的作用。

下面是一些特定场合的客套话：

(1)初次见面说"久仰"，久别再见时"久违"。

(2)未及欢迎说"失迎"，起身告别说"告辞"。

(3)等候宾客说"恭候"，客人到来说"光临"。

(4)看望他人说“拜访”,请人勿送说“留步”。

(5)请人办事说“拜托”,盼人指点说“赐教”。

(6)求人帮忙说“劳驾”,请人解答说“请教”。

(7)求人方便说“借光”,麻烦别人说“打扰”。

(8)陪伴朋友说“奉陪”,中途告辞说“失陪”。

(9)向人祝贺说“恭喜”,赞赏他人说“高见”。

因此,在与陌生人说话的时候,我们需要掌握一些“客套话”的说法,在三言两语之间,就能轻松让对方为我们打开心门!

心理话术:

千百年来,人们在与人打交道的时候,都有一套约定俗成的套路,这其中也包括客套话。所谓“客套话”,顾名思义,就是为表示客气所说的话。作为领导者,无论在工作还是生活中,都免不了要与各种各样的人接触,于是,学会客套就显得尤为重要。

巧妙恭维给对方留下好印象

人类都有一个共同的心理,那就是希望自我价值被肯定,自尊心和荣誉感被满足。有位企业家说过:“人都是活在掌声中的,当部属被上司肯定,他才会更加卖力地工作。”根据这一心理,我们在为人处世的过程中,嘴甜一点,把赞美、恭维人的话说到对方心里去,会让他人喜欢与我们相处。

法国的拿破仑就非常知道恭维的力量,而且他也具有高超的统帅和领导艺术。他主张对士兵要“不用皮鞭而用荣誉来进行管理”。他认为:一个在伙伴面前受到体罚的人,是不可能愿意为你效命疆场的。为了激发和培养士兵的荣誉感,拿破仑对每一位立过功的士兵都加官晋爵,而且还会在全军进行广泛的通报宣传。通过这些赞美和变相赞美,去激励士兵勇敢地战斗。

的确，人人都喜欢正面刺激，不喜欢负面刺激。人际交往中的恭维，也是有规律可循的。很多人在恭维他人的时候，因为恭维不到位，或恭维语言不当而弄巧成拙，让他人感觉有奉承之嫌。真正会说话的人，会巧妙运用恭维的艺术，在不显山露水间表达自己的赞美之意。

有一位先生，听说外国人都喜欢听别人的赞美，尤其是女士，最喜欢听别人说她漂亮。后来，他出国了，便想试着去赞美别人。

一次，他去逛超市，迎面走来一位很胖的妇女。他习惯性地对这位妇女说："女士，您真是太漂亮了！"

不料，这位妇女狠狠地瞪了他一眼，毫不客气地说："先生，你是不是离家太久了？"

这位先生，可以说是好心办了坏事，原本想对这位女士赞美一番，却招来别人的厌恶，可谓无辜。而出现这一情况，就在于他不善赞美。

人们喜欢被恭维，但对于那些肉麻的奉承则会感到恶心。那么，人们究竟希望得到什么样的赞美呢？我们又该如何去巧妙地赞美他人呢？

1. 把握恭维的度，话要说得恰如其分

真诚的赞美应该是恰如其分的，不空泛，不夸大，不含糊，具体，确切。而且，所要赞美的事情也并非一定是大事，即使是别人的一个很小的优点，只要给予恰如其分的赞美，就不属于"拍马屁"。

2. 发自内心的恭维

当我们真诚地赞美别人时，对方也会由衷地感到高兴，并对我们产生一种好感。所以，要想缓和增进双方的关系，拉近彼此的距离，不妨对其使用真诚的赞美。

如果我们对一个六十岁的老太太说："您的皮肤真是和二十岁的姑娘一样好啊！"对方一定会认为我们精神有问题，因为这些话好像和她没有一点关系。

3. 背后恭维

要赞美一个人，直接赞美固然能起到作用，但间接赞美的效果更明显。

比如,如果我们当面说别人好话,说得不当可能会被认为我们在奉承他、讨好他;然而在背后说这些相同的好话时,被赞美者就容易接受我们的赞美之词,也容易领情。你不要担心这些赞美的话对方听不到,语言传递的力量是我们无法估量的。

4.恭维的话要说得具体

赞美要具体,不能含糊其辞,否则可能会让对方感到混乱和窘迫。赞美越具体,说明你对被赞美者越了解,也更容易让对方接受你的赞美。

克莱斯勒公司为罗斯福总统制造了一辆汽车,因为他下肢瘫痪,不能使用普通的小汽车。工程师将汽车送到白宫,总统立即对它产生了极大的兴趣:“我觉得简直不可思议,只需按按钮,车子就能跑起来,真是太奇妙了!”

他的朋友们也在一旁欣赏汽车,总统当着大家的面夸奖:“我真感激你们花费时间和精力研制了这辆车,这是件了不起的事!”总统接着欣赏了车的散热器、车灯等。也就是说,他提到了车的每一个细节,并坚持让夫人和他的朋友们注意这些装置。

这些具体的赞美,让人感到了他的真心和诚意。

心理话术:

任何人都拒绝不了恭维,因为恭维是一种对自我价值的认定和赞同,然而若是恭维不当,就如同隔靴搔痒,不仅起不到好的作用,反而更像“拍马屁”,引起对方反感。

遭遇尴尬,如何巧言打圆场

生活中,我们与人初次交往,都希望双方的交谈能在轻松愉快的氛围中进行,使每个人都身心愉悦,从而希望随着交谈的深入,双方的关系能进一步加深。但实际上,人们在处理人际关系的时候,也会因经验或能力的不足而面临尴尬的局面，或与客户争吵，或被上司批评，或被同级嘲笑等。此时，如果我们能巧妙地打圆场，帮彼此找到一个台阶，从而摆脱难堪的局面，那么，对方一定会对我们产生好感，从而有利于交谈的进一步进行。

老诗人严阵和一位青年女作家访问美国，在一所博物馆广场散步时，恰巧有两位美国老人在旁休息，看见中国人来，他们很热情地迎上来交谈。其中一位老人为表达对中国人的感情，热烈地拥抱那位女作家，并亲吻了一下，女作家十分尴尬，不知所措。另一位老人也抱怨那老人说，中国人不习惯这样，那拥抱过女作家的老人像犯了错误似的呆立一旁。老诗人严阵赶快上前微笑着说："呵，尊敬的老先生，你刚才吻的不是这位女士，而是中国，对吗？"那老人马上笑道："对，对！我吻的是中国！"尴尬气氛在笑声中烟消云散了。

老诗人严阵的一句打圆场的话，解除了因错误亲吻而带来的尴尬。而从这个犯错的外国老人的角度看，他一定也从心里感激严阵给他的这个台阶。而所谓打圆场，是指交际人双方争吵或处于尴尬处境时，由第三者出面进行调解的一种方法。打圆场运用得好，有利于打破僵局，解决问题，还可以融洽气氛、消除误会、缓和矛盾、平息争端、联络感情。

可见，交际中遇到尴尬的场面时，做到审时度势，准确把握双方的心理，然后运用说话技巧，借助恰到好处的话语及时出面打圆场，化解尴尬，维护交际活动的正常进行，就显得十分重要和宝贵，也确实是十分必要和值得重视的。那么，我们在交际中，怎样才能不失时机地打好圆场呢？

1. 找个借口，给对方台阶下

人们之所以会在交际场合陷入尴尬境地，是因为他们在某种些场合做了不合时宜的事，说了不合情理的话等，而要打破这一僵局，可以从人们不容易看到的方面就这些有悖常理的话和行为作出另一番解释，以证明他的行为和语言是合理的、无可厚非的。这样一来，对方的尴尬解除了，正常的人际关系也能得以继续下去了。而我们在无形中也多交了一个朋友。

2. 侧面点拨

即不直言相告，而是从侧面委婉地点拨对方，使其明白自己的不满，打消失当的念头。这一技巧通常借助于问句的形式表达出来。如：

小李与小王是一对好朋友，彼此都视对方为知己。有一次，本单位的青年小张对小李说："小李，我总觉得小王这小子为人有点太认真了，简直到了顽固的地步，你说是不是？"小李一听小张的话顿生反感，心想：你这小子在背地里贬损我的好朋友缺德不缺德？但他又不好发作，于是假装一本正经地说："小张，我先问你，我在背后和你议论我的好朋友，他要是知道了会不会和我反目为仇？"小张一听这话，脸"唰"地一红，不吭声了。

这里，小李就使用了委婉点拨的技巧。面对小张的发问，他没有直接回答"是"还是"不是"，而是话题一转，给对方出了个难题，而这个难题又正好能起到点拨对方的作用，既暗示了"小王是我的好朋友，我是不会和你合伙议论他的"，又隐含了对小张背后议论、贬损小王的不满。同时，由于这种点拨较委婉含蓄，所以也不致让对方太难堪。

3. 审时度势，让各方都满意

交际场合，产生矛盾的双方若就某一问题争论起来，此时，是很难说清楚谁对谁错，而作为调解者，在调解时应一碗水端平，不可厚此薄彼，以免加深双方的差异，要对双方的优势和价值都予以肯定，在一定程度上满足他们的自我实现心理，在这个基础上，再提出双方都能接受的建设性意见，这样就容易为双方所接受。

4. 转移话题，制造轻松气氛

当尴尬或僵局出现时，有些人由于情绪上的激动，往往会在一些问题上互不相让。在打圆场时，不妨岔开他们的话题，转移他们的注意力。如朋友之间为了某个问题争得面红耳赤，僵持不下时，可以适时说一句"要把这个问题争得明白，比国家足球队赢球还难"；或者说一个笑话，让双方的情绪平缓下来，在轻松的气氛中让尴尬消失殆尽，使交际活动得以顺利进行。

心理话术：

打圆场是一种语言艺术，但打圆场必须从善意的角度出发，以特定的话语去缓和紧张气氛，调节人际关系。而从我们自身来说，掌握交际双方的心理，运用说话技巧，帮人找回面子，也可以使我们在交际场合左右逢源。

面对刁难，自嘲就能轻松化解

生活中，我们与人交往，经常会遇到一些不善之辈，他们会给我们设置一些语言陷阱，此时，我们只有思维敏捷，迅速意识到对方的言外之意，并让自己的思维展开飞翔的翅膀，运用自嘲的方式，就能巧妙地粉碎他人的挑衅，让我们从这种尴尬中解脱出来。

在你身边，什么样的人最受欢迎？你一定会回答：有幽默感的人。而最受欢迎的幽默方式是什么？答案一定是自嘲。它是一种生活的艺术，还是一种自我嘲解、自我帮助，也是对人生挫折和逆境的一种积极、乐观的态度。自我解嘲并不是像人们所说的逆来顺受、不思进取，而是一种随遇而安的心态，对于那种可望不可及的目标做一下重新调整，设计出符合当下自己的目标，追求新的目标。正是因为这样，人们都对善于自嘲的人钦佩有加，并愿意与他们打交道。

当然，与人交往，并不是每个人都心存善意。面对不善的交谈，愚者出拳头，智者则能运用智慧为自己找到交际的出口。而人们要想做到自我解嘲，就要保持一颗平常的心，但这一点也是最重要的。平常的心，就是不被名利所累，不为世俗所牵绊，不以物喜，不以己悲。这不是很容易就能做到的。只有树立了正确的人生观、价值观，对名利地位、物质待遇等等采取超然物外的态度，才能心怀坦荡、乐观豁达，才谈得上自我解嘲，精神上才可以轻松起来，自己才可以更加的潇洒和充实。

具体来说，我们在自嘲时，可以针对这些方面：

1. 笑笑自己的长相

笑自己的长相，或笑自己做得不很漂亮的事情，会使我们变得较有人性，并给人一种和蔼可亲的感觉。如果你碰巧长得英俊或美丽，那就试试你的其他缺点。如果你真的没有什么缺点就虚构一个，缺点通常不难找到。

一位大学足球队的教练,有人向他问起某位明星球员。这位教练说:“他是大四学生,很不错的球员。但是有一个缺点,就是他已经大四了。”

一个人要出国进修,他的妻子半开玩笑地说:“你到了那个花花世界,说不定会有其他的女人投怀送抱呢!”他笑道:“你瞧瞧我这副尊容:冬瓜脸,罗圈腿,站在路上怕是人家眼角都不撩呢!”一句话便把妻子逗乐了。

人人都很忌讳他人提及自己长相上的缺陷,可这位丈夫却能够很平静地接受自己的先天不足,并不在意揭丑。这样的自嘲体现了一种人生智慧,比一本正经地向妻子发誓决不拈花惹草效果更好。此时,他在妻子眼里,一定是一个完美的丈夫。

2. 笑笑自己的缺点

有时你陷入难堪是由于自身的原因造成的,如外貌的缺陷、自身的缺点、言行的失误等等。自信的人能较好地维护自尊,自卑的人往往陷入难堪。对影响自身形象的种种不足之处大胆巧妙地加以自嘲,能出人意料地展示你的自信,在迅速摆脱窘境的同时显示你潇洒不羁的交际魅力。如你“海拔不高”,不妨说自己是体积小脑力大,浓缩的都是高科技;如丑陋的你找了一个美丽的她,不妨说“我很丑但我很温柔”;即便你如刘靖一样背上扣个小罗锅,也不妨说你是背弯人不弓。

可能你会认为,嘲笑自己的缺点和愚蠢,是幽默的最高境界。然而,伴随着这种嘲笑的情绪是不同的。如果我们尖刻地嘲笑自己,他人会觉得我们犯了愚蠢的错误,活该受到惩罚,那让只会我们感到屈辱。因为这种态度背后的潜在意识就是相信我们应该比实际的更好,而如此人生态度正是我们超脱的障碍。如果我们内心充满了爱来嘲笑自己,就能达到某种和蔼可亲的超脱。因为我们自认愚蠢,但不顾影自怜。

心理话术:

幽默一直被人们称为只有聪明人才能驾驭的语言艺术,而自嘲又被称为幽默的最高境界。在社交场合中,自嘲是不可多得的灵丹妙药,在遇到他人的刁难时,不妨拿自己来开涮,至少自己骂自己是安全的,一般不会讨人嫌。智者的金科玉律便是：不论你想笑别人怎样，先笑你自己。

聊大家都能聊的话题更易炒热气氛

社交场合，人们都希望交谈能在轻松、和谐的氛围中进行。而是否能达到良好的交谈效果，直接取决于交际场合大家交谈话题的合适与否。因为从心理学的角度看，人们对于那些与自己有共同话题和兴趣的人更容易产生交流的欲望，也更愿意与之结交。因此，恰当、有趣的话题能使大家循着交谈的轨迹逐步加深感情，从而建立友谊。如果运气好，你与陌生人的偶遇还可能发展成为终身不渝的友谊。仔细想来，我们哪个朋友原来不是陌生人呢？可见，话题在应酬中的重要性。

在印度有个叫贝尔纳·拉迪埃的销售员，他不同于一般的销售员，他的工作是推销空中客车飞机，当他被推荐到空中客车公司时，面临的第一项挑战就是向印度销售飞机。

这是一件棘手的任务，因为这笔交易已由印度政府初审，未被批准，能否重新寻找到合作的机会，全看销售代表的谈判本领了。作为销售代表，拉迪埃深知肩上的重任。他稍做准备就立即飞往新德里。接待他的是印度航空公司的主席拉尔少将。拉迪埃到印度后，见到他的谈判对手后说的第一句话是："正因为你，使我有机会在我生日这一天又回到了我的出生地，谢谢你！"

贝尔纳·拉迪埃的这句开场白是别开生面的，这个话题的选定，迅速拉近了与谈判对手的距离。这句话，虽然只有短短的几十个字，但是却蕴涵着丰富的内容。它表达了好几层意思：感谢主人慷慨赐予的机会，让他在自己生日这个值得纪念的日子来到贵国，而且贵国是他的出生地。而实际证明，拉迪埃的印度之行取得了成功。拉迪埃靠着娴熟的销售技巧，为空中客车公司创下了辉煌的业绩：仅在1979年，他就创记录地销售出230架飞机，价值420亿法郎。这当中,应该说也少不了他善于“拉拢人心”的功劳。

人与人交谈,都是围绕着一个话题展开的,而我们只有积极主动选择一个双方都感兴趣的话题,交谈才得以在一个轻松、愉快的氛围中进行。一般来讲,人们在交谈中,多选择以下几个话题:

1. 天气

天气是每个人都关心的问题,因为它事关每个人每天的生活。因此,若天气不好,不妨交换一下彼此的苦恼:“今天这天儿,我都穿得跟个企鹅似的。”“这鬼天气,我浑身上下都要起火了。”天气很好,不妨同声赞美:“今儿天气不错啊,心情也跟着好起来了。”如果某地遇到暴雨或者干旱等天气异常情况,也可以拿出来谈谈,因为那是人人都关心的话题。

2. 坦白自己的感受

比如,假若你参加了一个周围没有一个熟人的聚会,与其你自己在角落里一个人嘀咕“我太害羞了,与这种聚会格格不入”,还不如直接告诉坐在你身边的陌生人,或许对方也正有此感受。

一次,美国作家阿迪斯与另外写过一本书的心理学家谈话。阿迪斯通常对这类的谈话都能应付自如,并会从中受益,所以当他发觉自己结结巴巴,不知怎样开口时,简直大吃一惊。最后阿迪斯说:“不知为什么我对你有点害怕”。结果,那位心理学家对阿迪斯这个说法产生了兴趣,随即大家就自然地聊起来了。

3. 自己闹过的有些无伤大雅的笑话

比如,你可以拿买东西被骗,语言上的失误等此类的笑话来和对方分享一下。因为这些生活中的趣事,人们一般都爱听,在你谈论此类趣事时,可能对方也遇到过,你们之间就找到了共同的话题。另外,拿自己开涮,更体现出你的随合,平易近人。

有一次,阿迪斯听见一位太太对一个陌生的女士说:“你长得真好看。”也许,我们大多数人都没有说这种话的勇气,不过我们可以说:“我远远就看见你进来,我想……”或是“你正在看的那本书也是我最喜欢的。”如此,双方就能找到共同话题进行交谈了。

4. 以轰动一时的社会新闻为话题

生活中，我们每个人都会对近期发生的一些新闻进行谈论，这也是闲谈的资料。若你能就此发表自己的意见和看法，那就足可以把一批听众吸引在你的周围。

5. 家庭问题

关于每个家庭里需要知道的各方面的知识，例如家庭教育、购物经验、夫妇之间怎样相处、亲友之间的交际应酬、家庭布置等问题，也会使大多数人产生兴趣，家庭主妇们尤其关心这类问题。

当然，我们也应当避免问一些令人扫兴的话题。在初次交往中，彼此各自都有一定的意图，所以纯属个人生活的事情不要多谈，可能没有人愿意听你高谈阔论，诸如狗、孩子、食物和菜谱、自己的健康、高尔夫球，以及家庭纠纷之类的事。但可以对时下人们所共知的社会现象、热点问题等谈谈看法。

心理话术：

人们更愿意与人交流自己感兴趣的话题，对于那些在社交场合能兼顾大家感受而寻找共同话题的人也更容易产生好感。因此，如果你善于选择大家都能聊的话题，相信你会很快与他们建立起稳固的友谊。

依据情况，把祝酒词说到位

酒文化在中国永远是一个既古老又新鲜的话题。中国人喝酒，喝的不仅是酒，还是一种意境和文化。自古以来，素有“行酒令”之传统，到了现代，人们的祝酒习惯有增无减，这也是酒桌上的一个礼仪。因此，我们在交际应酬的时候，除了要懂得如何喝酒，还要明白祝酒的学问。

人们常说“酒品看人品”，一个人在酒桌上的表现如何，直接关系到留给对方的印象的好坏。因此，从心理学的角度看，那些会祝酒的人往往能获得满堂彩,不失礼节又能让人刮目相看。而祝酒词带有很强的随机性和变化性,因此,祝酒也考验了一个人在应酬的时候的变通、见机行事的能力。当然,祝酒也并不是毫无章法、毫无规则的,我们要根据不同的场合、时间、地点以及当时的喝酒氛围来祝酒。这门学问涉及方方面面:

(1)面对突如其来的"邀请"。酒桌上,有时候你毫无准备,却被推举出来祝酒,此时,你可能显得很局促,不知从何说起,那么,不妨直接说出你的感受。祝酒辞不用长篇大论,可以表达你的敬意和祝愿等。当然,如果你想表现得更有风度,更有口才,你就要增加一些回忆、赞美,以及相关的故事或笑话。

(2)一般来说,祝酒词是男女主人公的优先权,而假若无人祝酒,客人便可提议向主人祝酒,如果其中一位主人第一个祝酒,一位客人可以在第二个祝酒。

(3)重要的仪式场合,一般是由司仪祝酒,在没有司仪的情况下,组委会主席会在就餐结束,开始发言前,致必要的祝酒辞。在不太正式的场合,可以在葡萄酒和香槟酒上来之后,就提议祝酒。祝酒者并不必把酒杯里的酒喝干,每次喝一小口足矣。

(4)而假若你完全不会喝酒,甚至连含酒精的饮料都不喝时,你可以谢绝对方的好意,在祝酒时举起装着苏达水的高脚杯。以前,除非是酒精饮料,否则不祝酒,但是今天各种饮料都可以用来祝酒。即使你不喝酒,也应加入到这项活动中来,不然则显得失礼。

他人祝酒,你不必将酒都喝光,而只是站起来喝一些,并道"谢谢",同时向对方祝酒。如果愿意的话,女性可以非常自由地敬酒,而且回答敬酒只要笑一笑,或向祝酒者的方向点头示意就足够了。

具体的祝酒词是轻松和谐的,但我们在祝酒的时候要避免庸俗,否则,会让对方感觉难堪甚至鄙夷,这样,我们原本为了活跃气氛的本意就被倒置了。

另外,祝酒辞应当和与场合相吻合。例如,在婚礼上的祝酒辞应该侧重于情感方面,向退休员工表达敬意的祝酒辞则应当侧重于怀旧,诸如此类。

有以下一些经典的祝酒词:

男人不喝酒,交不到好朋友;感情深一口闷,感情浅舔一舔;宁可胃上烂个洞,不叫感情裂条缝;感情厚,喝不够;感情薄,喝不着;感情铁,喝出血。一两二两漱漱口,三两四两不算酒,五两六两扶墙走,七两八两还在吼……

但大多数酒宴宾客都较多,所以应尽量多谈论一些大部分人能够参与的话题,得到多数人的认同。因为每个人的身份地位、知识面以及兴趣爱好都有不同,谈话的内容太偏也许会赢得某个人的好感,但却遭到更多人的排斥,影响喝酒的效果。其次,在喝酒的时候,要瞄准宾主、把握大局、分清主次,不要单纯地为了喝酒而喝酒,而失去交友的好机会。

在酒桌上,我们最重要的是聪明,学会灵活掌握,熟练运用。不然,只会被别人"排山倒海"的祝酒词攻击。当别人劝酒的时候,我们可以反客为主,说"怎么能让您敬我酒呢,应该是我向您敬一杯才对。"然后起立举杯,说敬全体一杯,这样,他们接下来就不好意思挨个你劝酒了,就可以少喝很多杯。

可见,在酒桌上学会祝酒是何等的重要。才思敏捷、善于利用祝酒加深感情、又能"保护"自己的人往往能让宾主尽欢,于微醉微醒中达到喝酒的目的!

心理话术:

餐桌上祝酒,可以渲染吃饭气氛,使整个宴席的气氛活跃起来。或许你比较木讷,不大会说,其实很简单,生意人祝他生意兴隆,老人祝他越活越年轻,年轻人祝他前程似锦,女孩祝她越长越漂亮。只要你把祝酒词说到位,就能顺利让餐桌上的人对你赞赏有加!

祝贺的言辞要说到人心坎里

俗话说:"人逢喜事精神爽",人们在遇到喜事的时候自然心情愉悦,而且人类还有一个共同的心理,那就是乐于分享自己的喜悦。这就是为什么日常生活中人们在升职、加薪、结婚之际,喜欢宴请宾朋的原因了。而出于礼仪的需要,我们自然需要祝贺。但绝不能无视环境,乱讲一通。否则,非但不起作用,反而徒令对方败兴。要得偿所愿,就要掌握祝贺的语言技巧,只有把祝贺的话说到对方心坎里,产生积极的心理作用,才是有效的。我们先来看下面一个故事:

某退休老教授七十岁寿诞,在某酒店大摆筵席,宴会上高朋满座,其乐融融。宴会进行到一半的时候,一个学生出于礼貌,举杯祝贺老寿星。他说:“王教授一直是我们最和蔼可亲的老师,每当我深夜看书的时候,我总是会想起他的音容笑貌。”当他这一番话说完后,整个宴会厅鸦雀无声,此人好不尴尬。

故事中,祝贺的人本是出于好意,但却用错了字眼,制造了一出令人尴尬的闹剧。一般来说,对于已逝的人,才会用“音容笑貌”,在寿诞上,使用这一词语明显很扫兴。

祝贺的方式有多种多样,口头祝贺、书信祝贺、赠礼祝贺等等,都有自己特定的适用范围。在多数情况下,几种方式也可以同时并用。一般说来,口头祝贺,是人们用到最多的一种祝贺方式。

其中,如何使用口头祝贺,就明显体验了我们说话的技巧。具体来说,要把祝贺的话语说到对方心坎里,需要遵循以下几个原则:

1. 祝贺的时机需要审慎地选择

生活中,适逢亲朋好友结婚、生育、乔迁、获奖、晋职、过生日等应当及时向其表示自己为对方而高兴。不然,就有疏远双方关系、心存不满或妒忌之嫌。碰上节日,出于礼貌,向亲朋好友道贺也是必要的。对新开业、扩店、周年纪念等,也应予以祝贺。

2. 区分对象

口头祝贺要简洁、热情、友善并饱含感情色彩,同时要区分对象,回避对方之所忌。

对不同的对象,在不同的时刻,道贺之语的选择应有所不同。

在祝贺同行开业时,“事业兴旺”、“大展宏图”、“日新月异”、“生意兴隆”、“财源茂盛”等,都是很吉利的贺词。

在祝贺生日时,除了“生日快乐”可广泛使用外,“寿比南山,福如东海”这种是老寿星爱听的祝词,就不宜用于祝贺年轻人尤其是孩子们。

对新婚夫妇，使用“天长地久”、“比翼双飞”，“白头偕老”、“百年好合”、“互敬互爱”、“早生贵子”之类的祝贺语，能使对方更加陶醉在幸福与憧憬之中。

另外，有些话本意不错，但可能是一些人的忌讳，故宜加以回避。例如，香港人不爱听别人祝他“快乐”——爱讨“口彩”的他们，往往把“快乐”听成了与之发音一样的“快落”，那样岂不是太不吉利了。

若明知一位小姐才疏学浅，事业上难有重大进展，那么就不宜用“事业有成”，免得让人家“感时花溅泪”，代之以“生活幸福美满”，或许能让她芳心大悦。

3. 遵循一些约定俗成的语言

例如，“恭喜，恭喜”、“我真为您而高兴”就是常用的道贺之语。“事业成功”、“学习进步”、“工作顺利”、“一帆风顺”、“身体健康”、“心情愉快”、“生活幸福”、“合家平安”、“心想事成”、“恭喜发财”之类的吉祥话，大家也人人耳熟能详。

总之，在“人逢喜事”之时，一句得体的祝贺，可以把你的喜悦之情也传达给对方，从而促进人际间的友谊。

心理话术：

祝贺，就是向他人道喜。每当亲朋好友在工作与生活中取得了进展，或是恰逢节日喜庆之时，对其致以热烈且富有感情色彩的吉语佳言，会使对方的心情更为舒畅，双方的关系更为密切。

迎来送往、离席入席的那些话

古人云：“有朋自远方来，不亦乐乎？”、“杀猪宰羊且为乐”，这是中国人好客的真实写照。请客吃饭或者参加宴会，自然少不了迎来送往。而在迎来送往这一问题上能否言语得当,直接关系到我们给对方留下的印象的好坏以及彼此之间关系是否能进一步发展。因为从心理学的角度看,参加任何宴会,任何一个宾客都希望自己受到重视,而这一点往往就体现在那些细节问题上。我们先来看看下面的故事:

小春原先有个非常要好的朋友,现在却没什么联系了,原因就是数年前小春去他家做了一次客。小春这样回忆这件事:

"那天我和爱人受朋友之约,带着礼品准时敲响了他家的大门。去了才知道,那天他邀请的不只我们,还有一位局长。开席的时间已到,那局长还迟迟未见身影,打电话一问,才知是临时有事不来了。朋友很懊恼,席间不断抱怨那位局长不该失约。在我看来,他是心疼那一桌子菜没达到预期目的罢了。酒足饭饱,该回去了,他们一家人把我们夫妻送出大门,可还没等我们的摩托车起火,就听身后'咣当'一声,大门关上了,我隐约听见朋友骂了一句。我知道朋友不满的是那位失约的局长,但那'咣当'一声和那句谩骂让我心中拧起了疙瘩,以至于渐渐和朋友疏远了。他也许永远也不明白我们的交情是怎么淡薄下来的吧。"

故事中的主人公小春为什么不愿意和他的朋友再来往了?因为他的朋友在局长没有预约而至而心有不悦的情况下,完全没有考虑到小春的心理感受,在小春正离开他家时谩骂了一句,而让小春心里起了疙瘩。

可见,迎来送往是我们的传统,迎来与送往同样重要。可是有些人只注重迎客,而忽视了送客,这是待客一大忌。

其实,无论设家宴还是在酒店请客,一般都是"四步曲":

第一是发请柬,非正式场合打个电话也可以。

第二是迎宾,无论朋友是否携礼物到来,都是你请到的客人,都应以礼相待,恭请客人入席就坐。

迎宾是宴请中尤为重要的一步,俗话说,万事开头难,主客相遇,是否彼此相得,关键在作为东道主的我们是否懂得打破僵局,这就需要寒暄,它能缩短人际距离,向交谈对象表示自己的敬意,或是借以向对方表示乐于结交之意。选用适当的寒暄语,往往会为双方进一步的交谈、增进彼此之间的感情，做好良好的铺垫。

而相反的是，若宾客到来，在本需要我们迎接的时候，却一言不发，则是极其无礼的。即使我们与宾客的关系再熟，也要寒暄一两句，若视若不见，不置一词，难免显得自己妄自尊大。

宾客参加宴席，热情洋溢地迎接宾客，加上到位地寒暄，才能让对方感觉到“宾至如归”；但和客人交谈，最好是挑些轻松愉快的话题，这就需要我们学会适当地与宾客寒暄：

(1)跟初次见面的人寒暄，一定要记住双方的身份、熟悉程度，尽量用一些简单的寒暄语，诸如“你好！”“很高兴能认识您。”“见到您非常荣幸”。当然，也可以轻松、随便一点，如：“某某经常跟我谈起您”，或是“我早就拜读过您的大作”、“我听过您作的报告”等。

(2)双方已经熟络，寒暄语可亲切一点。

你可以说：“今天天气真好，很适合郊游呢。”“好久没见了”、“您气色很好”等。

(3)寒暄语应当删繁就简，还应有友好、尊重之意。

寒暄语不一定具有实质性内容，而且可长可短，需要因人、因时、因地而异，而它却不能不具备简洁、友好与尊重的特征。

例如，两人初次见面，一个说：“久闻大名，如雷贯耳，今日得见，三生有幸”，另一个则道：“岂敢，岂敢！”搞得像演古装戏一样，就大可不必了。

寒暄语应带有友好之意，敬重之心。既不容许敷衍了事般的打哈哈，也不可用以戏弄对方。“来了”，“瞧您那德性”，“喂，您又长膘了”等，自然均应禁用。

(4)牵涉到个人私生活、个人禁忌等方面的话语，最好别拿出来“献丑”。

例如，一见面就问候人家“跟朋友吹了没有”，或是“现在还吃不吃中药”，都会令对方反感至极。

第三是喝酒吃饭，酒菜的档次要看你的经济实力、宴请的什么人物，席间要对客人的到来表示感谢，给每位客人敬酒。

第四就是送客，这是非常关键的一个环节。朋友相聚，为的就是增加感情、加强了解，这次相聚甚欢，才能成为再聚的铺垫，所以应把客人送出大门，逐一握手再见，直到朋友远去，方可转身回家，这才是迎来送往的全部过程。

心理话术：

请客吃饭，就需要迎来送往，这是一门艺术，更是为人处世过程中成功攻克人际心理距离的方式之一。细节决定了你交际应酬的成败，学会迎来送往的艺术，能一下子拉近你和客人之间的距离，与人之间的情感也就能加深，我们请客吃饭的目的也就自然而然地达到了。

第15章

求人办事，悦人心的话语助事水到渠成

我们知道，这个世界没有人是万能的，有些事情仅靠我们自己的力量去办，是很难成功的。所以，有些时候我们必须寻求他人的合作才能成功。求人办事就是寻求合作的一种方式。要想打动对方，让对方尽力来帮助你，就需要良好的口才艺术，巧妙地运用对症下药的方法，成功攻克对方的心理防线，如果你能用语言的魅力感染人，用亲切的话语说服人，用发自肺腑的真诚打动人……你的人生就会增添无限光彩，你寻求与他人合作的路子就会越走越宽。

动情言语，令对方不忍对你拒绝

人是社会的人，任何人的一生，都不可能不求助于人，真正成大事者，往往懂得借助他人的力量，而善借外力，必懂攻心谋略；善攻心者，必能用言语感动人。因为人都是感情的动物，世间之事也逃不过一个“情”字，求人办事时更是如此。情真方能动人，再铁石心肠的人也难免为真情所动。

山东某企业家张先生原是东北吉林人。张先生虽已成家立业，但时时刻刻都想着家乡，但却因为工作繁忙，一直没时间回去。

王某是张先生家乡所在城市对外联络办的工作人员，最近他在工作上遇到了一点问题：市政府为了创办当地特有的产品加工厂，需要一笔不小的资金，当地政府千筹万借，才筹到了总数的三分之一，怎么办呢？王先生准备找张先生帮忙。他看了张先生的详细资料后，就判断张先生这时也很有回家乡投资的意向。因此，在没有任何人员陪同，也没有准备任何礼品的情况下，独自一人前往山东。

当张先生听到家乡来人时，欣喜之余也感到有些惊讶，因为久不闻家乡的信息，突然有人来了，该不会是招摇撞骗之人吧！张先生心里不由得生出阵阵疑心，但出于礼节，他还是同王某见了面。

王某一见张先生这种神情，知道他还没有完全相信自己。于是他挑起了家乡的话题，只讲家乡解放前及这些年来的风貌变化，他那生动的语言，特别是那浓浓的爱乡之情溢于言表，令张先生深受感动，也将他带回了童年及少年时代，想起了那时的家乡，那里的爷爷奶奶，还有邻里亲戚……很显然，张先生记忆深处中的那块思乡领地已被王某揭开了“盖头”，蕴藏在心中的那份几十年的感情全部流露了出来，让人欲罢不能。

就这样，经过 3 个小时的“聊天”，王某对借钱一事只字未提，只是与张先生回忆了家乡的变迁，犹如放电影一般。最后，张先生不但主动提出要为家乡捐款一事,还答应了与家乡合资办厂的要求。

俗话说:“老乡见老乡,两眼泪汪汪。”案例中的王某就是通过展现乡情来打动张先生的,的确,乡情是以地缘为纽带而结成的特殊缘分,人们在说话办事时可以靠乡情套近乎、拉关系,可以利用乡情打通关节,办成事情。

当然,在求人办事时,说动情的话的方式是多种多样的,但前提必须是要掌握对方的心理,说对味的话,才能真正起到以情动人的目的。通常来说,我们可以从以下几个方面努力:

1. 申述自己的处境,以表示求助于人是不得已之举

上世纪九十年代,某国有工厂某车间接到国库券认购任务。这是一个上百号工人的大厂子,因此,有几百名工人认购了不同的数额,但工厂偏偏有几个不愿认购的“老顽固”。这几个拥有30年左右工龄的老工人,任凭车间主任磨破了嘴皮,依然不肯认购:

“不是说要自愿吗?我不自愿!”

前后已经开了三次动员会,依然毫无结果。下班时,车间主任把这几位老工人送到车间门口,轻声说:“我只讲最后一句:我现在很为难,请大家帮个忙。”

奇怪的是,原先态度还强硬的老工人听了这句语重心长的话,竟纷纷表示:“主任,我们不会让你为难。”说完,大家立即转身回去签名认购。

很快,国库券的认购任务就完成了。

一句充满人情味的求助话,居然比通盘大道理更具有说服力。作为老工人,虽然文化水平不高,但重情义。现在,领导不是讲大道理,而是请他们帮忙。他们想:“领导看得上咱,岂能不给面子?”就这样,气一下顺了。那位车间主任,在正面强攻不下的情况下,改用避实就虚、迂回包抄的战术,先了解对方的心理需求,然后由虚而实,从而达到目的。可见,诚恳的请求,实为有效的说服方法。

2. 充分阐明自己所请求之事并非与被请求者无关,以使对方不能无动于衷、袖手旁观

当然，表现“情”时不能冷冰冰的毫无感情，也不能表现得过度热情。求人办事时，“情”的展现也只是一种客套而已。怎么恰当地“客套”是值得注意的。“朱欲知其人，先善其思！”意思就是说只有先了解了对方的心里所思，才能在语言、行为上知其客套，赢得对方的好感。

心理话术：

用情打动别人这一求人办事的方法，一般用于比较大的或较为重要的事情上，需要我们把对人的请求融入到动情的叙述中。通常来说，一句富有人情味的话，往往比那些大道理更具有说服力。

巧妙铺垫，让求人办事变得顺理成章

生活中，人们都有这样的心理：对于那些关系一般或者不熟识的人都是心怀戒备的，并且，也觉得没有必要答应对方的请求，而一旦对对方产生好感，并愿意与之结交后，对于对方提出的请求也就会欣然答应了。因此，在求人办事时，倘若向特别要好和熟悉的人求助，可以直截了当、随便一点。但有时求助于关系一般的人、生人或社会地位较高的人时，则常常需要一个“导入”的过程。这个导入过程可长可短，得视情况而定。

刘先生最近公司资金状况出了点问题，他原本想通过向银行贷款解决这一问题，但无奈，却被银行拒绝了，随后，他想到了某大老板张先生。但问题又出现了，据说，张先生是个出了名的铁公鸡，从不愿意借钱给别人，怎么办呢？

刘先生深知用一般的方法来向他借钱，绝无成功的可能。他经过片刻思考后，就下定了决心，打电话给张先生，约好见面的时间和地点。这天，刘先生并没有开车，而是搭乘公共汽车前往，然而在离张先生家还有150米时，他就下车开始全速跑向张先生家。

那时虽是春天，但天已经开始热起来了，刘先生跑到的时候，已经是大汗淋漓，张先生见了他非常诧异地问："你怎么回事？一身汗！"

"我怕赶不上时间嘛，只好跑着来！"

"你怎么不打车呢？"

"其实，我很早就出发了，上了公共汽车后，却又遇到堵车，没办法，我看时间不够了，就只好下车跑过来了！"

"像你这种人也会坐公共汽车吗？"

"怎么？您不知道我这个人很注重节约的，不过别人都说我吝啬，我怎么会坐计程车呢？坐公共汽车既便宜又方便，而且自己没有私车的话，也省了请司机的开销。其实，还是用双脚最好，碰到赶时间的时候，只要用它们跑就可以，既不花钱，又可强身，多好啊！我这种吝啬的人哪会像你们大老板一样有自己的私车呢？"

"我也很小气啊！所以，我也没有自家的车子。"张先生谦逊地说。

"您那叫节俭，我这叫小气，所以才有'小气鬼'的绰号。"

"但是我从来没听说过你是这种人。其实，我才真的被人认为是吝啬鬼。"

"张先生，人不吝啬的话是无法创业的，所以，人不能太慷慨。我们做事业的人都是向银行或他人贷款来创业的，当然是应该节俭，千万不能随便地浪费钱啊！我们要尽量地赚钱，好报答投资的人。钱财只会聚集在喜欢它、节俭它的人身上……我经常对下属这么说。"

刘先生的这些话使张先生产生了共鸣，于是很反常地借钱给这个相见恨晚的刘先生。

刘先生在求人办事上的这一套手法着实很耐人寻味，面对一个吝啬的人，他一反常人的做法，说明吝啬的好处，引起了对方的同感，继而成功借到对方的钱，挽救了他的事业。

求人办事时，对方能不能答应你的要求，能不能全力帮助你把事情办成，关键在什么？关键在他心里是怎么想的。他的心里怎么想问题，就决定了他对你提出的事是给办还是不给办。一般来说，如果你和所求之人是陌生人或关系不熟,那么,你就不能急于切入正题,而应该先拉近双方的距离,让一切看来水到渠成。

那么,具体说来,求人办事的过程中,我们该怎样逐步"导入"正题呢?

1. 先找到共同的话题。

面对不熟悉的人,一开始最好避免开门见山地直述自己要达到的目的,迂回地谈些其他事情,比如天气、足球、服装、电影……从中找到共同兴趣点,然后才在共同感兴趣的话题上不露痕迹地、自然地转入到正题上去。这样可以取得很好的效果。

2. 秉持"说三分,听七分"的原则

许多善于说话的人都强调"听"的重要性,因为只有善于倾听才能达到目的,听人说话的本意在于了解对方的心意,把握对方的想法和要求。而对方是商谈的主角,所以应让对方多说,以对方为中心,而自己多听,从而更能掌握对方。

3. "导入"正题时注意运用容易为对方所接受的说法

一句内容和中心思想完全一样的话,由于说法不同,产生的效果可能会有所不同。有的可能会让人觉得亲切、易于接受,有的则让人觉得生硬。通常反复强调你的想法未必能发挥太大的作用。

另外,还要尽量防止自己的话无意间冒犯到对方。所以,在有求于人时应事先对对方有所了解,若无意中冲撞了对方,岂非前功尽弃?

心理话术:

人们对于自己不熟悉的人或事,往往都持有一种排斥的心理。因此,任何请求,如果直截了当,会显得突兀,让对方难以接受,而如果我们能巧妙铺垫,然后再导入主题,对方会更易接受。

求人办事要真诚，不要羞于表达

人生在世，没有谁只活在自己的世界里，社会是一个集体，学会说话、办事，少不了求人，为此，你就必须得舍得下面子，如果羞于表达的话，恐怕是没有人愿意答应你的请求的。从心理学的角度看，谁都愿意听顺耳的话，何况是在被人求的时候。同时，如果你们对那些敢于大胆、真诚、说话情真意切的人，往往更愿意伸出援助之手。

的确，日常生活中，有太多无奈，你不得不去求人。假如你是一个下属，希望能升职加薪；假如你是一名病人，希望能找到一个医术高超的医生解除你的病痛；假如你是还为工作发愁，希望能找到一份如意的工作；假如你急需用钱，希望能筹借到这笔钱……这许许多多、大大小小的希望便构成了生活。生活会迫使你不得不去求助于别人，但有些人一提到求人就皱眉头，甚至羞于告人，他们对求人怀有一定的偏见，认为那一定是卑躬屈膝、低三下四的。其实不然，人身为社会人，就不可能做到万事靠自己，寻求帮助是一种生存方式，而且，向别人求取帮助是以自尊、自重、自爱为前提的，是要做到求而不卑、求而不倚，也没有什么丢脸的。

求人有多种多样的方式，其中很大部分是由口头提出的。人们不难发现，同样的请求内容，不同的人，用不同的方法和语言表达出来，得到的结果常常是不一样的。那么，怎样开口才显真诚呢？

1. 求人语言要诚恳

所谓诚恳是指要让被请求者感到你是发自内心地求助于他，从而重视你的请求。这是求人成功的先决条件。

2. 求人语言要礼貌

所谓礼貌是指应该尽量选用被请求者乐意接受的称呼，像在问路、请求让座时，这一点就显得非常重要。问路时，称对方为“老头”、“小孩子”，那你

肯定一无所获;若改用“老人家”、“小朋友”等,效果就会好些。有这样一个故事:

有个年轻人骑马赶路,见一位老汉在路边休息,他便在马上高声喊道:“喂!老头儿,离客店还有多远?”老汉回答:“五里!”年轻人策马飞奔,急忙赶路去了。结果一口气跑了十多里,仍不见人烟。他暗想,这老头儿真可恶,说谎话骗人,非得回去教训他一下不可。他一边想着,一边自言自语道:“五里,五里,什么五里?”猛然,他醒悟过来了,这“五里”,不就是“无礼”的谐音吗?于是掉转马头往回赶,追上了那位老人,急忙翻身下马,恭敬地叫声“老大爷”,话没说完,老人便说:“天已黑了,如不嫌弃,可到我家一住。”

这是一则流传很广的故事,它通俗而明白地告诉人们在人际交往过程中说话要讲究礼貌的重要性。

3. 不强加于人

不强加于人是指不用命令、祈使的语气,而多用委婉、征询的口气。例如,尽可能地使用“麻烦……”“劳驾……”“可以……吗”这类句式,即使对相识者也不妨这样。

4. 求人时,语言一定要简明扼要

不需要刻意雕琢言语、故意咬文嚼字,要尽量抛弃那些造作的、文绉绉的词汇;而且说话要有真意、不粉饰、少做作,表现朴素、自然,以平易近人的语言把话说得自然、通畅。

世界著名演讲艺术家弗尔特说:“你应该时常说话,但不必说得太长,少叙述故事,除了真正贴切而简短之外,不讲为妙。”

简明扼要的表达是实现一语中的、妙语如珠、赢得他人侧耳聆听的基础。同时,还要忌讳说话含糊其辞。语言表达必须准确,说话前要谨慎思考,避免过于犀利或不文雅的言语。

5. 避开忌讳

每个人因个性和生活经历不同,对某些言辞和举动有所顾忌,因此千万不要去冒犯。《孙子兵法》上讲:“知己知彼,百战不殆。”这句话同样适用于求人的技巧。当我们有求于人的时候,首先不妨对那个人的嗜好、性情、学识和经历等做一番侦察，然后从容前往，将会得到意想不到的效果。

心理话术：

人生在世，既有风雨也有晴天，所以谁都需要别人的“搀扶”，我们在求人办事的时候，要大胆开口，但同时要做到求而不卑、求而不倚！

互惠互利，巧言求人让对方感到有利可图

我们都知道，人是三分理智、七分感情的动物，友善会孕育友善，付出会孕育付出，所以生活中你怎样对待别人，别人就会怎样对待你。这就是心理学上人们常说的互惠原则。根据这一原则，我们在求人办事时若不忘表示愿意给对方以某种回报，或将牢记对方所提供的好处，即使不能马上回报对方，也一定会在对方用得着自己的时候鼎力相助。配以“互利”的承诺，让对方觉得他的付出值得，同时也会对求助者多一分好感。

某年，由于市场竞争激烈，木材市场十分不景气，木材的价格又大幅下跌，很多大型林场都遇到了危机。面对这样的情况，某林场场长认决心带领大家从夹缝中冲出去。为此，他亲自到欧美一些国家做市场调查，搜集信息，寻找合伙对象，开辟新市场。

在国外，场长找到一家著名的家具生产集团。场长开门见山说明来意，希望那家公司能够把他们的林场作为原料采购基地。对方公司总经理说：“现在我们的原料供应系统很稳定，你有什么优势让我们把别的公司辞掉，而选用你们的木材？”

场长对此不卑不亢地列举了该林场三大优势：第一，我们林场的木材质量有保证，有很高的信誉；第二，我们可以长期合作，保证长期供货，长期供应价格上给予一定的优惠；第三，我们林场有自备码头，保证货运及时，并有良好的售后服务，更重要的一点是保证信守合同。场长在大谈林场的三大

优势后,还不紧不慢地对外方总经理说,林场刚刚与国际上另一家知名公司签订了供货合同。那位经理听说连那样的大公司都与中方的这家林场签订了合同,看来林场实力不弱啊!他立即同意就供货问题正式洽谈。签订合同之前对木材进行现场检测。经检测,木林质地良好,是家具原材料的上上之选,经过一番讨论,双方终于正式签订了合同,该林场在国际市场上也站稳了脚。

这里,林场老板是怎么让这家公司答应与之合作的?很简单,他在自身力量较弱,处于劣势的情况下,采取了往自己脸上贴金,玩个把戏把身价抬高,继而让对方看到与之合作会有利可图。

的确,一般人求人,态度一定会低三下四,让对方可怜,好像只有这样才容易获得救助。但是这种人对方可能见得比较多,也就会见怪不怪了。同时,一些人在看不到帮助你之后得到的利益的情况下,是不会对你伸出援助之手的。如果你一反常规,多谈及对方在帮助你之后会获得的利益,那么,综合权衡之下,让对方答应请求的概率会大大增加。

那么,具体来说,我们该怎样运用互惠原则来求人办事呢?

1. 为自己贴金,让对方看到你的潜力

正如上例中,那位场长没有刻意地恭维对方而是底气十足地向对方提出要求,紧接着在不经意中道出自己与另一家公司签订了合同,无形中抬高了林场木材的身价,令对方对他刮目相看,如此一来事情自然好办多了。

很多场合,双方情况都是虚虚实实,谁也无法完全摸清对方的底细。在这种大环境下,如果你势力弱而又想借助对方的力量的话,那么你就应该多往自己脸上贴金,抬高身价,至少给对方一个你实力强大的假象,让对方看到你潜在的实力,进而愿意助你一臂之力。

2. 承诺给予对方一定的利益

其实,人们在遇到他人求助于自己的时候,总是在寻找心理平衡,帮助他是不是值得?我能得到什么好处?他会不会记得我帮助过他?在这些疑问存在的情况下,人们是不愿意下帮助你的决定的。此时,如果你对其许下承诺,保证会给其一定的利益报酬,那么,就等于给对方吃了一粒定心丸,帮助你的可能性也就提高了。

心理话术：

“互惠原则”是指受人恩惠就要回报。主要表现为生活中人们经常会以相同的方式，回报他人为自己所付出的一切，即行为孕育同样的行为，友善孕育同样的友善，付出也会孕育同样的付出。你怎样对待别人，别人就会怎样对待你。因为，当人们给予他人好处后，他人心中会有负债感，并且希望能够通过同一方式或者其他方式还这份人情。

抬高对方，令其不好意思拒绝你的要求

生活中，每个人都喜欢听好话，这也就是人们所说的赞美，它会激发听者的自豪和骄傲。从我们自身来说，赞美完全可以是求人办事时最好的手段之一，我们赞美的时候，先把对方捧高，让其不好意思拒绝你的要求。比如，我们可以给对方一个超过事实的美名，让其自我感觉良好。这样在跟他说话的时候他就会在心里有一种自己是很值得人尊敬的感觉，对于你的请求，他又怎么好意思拒绝呢？

一位妇女抱着小孩上火车，车上位子已经坐满，而这位妇女旁边，一位小伙子却躺着睡觉，占了两个人的位子。孩子哭闹着要座位，并指着要他让座。小伙子假装没听见。这时，小孩的妈妈说话了：“这位叔叔太累了，等他睡一会儿，他就会让给你的。”

几分钟后，小伙子起来客气地让了座。

这位妇女无疑处于“求人”的地位，她能靠一句话求人成功，聪明之处正在于以一个“礼”字把对方架在了很高的位置：他应该休息，而且他是个好人，因为如果他不“睡”了，他会主动让给你的。显然，一个再无礼的人面对这样的礼貌也不会无动于衷。我们再来看下面一则故事：

某工程机械制造厂的科长与其部属的对话："小李，你看起来气色蛮好的嘛，听说最近挺清闲的？你看人家小张，多忙！在这个社会上，总是能者多劳的。不过听说你的英文很棒，反正闲着也是闲着，帮我翻译一下这篇稿子，这个礼拜就要！"

"这礼拜？我恐怕要跟你说声抱歉。下星期一我有一个会议，必须准备一些相关资料，所以可能没时间为你翻译，科长不也是大学毕业的吗？我看根本不用托我嘛，反正我正职的工作都做不好，就别说翻译这么重要的事情了。"

"啊，我知道了，算了，不求你也罢。"

这里，这位科长求人办事的方法实在不对，找部属替自己翻译，是要去说服而不是贬低他。拿对方同别人相比，言辞间流露出批评之意，甚至还批评对方工作没做好。如此一来，对方哪还会想替你做事，这实在是糟糕透顶的谈话。事实上许多人都是这样子，在求人办事的时候，不懂得抬高对方，反而伤害了他人的自尊，却还一副若无其事的样子。碍于上司与下属间的关系，对方即使受到伤害，也不至于当场和你翻脸。但是长期下来，部属心中对上司的不满久而久之也会忍不住要溢于言表了。

如果这位科长像下面这样说话，就不会碰壁了："小李，你最近有空吗？听说跟你同期的小张最近很忙。知识经济时代，真是能者多劳啊。下周又要开会，你现在一定也很忙吧！我曾听人说你的英文不错，不知能否抽空帮我翻译一下这篇文章呢？是非常重要的资料，急着要的，行吗？"

如此和气的请托，谁会忍心拒绝呢？为什么换一种说法小李的情绪就和前例迥然不同呢？这是因为他的自尊心得到了极大的满足。无论是谁，对自身的东西都会有一种自豪、珍惜之情。尊重这份感情，也就能赢得对方的信赖，获得对方的帮助。

那么，年轻人要怎样表现自己对老前辈的尊敬呢？

1. 了解对方，给对方戴一顶最适合的"高帽子"

每个人都有其最自豪的地方，我们抬高别人之前，就要先找出对方最值得赞扬的地方，然后加以赞赏，必然会得到他的好感，要说服他或者请他帮忙也就不再是难事了。

2. 不着痕迹地夸大别人的优点

抬高别人，难免要说一些是奉承话、恭维之辞，把对方的优点加以拔高、放大。这样的话有明显讨好之意。因此，我们在抬高别人的时候，一定要说得巧妙，最高明的做法是自然而然，不露痕迹。

3. 适当示弱求帮助

用商量的口吻向对方说出自己要办的事是一种巧妙的办法。装作自己没有任何把握，将建议与请求等慢慢表达出来，给对方和自己留下一条退路。比如说："这件事我办起来很困难，你试试如何？"

心理话术：

所谓的"抬高对方"，在求人办事时就是"捧"，是指对所求的人的恰到好处、实事求是的称赞，并不包括那种漫无边际、肉麻的吹捧。求人时说点对方乐意听的话，尤其是顺便就与所求的事有关的方面称赞一下对方，也不失为一种求人的好办法。

表述事情难度，激发对方的斗志

生活中，有时候，我们求人办事，正面劝说的结果似乎总是事与愿违。但我们可能忽视了一点，那就是人们都有不服输的心理，越是被否定，越是要证明自己；越是受压迫，越是要反抗等。如果我们告诉对方事情存在一定难度，他可能办不到时，那么，便能激起对方的挑战欲，从而愿意一试。

《三国演义》中有这样一个故事：

马超率兵攻打葭萌关的时候，张飞主动请求出战。

诸葛亮却佯装没听见，对刘备说："马超智勇双全，无人可敌，除非往荆州唤云长来，方能对敌。"

张飞说："军师为什么小瞧我？我曾单人独骑抗拒曹操百万大军，难道还怕马超这个匹夫！"

诸葛亮说："你在当阳桥抗曹，是因为曹操不知道虚实，若知虚实，你怎能安然无事？马超英勇无比，天下的人都知道，他在渭桥大战曹操，把曹操杀得割须弃袍，差一点丧命，绝非等闲之辈，就是云长来也未必能胜他。"

张飞说："我今天就去，如战胜不了马超，甘当军令！"

诸葛亮看"激将法"起了作用，便顺水推舟地说："既然你肯立军令状，便可以为先锋！"

实际上，在《三国演义》中，诸葛亮常用这种方法来"激"张飞，因为他深知张飞是个火暴脾气，于是，每当遇到重要战事，先说他担当不了此任，或说怕他贪杯酒后误事，激他立下军令状，增强他的责任感和紧迫感，激发他的斗志和勇气，清除他轻敌的思想。

求别人办事的时候，倘若能够明白对方属于哪种类型的人，说起话来就比较容易了。

1960年，美国黑人富豪约翰逊意欲在芝加哥为公司总部创建一所办公大楼，为此他跑了多家银行，但始终没有贷到款。此时，问题的严重性在于承包商已经聘请好了，一切已经如火如荼地开始了，此时，工程所需费用还差500万美元。假如钱用完了而他仍然拿不到抵押贷款，他就得停工。

这天，约翰逊和大都会人寿保险公司的一个主管在纽约市一起吃晚饭。

约翰逊拿出经常带在身边的一张蓝图。正准备将蓝图摊在餐桌上时，那位主管对他说："在这儿我们不便谈，明天到我的办公室来。"

第二天，当约翰逊断定大都会公司很有希望给他抵押贷款时，说："好极了，唯一的问题是今天我就需要得到贷款的承诺。"

"你一定在开玩笑，我们从来没有在一天之内给过这样贷款的承诺。"主管回答。

约翰逊把椅子拉近主管，说："你是这个部门的主管，也许你应该试试看你有无足够的权力，能把这件事在一天之内办妥。"

主管微笑着说："你这是让我为难，不过，还是让我试试看吧。"

结果非常理想,约翰逊成功地达到了自己的目的。

约翰的话明显是对那位主管能力和权威的一种挑战,尽管这位主管不一定真的有那么大的权力。于是,为了证明自己能完成这一有难度的任务自然会答应。以激将法说服别人,务必找到并击中对方的要害,迫使他就范。就这件事来说,要害是那位主管对他自己权力的威严感。

可见,巧言激将,一定要根据不同的交谈对象,采用不同的激将法,才能收到满意的效果。犹如治病,对症下药才有疗效。因此,总的来说,在运用这一心理策略的时候,要注意以下几个方面:

1. 了解对方的弱点

逆反心理能否起到应有的作用,就要我们了解对方的弱点。“请将不如激将”,也要了解“将”的“致命伤”。比如那些爱表现的人,我们不妨从反面说:“我知道您也是能力有限……”这样一激,对方肯定答应了你的请求。

2. 因人而用

我们在运用这一心理策略的时候,要先了解对方,因人而用。要对对方的心理承受能力有所了解,如果激而无效,那么也是白费力气。

3. 掌握火候,语言不能“过”

如果说话平淡,就不能产生激励效果,如果言语过于尖刻,就会让对方反感;语言不能过急,也不能过缓。过急,欲速则不达;过缓,对方无动于衷,无法激起对方的好胜心,也就达不到目的。

心理话术:

在求人办事的过程中,有时别人并不应允,如果只用直截了当的语言请求他们,他们也许会一再拒绝。在这种情况下,巧用激将法则会收到原本难以达到的效果。因为人类都是有逆反的心理的,尤其是自己的权威、能力受到了质疑的时候,他们的自尊心、自信心就会被激发起来。

运用“登门槛效应”，令对方不知不觉认可你

心理学家认为，在一般情况下，人们都不愿接受较高较难的要求，因为它费时费力又难以成功。相反，人们却乐于接受较小的、较易完成的要求，在实现了较小的要求后，人们才慢慢地接受较大的要求，这就是“登门坎效应”对人的影响。其实，生活中，“登门槛效应”的应用实例并不少见，比如，男性追求女性，直截了当地求爱可能会吓跑女方，但如果从朋友做起，则更易达成目标。我们求人办事，因为事情的难度，对方很可能会拒绝，但换言之，我们让对方帮个小忙，对方会欣然接受，也就是这个道理。

心理学家查尔迪尼做了这样一个实验：他代替某个慈善机构进行了一次募捐活动。在募捐时，对一些人说了这样一句话：“哪怕一分钱也好”，而对另外一些人则没有说这句话。结果，前者的募捐比后者要多两倍。

这就是说向人们提出一个微不足道的小要求时，人们很难拒绝，否则就太不通人情了。“登门槛效应”的要义在于先进门槛再逐步登高，得寸就步步进尺。为了留下前后一致的印象，人们就容易接受更高的要求。

一次，一个旅游团不经意地走进了一家糖果店。他们在参观一番后，并没有购买糖果的打算。临走的时候，服务员将一盘精美的糖果捧到了他们面前，并且柔声慢语道：“这是我们店刚进的新品种，清香可口，甜而不腻，请您随便品尝，千万不要客气。”如此盛情难却，恭敬不如从命。旅游团成员觉得既然免费尝到了甜头，不买点什么，确实有点过意不去，于是每人买了一大包，在服务员“欢迎再来”的送别声中离去。

实际上，这也是“登门坎效应”的应用。根据“登门槛效应”，在人际交往中，当我们要求某人做某件较大的事情又担心他不愿意做时，可以先向他提出做一件类似的、较小的事情。当他接受了我们这一小要求时，我们就有可能让他答应更大的请求，也就是说想“进尺”，不妨先“得寸”。

但我们在运用“登门槛效应”时，还应注意几点：

1.“门槛”不能太高，否则无法“得寸”。

一般情况下，人们不会拒绝那些举手之劳的事。因此，我们在提出正式要求之前，要做充分的准备，将对方的实力调查清楚，否则，可能你所谓的小要求，对于对方来说都很难达成。

比如，你是个管理者，你高估了某位下属的能力，你交给他一件你认为的小事，他也没有办好，这主要是因为你没有事先了解清楚。相反，当你了解他的做事习惯、办事能力后，你不妨先提出一个只要比过去稍有进步的小要求，当他们达到这个要求后，再通过鼓励，逐步向其提出更高的要求，这样他容易接受，预期目标也容易实现。

2. 注意“进尺”的尺度

现实生活中，我们经常会将那些进门之后，直接向我们推销产品的推销员拒之于千里之外。当销售员向我们获得特许，“登门槛”也“得寸”后，便得意忘形，将销售议程提上案。事实上，此时，我们的内心世界还并没有消除对销售员的戒备状态，可想而知，我们是不会买他的账的。

社交生活中，也是如此，我们求人办事、向别人提请求，也不能急功近利，否则，只会事倍功半。

3. 确定对方是否能接受你“得寸”，从而让你“进尺”

生活中，一般人都能接受“登门槛效应”，人们都希望在别人面前保持一个比较一致的形象，不希望别人把自己看作“变化无常”的人。因而，在接受别人的要求、对别人提供帮助之后，再拒绝别人就变得更加困难了。如果这种要求给自己造成损失并不大的话，人们往往会有一种“反正都已经帮了，再帮一次又何妨”的心理。于是，“登门坎效应”就发生作用了。

但事实上，也有一部分人，“登门槛效应”对他们根本起不了作用，对于这一类人，我们应该做的是“另寻出路”。

可以说，“登门槛效应”是一种求人办事的迂回措施，当“引诱”对方先同意我们的小要求后，对方答应我们的大要求的成功性也就更大！

心理话术：

“登门槛效应”又称得寸进尺效应，是指一个人一旦接受了他人的一个微不足道的要求，为了避免认知上的不协调，想给他人以前后一致的印象，就有可能接受更大的要求。这种现象，犹如登门坎时要一级台阶一级台阶地登，这样能更容易更顺利地登上高处。

借用时机，把难开口的请求说出来

我们都知道，求人办事能否成功，往往和对方的心情有关。如果对方高兴，很可能会二话不说答应你；但如果对方心情不悦，那么，求人办事的过程也会变得艰辛很多。因此，那些善于掌握他人心理的人，往往都会选择对方心情愉悦的时候提出自己的请求。因为从心理学的角度看，人们在心情愉悦的时候，对于他人的请求的排斥度会大大减小。可能这就是为什么那些销售人员会选择客户公司庆典、结婚纪念日、升职加薪日上门推销的原因了。当然，有时候，我们可以为客户“制造”一个心情愉悦的时刻。

有位先生和朋友去拜访一位教授，希望这个教授能为自己的学业指点迷津，那个教授为人严肃，平时不苟言笑。坐了半天，除了开头说了几句应酬话，剩下的只是让人尴尬的沉默。

忽然，那位先生看到教授家养的热带鱼，其中几条色彩斑斓，游起来让人眼花缭乱。那位先生知道这鱼叫“地图”，自己也养了几条，还很得意地为朋友介绍过。教授见那位先生神情专注，就笑着问：“还可以吧？才买的，见过吗？”只听那位先生说：“还真没见过。叫什么名字？明儿我也打算养几条呢！”当时他的朋友不解地看看他，心想装什么糊涂，不是上星期才到你家看过吗？

可教授一听，来了兴致，神采飞扬，大谈了一通养鱼经，那位先生听得频频点头。那位教授像是遇到了知音，说说笑笑，如数家珍地给他讲每条鱼的来历、名称、特征，又拉着他到书房看他收集的各类名贵热带鱼的照片，气氛顿时活跃起来。他们一直聊到吃过晚饭才走，教授也答应下次让这位先生带上不懂的书籍登门拜访，朋友才突然领悟到那位先生说谎话的用意。

一句谎话使教授前后判若两人，本来几乎陷入僵局的交谈又顺利地进行下去了，这都归功于一句谎话。若据实相告，那很可能就会继续“尴尬”下去的。

可见，求人办事的过程中，对方的心情在事情成败过程中所起的作用。如果你不顾对方心情与感受，打一个招呼就开始讲自己的来意，迫不及待地反复强调自己的想法是如何如何，以及帮助自己有什么好处，这样往往事与愿违。因此有经验的求人者并不是一开始就切入正题的，而是先勘察现场气氛。

那么，具体来说，我们该如何说话，才能制造出一个有利于我们开口的时机呢？

1. 多提及对方喜欢的事

那些求人办事成功者，往往都有一个经验，那就是多提及对方关心、喜欢或者自豪的事情，因为渴望被人重视是每一个人的心理。为此，我们有必要多花心思研究对方，对他的喜好、品味有所了解，这样才能顺水推舟。

可能你们都迷恋球鞋；提及对方的工作，或许他的工作需要你的支援；提及时事问题，可能对教育与政治的问题你们观点一致；提及孩子等家庭之事，大家都有着一本难念的经；提及体育运动，也许你们都喜欢棒球；提及对方的故乡及所就读的学校，极有可能你们是同校同乡……

2. 交流以对方为中心

在求人的过程中，要明白主角永远是对方，而你必须自始至终完全扮演配角才可以。如果本末倒置，在商谈过程中以自己为中心，只是洋洋自得地反复谈论自己的事情、自己的爱好，只管发表自己的看法，而不从对方的角度来考虑，这样难免会引起对方不快，很有可能断送这笔交易。所以，求人者应尽可能寻找彼此间共同关心的问题。

3. 适时提出自己的请求

当然，这一切必须显得水到渠成，不可过于急切，如果对方还是对你心

存疑虑，那么，就不可操之过急，而应该继续与对方进行一些相互了解的谈话。如果彼此之间已经相谈甚欢，你便可以提出自己的请求，但还是必须注意要用商谈的口吻，注意自己的措辞。

心理话术：

求人成事的过程就是说话的过程，要设法在言谈中让对方不自觉答应你的要求。不论你引入什么话题，从一开始打招呼到正式商谈，每一过程都应注意说话要巧妙、得体。只有适逢时机地提及你的问题，才能提高求人办事的成功率。

第16章

演讲口才，开口就能抓住听众的智语

演讲是一门语言艺术，它的主要形式是"讲"，即运用有声语言并追求言辞的表现力和声音的感染力，使讲话"艺术化"起来，从而产生一种特殊的艺术魅力。而演讲的成功与否，取决于演讲者是否能用鲜明的观点、自己独到的见解和看法以及深刻的思想打动观众，是否能用流畅生动、深刻风趣的语言和恰当的修辞感染听众。因此，演讲者在演讲的过程中，要致力于从听众的心理角度出发，带动听众的情绪，使听众主动进入与演讲者的同向思维，从而达到演讲的效果。

分清演讲类型，定好言辞的基调

演讲是一种以有声语言为主、无声语言（态势语）为辅进行思想交流和宣传的有力工具。它的形式是丰富多样的。一个出色的演说家，都有自己的演说风格，并且，这种演说风格并不是一成不变的，他们会根据演讲的类型，定好演讲的基调。他们都站在众人面前，或慷慨激昂，或朴实无华，或幽默调侃等，将他们需要传达的观点以自己独有的方式传达给了听者，起到良好的表达效果。

在心理学上，有个著名的手表定理，所指的另一层含义在于每个人都不能同时挑选两种不同的价值观，否则，你的行为将陷于混乱。同样，任何一次演讲中，演说者能否达到成功打动听众的效果，就必须要定好自己演说的基调，混乱的演说风格是无法深入人心的。如果演说中都不能明确定位演讲的类型，又怎么能抓住听众的心呢？

那么，我们如何对演讲进行分类呢？当然，分类角度不同，分类结果也不同。演讲学研究至今尚无公认的分类标准，也没有建立分类标准的必要。

从演讲风格上讲，不同的演讲者、不同的演讲内容，与之相应的演讲风格也是不同的。比如，一个性格内向、不善言辞的女孩不适于上台背诵慷慨激昂的演讲词；在宣读沉痛的哀悼词时就不能开喜剧式的玩笑。

从演讲场所上讲，公众和环境的特殊性要求演讲者运用不同的演讲技巧。如法庭上，律师和法官的言辞就要注重逻辑的严密；而课堂演讲则要注重语言的深入浅出、以听众能听懂、接受为主。

从演讲的结构形式上讲，不同的结构形式也要求演讲者在选择材料、构筑框架进行演讲准备。如，即兴演讲的语言就要简单明了、不可啰嗦。

总之，演讲者需要根据不同的场合、听众、演讲内容等，在构思演讲时努力做到内容和形式的协调与统一。

具体来说，这些演说的基调可以分为：

1. 严谨型

这类演讲语言一般都经过比较细致与严谨的推敲与加工，因而逻辑性很强。演讲者在演讲的时候，也会用重复、反复强调重要内容，并加以说明。因为演讲氛围较演讲者无论站立还是端坐，肢体都会相对的稳定。这种演讲多在隆重场合进行。

2. 谈话型

顾名思义，就是演讲者在演讲时，好似与听众在谈话一般。这要求你在演讲的时候，做到：说话平易近人、语言通俗易懂；音色自然朴实，语气亲切委婉、清新自然、不加雕饰；表情轻松随和，语意语境纯净、真诚、厚重，形象亲切，生动感人；动作与平时习惯无异，进行与听众拉家常似的漫谈。

3. 激昂型

这类演讲语言的风格是澎湃宏阔、激越高昂、豪壮刚健、英武奔放。因此，你在演讲的时候要音域宽广、音色响亮、精神饱满、手势幅度较大，给人以奋发向上，朝气蓬勃的振奋感觉。那么，怎么才能达到这一演讲效果呢？调理呼吸，科学发声是关键，尤其是将在胸腔、腹腔、颅腔的共鸣做到合理分配。

4. 柔和型

一些具备天赋的女士在演讲方面采用这种方式效果是很好的。因为女性的嗓音圆润甜美，吐字清晰准确，并且具有亲切的微笑、柔和的眼神。

5. 绚丽型演讲风格

这是一种注重演讲辞藻和演讲气势的演讲风格。在上世纪九十年代，大学辩论会火暴时可以经常看到。目前在学校、机关开展的演讲比赛，先进事迹宣讲活动多是采用这种风格的演讲。要达到这一演讲效果，演说者可以旁征博引，纵横古今，引用大量的名言警句、轶闻趣事、典故史实，以及某些新鲜有趣的材料。

6. 幽默型

这类演讲风格具有喜剧色彩。演讲者在演讲的时候，需要做到音调变化大，语言生动形象，逗人发笑，手势动作轻捷灵活。

以上六类演讲风格不是绝对泾渭分明,演说者可以以此为借鉴进行练习,从而最终形成自己的演讲风格。

心理话术:

只有一块手表,可以知道时间;拥有两块或者两块以上的手表并不能告诉一个人更准确的时间,反而会制造混乱,会让看表的人失去对准确时间的信心。这就是著名的手表定律。深层含义在于:每个人都不能同时挑选两种不同的行为准则或者价值观念,否则他的工作和生活必将陷入混乱之中。

开场白要能迅速引起听众的注意

开场白,顾名思义,就是一开场所说的话。开场白开的不好就等于白开场。俗话说:"好的开始是成功的一半",所以说开场白非常重要。对于演说者而言,开场白就是沟通自己和听众之间的第一座桥梁。作演讲时开场白最不易把握,要想三言两语抓住听众的心,并非易事。其原因有二:一是站在众多人的面前,即使准备充分,但也会紧张、怯场,事先虽然准备充分,一时不知从何说起,这样难免导致整场演讲的失败。其二,虽然演讲者没有怯场,但如果表现平平,没有在一两分钟内"震住"听众,这样的演讲也很难有十分理想的效果。

如果在演讲开始时听众对你的话就不感兴趣,注意力一旦被分散了,那后面再精彩的言论也将黯然失色。因此演讲者只要作出一个匠心独运的开场白,以其新颖、奇趣、敏慧之美,才能给听众留下深刻印象,才能立即控制场上气氛,在瞬间里集中听众注意力,从而为接下来的演讲内容顺利地搭梯架桥。

演讲成败的关键在于开场白能否吸引并集中听众的注意力。演讲时获取听众注意力的方式随演讲题材、听众和场景的不同而改变,一般可以运用事例、轶闻、经历、反诘、引言、幽默等手段达到此目的。那么,具体来说,演讲者怎样才能使演讲的开场白“精彩”起来呢？

1. 奇谈怪论，吸引眼球

演讲与一般的交流沟通不同，那些平庸、普通的语言与观点可能都不能引起听者的兴趣。对此，在演说前，演说者如能做一番准备工作，找出与众不同的论调，那么，必能出奇制胜，造成“此言一出，举座皆惊”的演讲效果，会立即震撼听众，使他们蓦然凝神、侧耳细听，寻求你的讲话内容，探询你演讲的原因。

钱钟书先生的小说《围城》中有一段故事，写方鸿渐到本县省立中学发表演讲，事先精心准备了讲稿，可是到场后却发现稿子不在手边，急也没用呀，听众已经在热烈鼓掌，方鸿渐只好上场了，但这开场白却来得很精彩——吕校长，诸位先生，诸位同学：诸位的鼓掌虽然出于好意，其实是最不合理的。因为鼓掌表示演讲听得满意，现在鄙人还没开口，诸位已经满意的鼓掌，鄙人何必再讲什么呢？诸位应该先听演讲，然后随意鼓几下掌，让鄙人有面子下台。现在鼓掌在先，鄙人的演讲当不起那样热烈的掌声，反觉到一种收了款子交不出货色的惶恐。

听了方鸿渐的演讲，听众大笑，记录的女孩也含着笑，走笔如飞。

需要注意的是，运用这种方式应掌握分寸，弄不好会变为哗众取宠，故作耸人之语。应结合听众心理、理解层次出奇制胜。再有，不能为了追求怪异而大发谬论、怪论，也不能生硬牵扯，胡乱升华。否则，极易引起听众的反感和厌倦。须知，无论多么新鲜的认识始终是建立在正确的主旨之上的。

2. 放下架子，自我解嘲

自嘲就是开自己的玩笑。对此，需要演说者在演说过程中放下架子，运用诙谐的语言巧妙地自我介绍，这样会使听众倍感亲切，无形中缩短了与听众间的距离。

营销讲师金克言先生在一次有近千名观众参加的演讲会上准备演讲，可台下只响起了稀稀拉拉的掌声。于是他说：“从大家的掌声中可以发现两个问题：第一，大家不认识我；第二，大家对我的长相可能不太满意。”几句话缩短了与听众的距离。台下大笑，掌声一片，反应强烈多了。他接着说：“大家的掌声再次证明了我的观点!”话音刚落,台下笑得更厉害了,又是一阵热烈的掌声。这个开场白既活跃了场上气氛,又沟通了演讲者与听众的心理,一箭双雕,堪称一绝。

3. 贴切引用

演讲的开头如果恰到好处地引用大家不大熟悉的格言警句或诗词佳句,再加以解释,从而顺利入题。这样,演讲就会有声势有威力,能迅速抓住听众。

一次,演说家李燕杰去首都一家大医院演讲,开端就朗诵了他创作的一首诗:

每当我忆起那病中的时光,
白衣战士就引起我深情的遐想。
他们那人格的诗,
心灵的美,
还有那圣洁的光,
给了我顽强生活的信心,
增添了我前进的力量!

随着朗诵的进行,看书的人逐渐抬起了头,说话、走动的人也停了下来,当朗诵完最后一个字时,全场也掌声大作。

恰到好处的引用,不仅新颖,而且拨动了听众的心弦,说出了他们的心声,所以引起了共鸣。

当然,吸引听众的方式有多种,有的是在开头采用幽默、发问、警句、格言、典故、谚语等以引起听众的兴趣;有的语言朴实无华,但提出的是党和国家的重大问题;有的则充满激情,具有振奋人心的作用。演说者可根据具体的演说主题,设计好一个新颖别致的开场,一开口就抓住听者的“神经”,从而赢得一片掌声!

心理话术:

俗话说,良好的开端是成功的一半。精彩的开场白可以起到创造良好气氛,激发听众兴趣,说明演讲主题的作用。演讲学界曾有人指出:如果没有一个好的开头,想在整个演说过程中始终做到轻松、巧妙地与听众交流思想是颇为困难的。

铺垫互动,让听众进入你营造的氛围

我们都知道,听众是演讲活动不可缺少的重要方面。演讲是演讲者与听众的双向交流活动。演讲者是信息的传播者,听众是信息的接受者。演讲者离开了听众就失去了对象,演讲活动就无法进行。可见,成功的演讲者既要使演讲成为听众的一部分,也要使听众成为他的演讲的一部分,而其中首要的便是要了解和掌握听众的心理特点。一般来说,如果听众对演讲内容有极大兴趣,便会采取积极、热情的合作态度;反之,则会采取冷漠甚至敌视的态度,演讲就不会成功。因此,演讲者必须在了解听众的基础上力求触发听众的兴奋点和创造欲,才能实现最终目的。而成功的演说者在演说前往往都会进行一番铺垫,与听众互动,以营造让听众乐于倾听的氛围。

在一次欢迎加拿大贵宾的宴会上,加拿大总理特鲁多致辞说:

昨天的我观赏了香山枫叶,使我想起了我们国家美丽的秋天。那枫叶也是我国秋天的美景,大家知道,枫叶还是加拿大国旗上的图案。我请大家尝尝宴会上的糖果,它是从枫叶中提炼出来的,是不是和北京东风市场上的果脯一样甜。

这样的讲话开头典雅、优美,尤其注意到用两国相通的事物来沟通演讲者和听众的情感,具有感人至深的最佳效果。

营造良好的演讲氛围,可以带动听众的积极性并能够很好的学到演讲技巧,那么怎样营造这种氛围呢?

1. 酝酿浓厚情感,以情动人

我们再来看下面一例:

曾经有名希望工程的发起者到北京某贵族学校演讲。还没等他开讲，台下这帮养尊处优的孩子便叽叽喳喳地闹成一片，乱成一锅粥。

此时，他见情形不妙，便大声喊了几句，但这种方法似乎根本不见效。于是，他叫来一个在现场的老师，将电闸关掉，礼堂便突然漆黑一片，孩子们随之也安静了下来。

这时候，这位发起者啪的一声打开了幻灯机，银幕上顿时出现了那张有名的“大眼睛”照片。这些孩子们顿时也睁大了眼睛，看着幻灯片上的照片。

“同学们，你们家里有没有照相机啊?”发起者此时突然提问道：

“有！”下面齐声回答。

“你们会不会照相?”

“会！”

这时，发起者便指着下面的一位同学问：“请你说说看，照相有什么样的意义?”

“留着做个纪念呀。”

“好！作为留念——那就请大家看看，老师给这些山里孩子们拍的留念照片吧！”

然后，他每放映一张照片，就介绍一个有关失学儿童的故事。

在这里，这位演讲者，就是利用讲述照片来历的故事，既抓住了同学们的注意力，又营造出一种与演讲内容相适应的肃然气氛，使同学们很快进入“规定情景”之中，激发了他们对贫困学生的关注和同情心。

当然，以情动人除了要求说话人自己要动真情之外，还要求说话人善于将自己的真情实感淋漓尽致地充分表达出来，迅速激起对方的共鸣。说话人必须善于体察对方的心境，用饱含浓情的言辞去拨动对方的心弦。

2. 敢于打破定势，善于标新立异

人都是有好奇心的，如果在演讲中加入一些能满足人们好奇心的因素，势必能营造出良好的演讲氛围。为此，你需要做到打破常规、标新立异。但前提是你需要尊重文化传统和思维习惯。

3. 给听众看一场“秀”，营造出亲切可信的气氛

生活中，我们经常会看到一些减肥产品的宣传者会当众说：“眼前站在你们面前的这个美女，她才45公斤，但你们知道吗，她曾经是个重达65公斤的‘圆球’！假若有人需要减肥的话，其实是一定办得到的。相信你们也一定能行！”

此话一出，听众肯定会翘首以待听她的“减肥真经”。可见，有时候，演讲的真正含义，并不完全在“讲”，还在于“演”，如果能给观众一场“秀”，与客户互动，就会给听众以亲切、真实、可信之感，这样调动起听众的热情，也就自然增强了演讲的感染力。

心理话术：

演讲中，有一种心理策略叫“营造气氛”。这里讲的“气氛”，就是要带动听众的情绪，和听众达到一种情感的共鸣。这里的气氛，可以是活泼的，可以是热烈的、可以是庄严的……演讲者要“营造气氛”，让听众跟随你的意志走，只有主题出发，结合现场的具体情景，针对听众此时此刻的心态和情绪，灵活地调动种种语言手段才能达到如此效果！

言简意赅，句句都令人过“耳”不忘

任何人参加演讲的目的就是要吸引、说服、鼓动、感召听众，也只有能引起听众共鸣的演讲，才是成功的演讲，这一点，也是演说者最关注的问题。任何一个具备好口才的演说者，都很注重自己演说语言的精炼，尽量在演说中做到言简意赅，以传达给听众最实用的信息。因为从心理角度看，人们觉得那些说话沉稳的人更值得信任，他们说的话也就更有权威，也就更愿意支持他们。而相反，如果为了能让听众接收到更多的演说信息而不顾听众的感受，一味地表达自己的观点，那么，结果只能是事与愿违，让听众产生不耐烦的情绪。

那么,作为一名演说者,在演讲中应该如何言简意赅地说话,才能提高自己的威信度呢?为此,有以下几个演说要求:

(1)表达必要的信息,使用相应的简练词句,没有多余的信息。

从口语表达的角度看,演讲的语言必须要比一般情况下的表达更为精炼,这要求演说者在演讲时做到发音正确、清晰、优美,词句流利、准确、易懂,语调贴切、自然、动情。因为句子说得短一些,不仅说起来轻松,听起来省力,吸引力也强。有些演说者讲话滔滔不绝,其实絮絮叨叨,繁复冗长,这是一种令人生厌的恶习,应去之为快。

(2)无重复,即不说重复啰嗦的话,语言表达应言简意赅,举例精要,措辞精炼,思路清晰,不说套话、空话与口头禅。

当然,现实生活中,几乎不可避免的是每个人都会有自己常用的口头禅。也许大家没有意识到,这些自己根本没注意到的习惯,在日常交际中并不会对我们造成多少危害,但对于需要参加演说的你来说,如果把这些语言习惯带到演讲中,则会传达给听众一些负面信息,比如:

①“听说、据说、听人说”。

这一口头语会让听众觉得你的演说真实度不够,试想,谁会真正相信那些道听途说的语言呢?

②“说真的,老实说,的确,不骗你”。

演讲中,如果有此类口头语,会让听众觉得你的说话急躁。

③“啊、呀、这个、这个、嗯、嗯”。

人们常在词汇少,或是思维慢时利用这些词作为间歇的方法,而演讲者在演说中,如果常伴有此类口头语,会给人一种反应较迟钝的印象。

④“可能是吧、或许是吧、大概是吧”。

这些口头语体现的是对自己言谈的极为不确定,也会给听众留下不可信任的印象。

(3)要正确使用词语,表达明确。

听众通过演讲活动接受信息主要诉诸听觉作用。演讲者借助口语发出的信息,听众要立即能理解。口语与书面语之间有较明显的差距。有人说,书面语是最后被理解，而口语则需立即被听懂。

因此，演说中往往忌用那些令人费解的词语，防止误解，避免歧义。说话不要吞吞吐吐，说一些似是而非的话，要一是一、二是二，把要表达的意思说清楚。

(4)说话一定要有条理，要吐字清晰，语速适当。

演讲语言常见的毛病有声音颤抖，飘忽不定；大声喊叫，音量过高；音节含糊，夹杂明显的气息声；声音忽高忽低，音响失度；朗诵腔调生硬呆板等。所有这些，都会影响听众对演讲内容的理解。

演讲要运用恰当的语速说话，这也是控制语调的主要技巧。在需要快说时，语速流畅，不急促，使人听得明白；在需要慢说时，不能拖沓，要声声入耳。语速徐疾、快慢有节，才能使言语富于节奏感。听者处在良好的倾听环境里，才能不疲劳，并且增强语言的感染力。

总之，如果你参加演说，如果你想你的话能发生效力，一定要凝练自己的演讲语言，切不可为了将你的话一吐为快而忽视了“碎语”的负面作用，凝练演讲语言，要力求做到根据说话的内容，该轻则轻，该重则重，当快则快，当慢则慢，使人感到音节错落有致，舒服畅快。

心理话术：

简洁明晰的表达观点可以使听众获得演讲的准确信息，演说者在演说时应记住以下几个要点：简短的言语更有力；抓住所要表达观点的核心；言语表达有条理，分清层次；正确使用词汇，表达明确。

演讲制造悬念，听者更为入迷

如果你参加过演讲，你可能有这样的感触：一上台就开始正正经经地演讲，会给人生硬、突兀的感觉，让听众难以接受。而如果能在开场时卖卖关子，则能迅速吸引听者的注意力。这就是演讲过程中的悬念。演讲中的悬念是指听众的一种心理活动，这种心理的产生基础是听众对某种事物的认识有个大致的了解，但现在向他传达的则是已经变化了的事物，他们对此产生了关心的情绪，甚而把想探个究竟的想法急切地表达出来。

可以说，悬念是打开成功演讲之门的金钥匙，这种心理活动的过程，如果能被演讲者在演讲时恰当利用，就会使听众产生一种听完后所得的愉悦感，真切理解演讲者的意图。

一位刑警队长向群众报告破获盗匪的经过，他开始就说："盗匪们真的都有组织吗？是的，他们大都是有组织的，但是他们怎样组织的呢……"

这位刑警队长所用的开场白，就是先告诉听众一个事实，引起听众的好奇心，使听众有兴趣听下去，希望听一听盗匪组织的真实内幕。

制造悬念的开场白特别能够吸引听众的注意。所以，每一个预备当众演说的人，都应该学习立刻抓住听众兴趣的技巧！你可以像下面这样开头：

演说者在演讲开场白时使用的悬念的方法有：

1. 借用物品展示法

为了激发起听众的强烈兴趣，可以在讲话之前，先拿出一件物品，肯定会让在座的听众挺直身子。他们会猜想："他要表演魔术吗?"这就引起了听众的好奇心。展示的物品可以是一幅画，一张照片或任何一件其他实物，只要有助于讲话者阐述思想，能引起话题即可。

2. 即景生情法

演说者演讲时，不妨以眼前人、事、物、景为话题并加以引申，把听众的注意力不知不觉地引入到演讲之中。当然，这个话题最好能生动有趣。这样即兴发挥，能给人耳目一新的感觉。

当然，即景生题不是故意绕圈子，不能离题万里、漫无边际地东拉西扯。否则会冲淡主题，也使听众感到倦怠和不耐烦。演讲者必须心中有数，还应注意点染的内容必须与主题互相辉映，做到浑然一体、恰到好处地过渡。

3. 对比设疑法

演说开场时，你可以用强烈的反差、对比来引出自己的题目，以期在人心目中留下深刻的印记。这主要指以对比、对照和映衬之类的修辞手法，来引领和导入自己的话题。

有一篇名为《论男子汉》的演讲，一开始，演讲者的话似乎跟一般的谦辞没什么两样，颇有离题之嫌。因为，他一口气就洋洋洒洒叙说了四个“为难”之处——“我一点也不明白主办者的意图何在，这使我感到为难，这是我遇到的第一个困难。今天，我是第一次来到你们学校，一切都是陌生的。在一个陌生的环境里，人容易有一种不适应的感觉，这是我遇到的第二个困难。况且，刚才前面的几位同学又作了精彩的演讲，热烈的掌声可以作证，这给我增加了压力，算是我遇到的第三个困难。不巧得很，我本想凭手中这么一张卡片作一次演讲，却忘了戴眼镜了，想把它放在桌上偷偷地看几眼也不成了，这就是我的第四个困难。”乍一看，这开场白颇有些饶舌的味道；岂料到，那演讲者讲罢“第四个为难”之后，话锋突然一转，便进入自己早已拟定的题目了——“但是，我并不胆怯；相反，我充满了信心。我相信，既然我站到了这个讲台上来，我就必定能够鼓起勇气，竭尽全力，让自己体面地走下台去！因为，我选择了这样一个演讲题目——《论男子汉》！”

这样《论男子汉》特有的“勇气”之题目，便同一开始的“胆怯”与“为难”形成鲜明对比和反差，巧妙、贴切而又风趣盎然，听来令人解颐。这样的入题，不是做到了“辞明义见”和“曲径通幽”的完美统一了吗？

4. 故事导入法

演说者演讲开始讲一个亲切感人的逸闻趣事，以此造成悬念吸引听众的注意力，所讲故事如果是亲身经历的，效果会更好。可供使用的故事一般有两类：幽默的故事和一般的故事。但使用幽默的故事一定要注意，讲话者需有幽默的禀赋，切不可平淡、呆板；而后一类故事，可以是现实生活中的轶事趣闻，也可以是中外历史上有影响的事件。无论使用哪一类故事，都应注意和自己的谈话内容相衔接。

1962 年，82 岁高龄的麦克阿瑟回到母校——西点军校。里边的每一种东西，都令他眷恋不已，浮想联翩，仿佛又回到了青春时光。在授勋仪式上，他即席发表演讲，他这样开的头：“今天早上，我走出旅馆的时候，看门人问道:‘将军,你上哪儿去?’一听说我到西点时,他说:‘那可是个不错的地方,您从前去过吗?’”

这个故事情节极为简单,叙述也很平淡,朴实无华,但饱含的感情却是深沉的、丰富的。既说明了西点军校在人们心中非同寻常的地位,从而唤起听众强烈的自豪感,也表达了麦克阿瑟对母校的那种深深的眷恋之情。

接着,麦克阿瑟不露痕迹地过渡到“责任—荣誉—国家”这个主题上来,水到渠成,自然妥帖。

当然,在使用设置悬念法开场时,不能故弄玄虚,这一方法既不能频频使用,也不能悬而不解。在适当的时候应解开悬念,使听众的好奇心得到满足,而且也使前后内容互相照应,结构浑然一体。

心理话术:

人们都有好奇的天性,一旦有了疑虑,非得探明究竟不可。在开场白中制造悬念,能激发听众的强烈兴趣和好奇心,在适当的时候解开悬念,使听众的好奇心得到满足,也使演讲前后照应,浑然一体。

站在听众角度说话才能打动人心

演讲者发表演讲的目的就是要吸引、说服、鼓动、感召听众,也只有能引起听众共鸣的演讲,才是成功的演讲,这一点,也是演讲者最关注的问题。而如何引起听众的共鸣呢?关于这一点,很多成功的演说家,大都是富有活力和精神抖擞的人,他们更善于从听众的角度说话,让听众内心的情绪迸发出来。因为人们都有这样的心理:在与人交谈的过程中,如果对方能感同身受,人们是愿意接纳对方的。因此,作为演讲者,如果你想你的话能发生效力,且非要将你的话一吐为快时,你在演讲的时候就不应该单是报告一些事实,还该把自己的情感注入到你的演讲中,并站在听众的角度说话,只有真情实感才能打动听众。

印度前总理英迪拉·甘地夫人本是个不善言谈的人，但她早年曾应邀做过一次演说。

在那次会上，会议主持人梅农突然宣布甘地夫人要讲话，这使她惊讶万分。在那天之前，她只是在儿童时代的集会上讲过话，从来没有对成年听众发表过演说。此时的甘地夫人很害怕，尤其是会场又这么大，可能是卡克斯顿大厅吧，她当时简直连一点声音也发不出来！最后，她还是讲了几句，听众中有一个醉汉说，“她不是在讲话，她是在尖叫。”听他这么一说，听众当然哄堂大笑。“那次演讲后，我发誓以后再也不在公众面前讲话了。”甘地夫人后来回忆自己的经历时说。

但就在这次糟糕的演说之后不久，甘地夫人又进行了一次极为出色的演说。在非洲，她被邀请在大会堂进行一次讲话。

甘地夫人说：“噢，不行，我一句话也不准备讲，只有依了我这个条件，我才赴会。”

他们很吃惊，因为他们已经租下了会堂，而且一切都已安排就绪。最后，他们对甘地夫人说：“不管怎么样，你总得坐在讲台上。”还说，他们会设法为甘地夫人的保持沉默做些解释。

据甘地夫人自己回忆说：“那天的招待会在下午4点举行，整个上午我都在访问非洲铁路工人的生活区，那里的条件真是糟糕透顶，使我非常生气。招待会上，当宣布尼赫鲁小姐不讲话了的时候，我拍了一下桌子说：‘我倒要讲讲。’”

甘地夫人这番话，让会议主席大吃一惊，怔住了，没等他开口说话，甘地夫人已走到话筒前，她激动万分，讲了班图人和其他人的生活条件。“我的讲话在非洲报纸上刊登了出来。第二天，无论我走到哪里，都受到人群的欢呼。女的过来吻我，男的同我握手……”

甘地夫人的这次演讲是很成功的，她成功演说的诀窍不在于她的口才，甚至可以说，她是个不善言辞的人，她的感情为她迎来了掌声。正义的甘地夫人在访问了铁路工人的生活区后，情绪上产生了很大的变化。正是因为如此,她在发表演说的时候,言语间代表的便是铁路工人的利益,是为他们说话的,本来没有很好的说话能力的她,这回却得到了人民群众的拥护。

演讲中,如果一个人丝毫不顾及听众的感受,只是对自己关心的问题侃侃而言,那么,自然很难流露出自己的热情和激情,也就无法打动听众。反之,如果他能切身考虑到听众的利益,说听众想听的话,那么此时登台,必会取得意想不到的结果。

那么,怎样才能做到这一点呢?

1. 所讲问题应引起大家关注

在演讲时,听众每个人最为感兴趣的话题是不同的,但却也有一些话题是大家共同关心的,比如,新闻、体育、天气等。

2. 所讲问题难度不可太大

一个善于演讲的人,不会一味地卖弄自己的专业水准,也不会故意设难刁难听众,而是想方设法地让听众与自己一起思考,一起讨论,对演讲保持持久关注。而要做到这一点,在向听众提问时,就要注意问题的难度,听众乐于回答,你的互动才是有效的。

3. 所讲问题应让听众得到满足

很多时候,如果你的演讲的内容是就一些工作做总结或者部署,那么,内容便是无聊的。此时,如果你依然不顾听众感受,而只顾演讲的话,那么,是很难让听众接受的。为此,你就必须拿出一定的措施,而让听众得到心理满足就是一个好方法。谁都不愿意听不好的话,谁都不愿意为自己不感兴趣的话题浪费太多时间。可是,如果你进一步研究听众心理,讲那些听众非常关注的关键环节,而少讲一些大而空的东西,并且注意引导听众积极思考,结果肯定会不同。

心理话术:

"感人心者,莫先乎情。"成功的演讲离不开"情",情感在演讲中就像桥梁一样,连接着演讲者和听众的心。以"情"动人心,就必须要求演说者从听众的角度说话,这样的演讲才更耐听!

面对“卡壳”，轻松妙语化解

演讲中，由于演讲者不善表达或听众对演讲内容不感兴趣等各方面原因，会造成演讲的冷场。当然，这一局面出现的根本原因在于发言者的话没有吸引力。听者仅仅是出于纪律的约束或处世的礼貌而扮演一个“接受”的角色。对于演讲者而言，冷场无疑是一种“冰块”，会令其窘迫。这时，该如何应对呢？

1. 转换话题

所谓变换话题，指的是演讲者在当众讲话的过程中，如果遇到冷场或者某些尴尬的话题时，可以通过暂时变换话题的办法重新吸引听众的注意力、调动听众的情绪。这其中就包括穿插一些趣闻轶事。

遭遇冷场，演讲者如果能恰当而又适时地讲述一些趣闻轶事，便能抓住人们渴望趣味的视听倾向，会使混乱或呆板的演讲现场马上活跃起来，听众的注意力也被迅速地集中到演讲内容上。这时演讲者仍要回到原有的话题，效果就会理想得多了。因为趣闻轶事是人们在生活中津津乐道的闲谈资料，生活中的许多情趣即由此而来。

2. 让听众积极参与到演讲中来

造成演讲冷场的原因之一，就是演讲者单向地陈述问题，而听众被动地接受信息。也就是说，如果演讲者在以自己的演讲词和形象的语言来感染听众的同时，听众的积极回应也有利于推动演讲的顺利进行。

因此，要改变这种尴尬局面，可以从此处入手。比如，我们可以向听众提出富有针对性和启发性的问题，可以调动听众参与演讲活动的热情，使他们意识到，自己也是整个演讲的一个重要组成部分，这样会有效地避免冷场和打破冷场。

一位领导正在面向群众进行普法性质的演讲，由于话题具有一定的专业性，听众的注意力出现了分散，进而不少人开始交头接耳起来。这时，这位领导者及时提出了这样的话题："请开小差的同志们想想，如果我们自己的权益受到了侵害，我们又将怎样来寻求法律的帮助呢?"这样一来，交头接耳的听众也就能重新将注意力转移过来。

3. 适时地赞美听众

演讲者即兴演说的同时，如果忽略了听众，自然会出现冷场。此时，演讲者应当注意采用恰当的方式，拉近与听众的心理距离。贴近听众的一个有效方法就是发自内心地赞美听众，用中情中理的话语拨动听众的心弦，激起他共鸣，使他们重又对演讲发生浓厚的兴趣，从而打破冷场的尴尬局面。

总之，只要我们能做到以上几点，当冷场出现时，及时采取控制手段，就能扭转局面，让演讲得以顺利进行!

心理话术：

一个高明的演讲者，总是能掌握听众的心理，即使在遇到"卡壳"的情况下，依然会活跃演讲气氛，一句轻松的话就能有效地吸引听众的注意力，使演讲内含的信息和情感得以准确传达，以起到拯救演讲危机、让演讲者再度成为听众注目的中心的作用。

绝妙的收尾，让演讲余味不绝

根据心理学上的首应效应，人们都了解开场白在演讲中的重要性。但似乎很少有人愿意在演讲结尾上雕琢更多。他们仅仅是轻描淡写地草草收场，结果可想而知：费尽口舌发表的长篇大论很快就被人们遗忘。要想使人记忆深刻，你的结尾必须像开场一样气势磅礴，掷地有声。演讲的结束语应该简洁有力。只有这样，才能做到首尾呼应。

俗语说得好："编筐编篓，重在收口。"演讲收尾部分往往是点睛之笔，既是收尾又是高峰；既水到渠成，又戛然而止；既铿锵有力，又余音袅袅；既别开生面不落俗套，又来得自然，能给人以强烈的印象。

有以下几种结尾的方式：

1. 总结演讲的中心内容和思想

人们演讲，总是有一定的主题，在演讲者一段慷慨激昂的陈词之后，可以用极其精练的语言，简明扼要地对自己阐述的思想和观点作一个高度概括性的总结，以起到突出中心、强化主题、首尾呼应、画龙点睛的作用。

2. 简洁而真诚的赞扬

俗话说："良言一句三冬暖。"在演讲结尾进行诚挚的赞颂，无形之中就充满了情感和力量，极容易拨响听众的感情之弦，引起听众的情感共鸣。

3. 含蓄幽默的结尾

用含蓄、幽默的言辞或动作作为演讲的结尾，意思虽未直接表露，但富有趣味，发人深省。听众在欢声笑语中情不自禁要去思考、领会演讲者含而未露的深刻用意。

我们可以说一个演讲者能在结束时赢得笑声，不仅是自己演讲技巧十分成熟的表现，更能给本人和听众双方都留下愉快美好的回忆，也是演讲圆满结束的标志。

4. 留下疑问，以引起思考

在演讲结尾时，演讲者向听众提出问题，甚至是一系列的问题，让听众进行思考。这样的结尾方式优点在于能更好地让观众参与到演讲中来，而且让人深入思考，做到以境感人。

1971 年，智利作家巴勃罗·聂鲁达在题为《通向光辉之城》的诺贝尔文学奖受奖演说中提出，文学公开的推动力量在于提高诗人与公众联系的责任感，并承担社会进步变革的责任。这位智利获奖者用一个警句"诗是不会徒然吟唱的"结束了他的演讲。这样结尾既充满哲理，又给人鼓舞。

演讲者使用这种收尾方式突出重点时，应当注意，演说的目的重在鼓舞人心，而非危言耸听。

5. 提出号召和希望

演讲者用提希望或发号召的方式结尾，以慷慨激昂、扣人心弦的语言，对听众的理智和情感进行呼唤，或提出希望，或发出号召，或展示未来，以激起听众感情的波涛，使听众产生一种蓬勃向上的力量。

另外，演讲者在演讲收尾前，应早有准备，要熟记自己的结束语，这样在总结陈述时可以始终保持与听众的目光交流。结束讲话后，短暂地收回目光，然后重新与听众进行目光交流。这时，你会感到大家的注意力又从演讲内容转移到你身上。这时不要忘记为听众留下肯定的自我印象，从而不至于削弱最后一句话的效力。

心理话术：

演说收尾过程中，常出现以下两种情况：要么收尾拖沓冗长，犹豫不决；要么戛然而止，使听众不知道中间的空白是暂时停顿还是最后的结束。而精彩的演说在收尾时往往能斩钉截铁，并能揭示题旨，加深认识，给听众留下完整深刻的印象。只有这样才能使自己的演讲取得全面成功。

第17章 妙语谈判，使结果有利于自己的说话术

现代社会，无论是生活还是工作中，无处不存在谈判。因为谈判是我们获得权力和利益的重要手段。任何参与过谈判的人都深知，谈判双方争夺的都是主动权，谁能掌控好情势，谁就会是最后的赢家！而谈判，最主要的部分自然是“谈”。但如何“谈”得成功，还需要你能抓住对方的心理，根据对方不同的利益需求，适时说出让对方毫无对策的话。只有这样，才能建立心理优势，从而使谈判结果有利于自己。

先听后说，句句有力回应

生活中，无处不存在谈判。而谈判中各种问题的较量，我们完全可以归结为心理的较量，而谈判过程中双方争夺的也就是主导权。但对此，一些人仍然存在误解，他们认为多说话，让对方无力还击，就能赢得谈判的成功，而事实上，言多必失。正因为如此，很多人在谈判中很容易处于劣势，处处显得很被动，其节奏也往往被对手所控制，最后频频让步，以至于还要去争取突破底线的条件，导致谈判破裂，达不成交易。聪明的谈判者，往往会把说话的机会先交给对手，通过倾听先掌握对方足够的心理信息，然后加以回应，这样的回应也才是有力的。

我们先来看下面这样一个案例：

陈颖是某大型卫浴公司的销售部经理，因此，她需要经常参加一些涉外商务谈判。她经常开玩笑说："虽然是一个弱女子，但在和这帮老外谈判的时候，我可从来没有吃过亏。其实，谈判过程中，一定要保持冷静，摸清楚对方的心理再说话是很有必要的。"

陈颖是这么说的，也是这么做的。一次，有一个客户，给她下了100多万美元的单子，但对方却一直迟迟不肯签约，陈颖明白，对方是想杀价。关键不在于价格，而是对方的态度和气势，对方话里的意思很明白，他们认为中国的卫浴产品完全不值这个价。面对高高在上的对方，陈颖采取的态度反而是委婉："不好意思，这个价格我还要考虑一下，但估计情况不会太乐观，因为我们卖的是品质。"最后这个客户一拍桌子站起身来就走了。

两天后，这位客户从欧洲飞回来，说一定要马上见陈颖，而陈颖给他的回复是："抱歉，两三天后我才有时间。"后来，这笔生意以双赢的结果成交。

在这场谈判中，谈判对手本想以气势压倒陈颖，但陈颖并没有受到对方的影响，而是始终比较冷静，以从容委婉的态度去应对，简短的几句表达态度的话就扳回了谈判的主动权,最终实现了谈判结果的双赢。

从这里,你同样可以发现,谈判固然在“谈”,但真正决定谈判胜利与否的还在于主导权,而先听后说在这个过程中发挥着极为重要的作用。具体来说,谈判者应该遵循以下几个步骤:

1. 保持冷静

之所以要强调这点,就是不能暴露自己的心态,以至于被对方控制节奏。谈判的节奏是非常重要的,这跟体育比赛时运动员们经常强调的节奏是一样的,如果你的节奏被对方所掌握,就容易被对方控制进程。所以,不要表现出急于达成交易,多做前期的试探性接触,如用电话拜访、短时间接触后立即撤退等方式进行火力侦察,了解对方的条件、掌握对方的意图、分析对手的特点。

为此,谈判过程中,你可以做以下心理暗示:

(1)“谈判本身就有风险,即使失败了也没什么。”

(2)“不要小看我的对手,但也不能高看他,谈判是一种对等的游戏。”

(3)“他和我的情况是一样的,他此刻的心里也是不安的,不要有‘逃跑’的念头,要从容地迎接谈判。”

(4)“本着自身的目的谈判,以游戏的心态面对。”

(5)“不要试图让他接受我的价值观。”

2. 用心倾听

谈判不是谁说得多谁就掌握了主动权,恰恰要让对方多讲,自己多听,从对方的谈话过程中进一步了解对方的谈判风格、进一步搜集信息、了解对手漏洞、找到双方的共同利益点……听的好处是无穷的。而谈判场合的倾听,是“耳到、眼到、心到、脑到”四种综合效应。“听”即不仅运用耳朵去听,而且运用眼睛观察,运用自己的心去为对方的话语作设身处地的构想,并用自己的脑子去研究判断对方话语背后的动机。

3. 巧妙回应

心理学的研究表明,人们难以接受那些对自身带有攻击性的、违背社会规则的、违反伦理道德的行为或事物。如果人们感觉到别人对其说话的方式和意图是善意的、和缓的、尊重的,是比较容易接受对方的提议的。因此,即使你听出谈判对手言语间的某些不善意的因素,也不要与之对抗,而应该巧妙加以回应,在态度上形成积极的呼应,减少对抗、戒备、敌视等不良反应。

心理话术:

从心理学的角度看,谈判双方中的任何一方,谁说的多,自我暴露得也就越多,就越容易被对方掌握心理,而谈判本身就是一场心理的较量,谈判过程就是一场主导权的争夺战。因此,谈判中,并不是谁说得多,谁就说了算,任何一个谈判者都应该要认识到这一点,将主动权始终牢牢掌握在自己手中!

言语滴水不漏,谈判语言要谨慎

现代社会,在很多领域,人们都需要通过谈判来解决问题。但成功谈判并不是一件易事,首先就要求谈判者在谈判中做到冷静处理、言谈谨慎,因为说错一句话,都可能带来巨大的损失。

任何谈判实质上都是打的心理战,谁主动暴露自己,谁就先偃旗息鼓而败退,要想克敌制胜,就必须让对方摸不清虚实,但很多时候,对方会采取一些扰乱你情绪或者试探你“底牌”的方法。此时,你一定要小心谨慎,做到泰山崩于前而面不改色,在无法了解你的真实意向的情况下,他们往往不会轻举妄动,否则,你就被对方“算计”了。

张先生是一家工厂的老板,最近,他的生意做得不错,在为自己购置了新的房产的同时,他还准备买一台新车,于是,他就必须把自己那部旧的老爷车处理掉。他在心中打定主意,在出售这部旧车的时候,卖价一定不能低于3万元。之后,有一个买主前来看车,在双方谈判交易金额时,便对这部旧车的各种问题，滔滔不绝地讲了很多缺点，但是张老板始终一言不发，任凭买家不停地发言。

结果到了最后，买主终于停止了批评，并且突然说了一句话："这部旧车我最多只能出价5万元，再多的话，我就不要了。"于是，张老板很幸运地多赚了整整2万元。

案例中，张老板为什么能幸运地多赚取整整2万元？人们常说："沉默是金"，谈判中，他保持沉默，始终一言不发，那么，无论买家怎么贬低这部旧车，也摸不着他的底细。可以说，他的冷静起到了决定性作用。

可见，在重大的谈判当中，我们一定要言谈谨慎。如果缺少了冷静，就会被凝重的气氛和压力击垮，也就不可能赢得谈判。所以我们说，冷静是应对谈判的上策。

而为了达到这一目的，在谈判中，我们就必须做到具有健康稳定的心理，并且善于察言观色，以了解对方的心理。具体说来，谈判中，我们在说话时候需要做到：

1. 控制自己的情绪，不让情绪出卖你

很多时候，我们与谈判对手的较量，就是心理的较量，谁先缴械投降，谁就输了。任何人都是有情绪的，但你千万不能因为自己的情绪而暴露自己，让对手有机可乘。

比如，谈判中，当对方提出的某些条件让你觉得不可思议，甚至触犯了你的底线，你可能会愤怒，但此时，你要明白，在涉及利益的谈判中，愤怒只会泄露你的内心情况，为此，一定要控制好自己的情绪，让对方摸不清底细。

2. 细心观察，了解对方

与人谈判，必须具备一定的观察能力，只有这样，你才能发现对手是否在试探你。否则，如果不注意观察，结果输给了别人你还蒙在鼓里。一般来说，具备敏锐的洞察能力的人，无论是处理日常工作，还是谈判，多半会轻松简便得多！当然，谈判过程中的观察，无外乎针对对方的眼神、动作以及语言！

3. 说话保持客观公正的态度，隐藏好自己的目的和动机

一般来说，我们若想谈判成功，就必须要探知对手的内心世界，从而攻

破对方心理堡垒。但无论使用什么方法，一定不要让他知道你的企图，为此，在说话时，你要保持公正客观的态度。如果对方发现你说话时带有某些情绪色彩，那么，就很容易被对方识破。因为一般来说，你探知对方的企图越明显，他越会觉得你“图谋不轨”，你要刻意影响他；相反，如果你无意中说一句话，假装不在意地提问，他反而会没有心理抗拒，他也不会认真地琢磨你说的话，因为他觉得你没有操纵他的意图，如果他的想法被你猜中，那么，他将会“中招”，将自己的真实意图脱口而出。

4. 面对难以回答的问题，找个借口

谈判过程中，如果对方逼你表态，而你无法做出抉择，你就可以大胆坦言：“我还需要仔细考虑，请给我一点时间。”这样，你不仅可以省去许多麻烦，也是提高冷静应对能力的重要手段。

而从逻辑上讲，这也是谈判的战术之一。当然，你向对方表明此刻无法做出决定，需要附之以不能决定的理由。只要言之成理，大多会得到对方的谅解。即使当时没有得到对方的谅解，也向对方表明了自己不是一个态度暧昧、优柔寡断的人。这个时候，自己在谈判中就会处于相对主动的位置。

心理话术：

谈判实际上打的就是一场心理战，任何一方都希望成功窥探出对方的心理。为此，若想谈判成功，你就必须控制自己的情绪，制造神秘感，并在说话时保持谨慎，不让对方看出你的破绽。只有这样，才能保留自己的实力，让对方探不清你的虚实，待时而发，在关键时刻一举取得胜利！

欲擒故纵的妙语，令对方自动上钩

生活中，可能很多恋爱高手都会使用这样的一招：想要抓住你，却故意装出一副不理睬的样子，这样更加吸引了你的注意，他使用的就是心理学上的欲擒故纵术。欲擒故纵中的“擒”和“纵”，是一对矛盾。军事上，“擒”是目的，“纵”是方法。古人有“穷寇莫追”的说法。实际上，不是不追，而是看怎样去追。把敌人逼急了，他只得集中全力，拼命反扑。不如暂时放松一步，使敌人丧失警惕，斗志松懈，然后再伺机而动，歼灭敌人。这一心理操纵术不仅仅可以运用到军事上，同样可以运用到谈判中，比如在讨价还价中，当对方不同意你希望成交的价格时，你就可以掌握时机，发挥“谈不成就走”的趋势，使对方不得不接受你的还价。接下来的谈判，对你就会更有利了。

美国一家大航空公司要在纽约城建立大的航空站，想要求爱迪生电力公司给予优惠电价，这一要求遭到电力公司的拒绝，推托说这事公共服务委员会不批准，因此谈判陷入僵局。

后来航空公司索性不谈判了，声称自己建立发电厂更划得来，不想再依靠电力公司，决定自己建发电厂。电力公司听到这一消息，立即改变了态度，请求公共服务委员会从中说情，表示给予这位用户优惠价格。

这个谈判，开始是谈判的主动权掌握在电力公司一方，因为航空公司有求于电力公司。当要求被拒绝后，航空公司便要了一个花招，给电力公司施加压力，因为若失去给这家航空公司供电，就意味着电力公司损失一大笔金钱，所以电力公司急忙改变原来的态度，表示愿意以优惠价格供电。这时，谈判的主动权又转移到航空公司一方了，迫使电力公司再降低供电价格。这样，航空公司先退一步，然后前进两步，生意反而谈成了。

想要“擒住”他，不妨先“放纵”他，这就是欲擒故纵法，表面上用与目标相反的行为，却达到目标的效应。通过顺从被擒者的意愿的方式，让其遭受挫折、碰壁，纠正其认知，从而使其自觉接受自己的意图。我们常说的“欲将取之，必先予之”也有这层意思。

谈判中，可以运用这一方法进行谈判的案例有很多。当你以正面的、积极的方式去劝服或者引导对方向你所希望的方向谈判时，你越是劝服甚至采取激烈的言辞说话，谈判结果越是事与愿违，对方的对抗性会更加强烈地喷发出来。你越是引导，他人就会越反抗，后果只会越严重。如果换为欲擒故纵的方式,效果会更好。

当然,采取这一语言策略,还需要你注意:

1. 洞悉对方的底牌

以商业谈判为例,如果你是销售方,那么,要想让销售结果利于自己,就必须首先洞悉客户的底牌。只有这样,才能在于客户交谈的时候更好地把握"纵"与"退让"的"度"。当然,这并非易事,需要我们做足准备工作,通过各种途径来获知更多的信息。

2. 制造假象

我们知道,欲擒故纵的根本目的在于"擒",因此,在使用这一方法时,一定要应积极地"纵",更要注意手法的巧妙运用,一旦让对方看出我们的真实意图,那么,这一方法就毫无作用了,甚至会弄巧成拙。为此,我们必须要注意以下两点:

首先,要注意自己的态度。

你最好保持不紧不慢、不温不火的态度,只有隐藏好自己的情绪,才能真正擒住对方。例如,在与对方交涉的日常安排上就不可急切。

其次,通过非正常渠道把信息透露给对方。

因为人们通常有一种心理:越是偷偷得来的信息,其真实性越不容置疑。借他人之口传达你要表达的信息,对于对方来说显得更真实。

3. 注意言谈与分寸

即使即讲话要掌握火候,在擒对方的时候要注意态度,不可伤害和羞辱,否则,会转移谈判焦点,使之失控甚至会引起争论。

心理话术:

欲擒故纵策略即对于志在必得的交易谈判,故意通过各种措施,让对方感到自己是满不在乎的态度,从而压制对手开价的胃口,确保己方在预想条件下成交的做法。

抓住对方漏洞，一语击破关键点

我们经常看到法庭上出现这一幕：嫌疑人面对法官的提问，总是否定自己的违法犯罪事实。而他没有料到的是，法官居然能找出自己语言间的漏洞，这一关键点顷刻间推翻了他所有的谎言，让他哑口无言，只好供认不讳，和盘托出自己的罪名。同样，谈判过程中，我们同样可以采取这一心理策略来推翻对手的言论，给对手一个措手不及。

“最后的赢家才是真正的赢家，要笑就要笑到最后。”这句话一点也不假。谈判中，我们在与对手交涉的过程中，可能对方会侃侃而谈，我们只有倾听的余地，但这并不代表对方已经掌握了谈判的主动权，而如果你能用心听，并找出对方言语间的漏洞，就能在关键时刻阐明观点、出奇制胜，让对手心服口服。

在一次集体活动中，当大家风尘仆仆地赶到事先预定的旅馆时，却被告知当晚因工作失误，原来订好的套房（有单独浴室）中竟没有热水。为了此事，领队约见了旅馆经理。

领队：对不起，这么晚还把您从家里请来。但大家满身是汗，不洗洗澡怎么行呢？何况我们预定时说好供应热水的呀！这事只有请您来解决了。

经理：这事我也没有办法。锅炉工回家去了，他忘了放水，我已叫他们开了集体浴室，你们可以去洗。

领队：是的，我们大家可以到集体浴室去洗澡，不过话要讲清，套房一人50元一晚是有单独浴室的。现在到集体浴室洗澡，那就等于降低到统铺水平，我们只能照统铺标准，每人降到15元付费了。

经理：那不行，那不行的！

领队：那只有供应套房浴室热水。

经理：我没有办法。

领队:您有办法!

经理:你说有什么办法?

领队:您有两个办法:一是把失职的锅炉工召回来;二是您可以给每个房间拎两桶热水。当然我会配合您劝大家耐心等待。这次交涉的结果是经理派人找回了锅炉工,40分钟后每间套房的浴室都有了热水。

这里,这位领导的谈判水平是令人佩服的。这里,针对对方始终拒绝的态度,他找出了对方言语间的漏洞:要么为他们提供热水,要么让收费降低到通铺水平,显然,后者是不可能的。然后,他便乘胜追击,提出了另外一条建议。而旅馆经理权衡之下,自然会选择后者。

其实,谈判过程本身就是一个让对方接受成交条件的过程。而要做到这一点,很多时候就必须推翻对方现在的观点和借口,对此,你需要做到:

1. 摆事实

谈判中,若要否定对手已经出现的漏洞,就要让事实说话,事实充分就使你言重如山。事实胜于雄辩,在这种说服方法根本的一点就是唯实、唯事,尊重客观事实,用事实说话。运用事实进行说服最能打动人心,最能使人信服。如果从心理学的角度来分析,人们的心理趋向是求真、求实。只有真实的东西,才是人们最信任的。

2. 亮底牌

谈判中,双方往往都有自己的底牌,但要让对手心服口服,你一定要沉得住气。有些时候你能清楚的感觉到事情正在越变越糟。你应该采取守势,退后一步,现在的情势不适合马上反击。不要在自己处于劣势的时候拼命的试图证明自己,不妨退守一步。记住,在你处在劣势的时候,不要急着马上反击,等一等,机会总会到来,那时你才能出奇制胜。

3. 反攻法

通常情况下,人们的思维是有一定局限性的。“最危险的地方也就是最安全的地方”,正是这一道理的最好证明。当对方在撒谎或者使用策略来影响你的时候,他绝不会想到你会用此计再给他“下套子”。因此,我们从对方的思维空隙着眼,往往就能攻其不备,也就能在积极探寻筑牢我们自己的心理防线的同时瓦解对方的心理防线。

心理话术:

谈判过程中,有时候,抓住对方的漏洞而小题大做或借题发挥,会给对方一个措手不及,但在使用这一心理策略时,我们一定要懂得隐藏自己,从而把握事情的大局!

变换话题,打破谈判僵局

人们参加谈判,都希望谈判能在自己的掌控下进行,但这只是美好的愿望。实质上,谈判充满了变数。进行谈判时,因为谈判各方利益点的冲突或因为谈判某方语言方式让人接受不了等,谈判陷入僵局也是毫不意外的。每一位谈判者或早或晚都将面对谈判的困境。分歧的确令双方都非常难堪,但又很难避免其发生。双方要么沉默相对,要么索性终止谈判。这是双方都不愿发生的局面,也会给各自代表的利益方带来损失,对谈判个人来讲是时间上的浪费。那么如何能够化解矛盾,摆脱谈判僵局呢?

许多经验欠佳的谈判手在困境面前不知所措,认为谈判即将破裂,没有办法扭转局面,完全丧失了继续下去的信心。其实在实际谈判中真正的僵局少之又少,很多困境都是有办法解决的,但需要一定的方法。

1991 年,美国试图让以色列再次回到和平谈判桌前与巴勒斯坦解放组织进行谈判,埃及国务卿詹姆斯·贝克再次遭到了以色列的强硬抵制。以色列人起初坚持认为,只要一进行谈判,对方就会提出要以色列从巴勒斯坦定居点撤军,而在以色列看来,撤军是绝对不可能的,所以他们干脆拒绝与自己的敌人坐到谈判桌前。詹姆斯·贝克是一个非常聪明的谈判高手,他知道,要想让以色列重新坐到谈判桌前,他必须把僵局问题放到一边,首先解决一些小问题。

于是他说："好的,我也意识到你们并不准备和巴勒斯坦人举行和平会谈,可我们不妨先把这个问题放到一边。设想一下,如果真的举行和平会谈的话,你们希望会谈的地点在哪儿?是在华盛顿,或者是中东,还是在一个中立城市比如马德里呢?"

通过讨论这些看起来微不足道的问题,埃及国务卿詹姆斯·贝克一步一步地把谈判推向前进。然后他提出了巴勒斯坦谈判代表的问题。如果巴勒斯坦解放组织派出代表参加谈判,以色列方面希望谁来代表该组织?解决完这些小问题之后,再和以色列讨论和平问题已经变得很容易了,而他们最终同意和巴勒斯坦解放组织举行和平会谈。

从这个经典的谈判案例中,我们发现一个谈判技巧:当谈判双方陷入僵局后,恰逢时机地转化话题是缓解气氛解决问题的关键。从心理角度看,此时,双方的心情都是压抑的,如果我们再纠结在原本无法解决的问题上,那么势必会让气氛更加沉重,更不利于谈判的进行,而如果我们能转化话题,则能转移对方的注意力,从而缓和气氛,进入再度谈判的过程。

谈判专家指出,谈判僵局一旦处理不好,就有可能把谈判推向死胡同;相反,如果能够恰当的应用策略和方法,还是可以"起死回生"的。面对谈判僵局,"只剩下一小部分,放弃了多可惜"、"已经解决了这么问题,让我们再继续努力吧"这些说话技巧并不一定能起到打破僵局的作用。

具体来说,你可以这转变话题:

1. 先在小问题上赢得对方的共识

可能你会问:"如果谈判不能在重要问题上达成共识,为什么还要浪费时间讨论那些微不足道的问题呢?"可那些谈判高手却认为,一旦双方在那些看似微不足道的小问题上达成共识,对方就会变得更加容易被说服。

"我们先把这个问题放一放,讨论其他问题,可以吗?""我知道这对你很重要,但我们不妨把这个问题先放一放,讨论一些其他问题。比如说我们可以讨论一下这项工作的细节问题,你们希望我们使用工会员工吗?关于付款,你有什么建议?"

这样,你可以首先解决谈判中的许多小问题,并在最终讨论真正的重要问题之前为谈判积聚足够的能量。

2. 兜兜圈子

谈判过程中，各自都有自己的立场，在运用兜圈子这一心理策略的时候你需要记住，使谈判绕了一个圈子，多走了一些弯路无伤大雅，但一定要成功地到达终点，达成双方都能接受的协议。也就是说，兜圈子的话题主旨也不能变，虽然不涉及正题，但必须与正题有关，不管绕多少圈子，牛鼻子始终不能放，做到“形散神不散”。

另外，话题的转移有相当的难度，谈判者须有对语言驾轻就熟的技巧。话题转移得不好，有时虽然能暂时缓和一下紧张的气氛，但对于大局并没有什么益处。转移的话题必须视具体情况和对象因地制宜，就近转移，不能不着边际，随心所欲，风马牛不相及。

心理话术：

当谈判陷入僵局时，人们的心理是紧张的，谁也“不敢越雷池一步”，因为谁先表态，就可能意味着放弃谈判立场，此时，正体现了谈判者的说话水准。而如果你能巧妙转变话题，能把话说到对方心里去，谈判双方的心情是可以舒缓的。

清晰列举实例与数据更有说服力

从某种意义上说，我们参与谈判的目的就在于让对方接受自己的观点。但出于利益的对立，大多数时候对方对你都持怀疑态度，对你心存戒备。这恐怕是所有参与谈判的人们的共同心理。以商务谈判为例，要达成交易，就要让对方对你深信不疑，但有时候你使出浑身解数，向客户展示产品的众多优点，可对方似乎不吃你那一套。但如果换种推销的方式，比如说，向客户展示一些真实案例或摆出数字，那么，便能消除客户怀疑的态度，自然就会加快购买的脚步。可以说,这种语言策略同样适用于任何谈判活动,只要我们加以巧妙运用。

某学校要为食堂购买一批燃油锅炉。一些销售人员得知这个消息之后,都纷纷跑来向食堂负责人介绍自己公司的产品。这让这位负责人感到非常为难,因为他之前和这些公司从来没有合作过,也不知道哪一家的产品更加可靠,所以一时半会拿不定主意。

这时候,有一位销售人员摸清了客户的心思,在产品的介绍材料里夹了一份客户联系的单子,而且其中有一个客户就是与这所学校紧邻的某事业单位,于是这位负责人就给隔壁单位打了个电话。

从对方嘴里得知该公司的产品质量还不错,而且销售人员也值得别人信赖,于是负责人就选择了这家公司的锅炉。

案例中,这位销售员是聪明的,一张客户联系的单子能说明很多问题:这种燃油锅炉很畅销,该客户的邻居们都购买了,产品质量自然信得过;这位销售员的客户名单是真实可靠地,并不是杜撰的,客户自然更深信不疑。最终,他不费吹灰之力就说服了客户。

那么,在谈判过程中,我们该如何运用这一心理策略呢?

1. 用具体的、真实的事例来说明问题

真实的事例是一种具有说服力的论据。比起那些空洞的承诺、抽象的产品质量报告,具体真实的事例显得更加形象生动。如果你告诉对方:"我们是奥运合作伙伴,这是我们的合作标志。"那么对方不仅欣然接受,也会深信不疑。再如:"某某500强企业一直在用我们的产品,到现在为止,已经和我们公司建立了5年零8个月的良好合作关系。"在说明的同时,用一些图片或是资料进行辅助证明,就能发挥出最好的效果。

2. 摆出数字

谈判时,你一定要显示出自己在该领域的专业素质,才可让对方信服。以商务谈判为例,你需尽量权威、精确的介绍产品的各个方面,越是精确、越是权威的数字,越能让对方感受到你的专业,也就越能获得对方的信任。因为在客户看来,口说无凭的介绍是起不到任何作用的,也不能够刺激他们的购买欲望。现在人们对产品的要求越来越高,当然也不仅仅局限在你的空口无凭,但是当你用数据来展现给客户的时候,就很有说服力了。

虽然用数据和事实来说服对方和很多谈判技巧一样,虽然具有很好的作用,增强语言的可信度,但是如果使用不当,同样会造成极为不利的后果。因此,我们在用数字、事实证实的时候,可以从以下方面入手:

①用影响力较大的人物或事件说明。

比如:“好莱坞明星××从××年开始就一直使用我们公司的护发产品,到现在为止,她已经和我们公司建立了5年零6个月的良好合作关系。”

②拿出权威机构的证实结果。

比如,你可以说:“本产品经过××协会的严格认证,在经过了连续9个月的调查之后,××协会认为我们公司的产品完全符合国家标准……”

另外,你给对方所举的案例一定要真实,否则就是搬起石头打自己的脚,造成信任危机。

心理话术:

任何时候,最忌讳无事实证据的论述。更何况,对于处在利益对立面的对手,谁都会心存戒备,更别说信任了。此时,若你的言谈没有事实依据,则会加深对方的疑心,也就无法激发对方成交的欲望。而如果我们能展现现实例证或摆出数字,给对方吃一颗定心丸,自然会加快与对方成交的脚步。

巧设问题,反问抵御对方

我们在参加某些重大谈判的活动时,如果遇到谈判对手对你百般刁难,肆意制造各种难题来向你施加压力,意在置你与谈判弱势地位,此时,你最好的应变办法就是“以其人之道,还治其人之身”,即所谓的“反问法”,把问题重新“踢”给对方。

的确，我们发现，那些谈判高手，不管在何种场合，遇到什么样的对手，都能唇枪舌剑，以超人的智慧应付自如，对手甭想占到便宜。这是因为他们总是能洞察对手的心机，即使对方采取恶意的攻击，也能适时采取各种语言策略加以反击，而“巧设问题发问对方”就是他们常用的手法之一。

因此，在各种谈判中，我们也可以学习这一心理策略，但要巧妙地将这一语言策略加以运用，同样考验你的语言智慧。对此，你需要做到：

1. 保持警觉，察觉出对方的攻击意味

这里，需提醒你的是，一个猎手人如果只知道带枪，而不知道如何瞄准、等待时机扣扳机，那么，他永远也捕捉不到猎物。同样，谈判过程中在反击之前，一定先要把对方的话语听明白，以便把握目标，瞄准靶子再放箭。这样才能既不滥杀无辜，也不放过小人。

这种应变对策还贵在谈判者预先发现谈判对手的攻击倾向，这就要求谈判者机变睿智，能够及时判断出谈判对手下一步所要玩弄的手段，抢先给对手设置拦路板，使他所要施展的手段失去用武之地。

一旦听懂了对方的用意，发现对方有明显的攻击意味，你就要提高警觉，及时作出判断：一是具有反击的针对性，如果对方发动的是侮辱性攻击，那么反击应该也是侮辱性的；如果对方发动的是讽刺性攻击，那么反击也是讽刺性的。二是后发制人，迅速而巧妙地把耻辱的标签贴到挑衅者的脸上，正如《圣经》上说：“把上帝的还给上帝。”三是在方法上，他们往往捡起对方扔过来的石头，扔回对方，或顺水推舟巧妙地将矛头转向对方。

2. 把问题再“踢”给对方

当然，你不可能对任何谈判对手所要玩弄的花招都防患于未然，反问的应变对策也适用于事后补救。如果谈判对手提出的要求极不合理，你也可以以极苛刻或不切实际的提法要求对方。如此一来，对方不得不收敛起他那盛气凌人的态度。

心理话术：

了解反问这一语言策略，不仅可以在谈判中适时施展以克敌制胜，还可

以识破对方伎俩不至于处于被动，这便是谈判策略的意义之所在。而这一策略在实际谈判中应用较为复杂，谈判时，谈判者也要根据实际情况因人而异、因时而异，灵活变动。

柔情语言攻略，让合作细水长流

有人说，谈判桌上永远是虚虚实实、真真假假，信息的掌握也各有不同。无论是谈判的哪一方，都会用尽各种办法让你相信他们比竞争对手更有优势。最常使用并且效果最佳的方法就是给对方施加压力。比如，他们会拿竞争对手来压你，他们会在事前对竞争者进行充分的调查，谈判时突然拿出数十张数据资料使你信以为真并让你接受谈判条件。

但事实上，无论是何种谈判，"用刑"不如"用情"，说点柔情的话，会更容易打动对方，让对方臣服于我们的真情实意，并且愿意和我们长期合作下去。因为人都是有感情的动物，谈判中也会"感情用事"，即使谈判涉及到利益问题，对方也可能会因为"情"做出"有失偏颇"的决定。

那么，我们该怎样运用柔情语言攻略以此来掌控谈判对方的心理呢？

1. 考虑对方的利益，从对方的角度说话

事实上，谈判中，双方在沟通的过程中都有一个自己的立场，若别人说话的立场和自己的不同，自然就会产生抗拒心理。聪明的谈判者应该学会和客户站到同一个立场上去，并从对方的角度出发去思考问题。

某客户准备为自己的饭店购进一些桌椅，于是，他和家具公司的代表谈判。

客户："我觉得那套棕色木质家具看起来比较大方，而且我一直比较喜欢木质的东西……"

销售方："请问您的饭店大厅有多少平米？"

客户："我的饭店有100平米，买二十套这样的桌椅应该能放得下。"

销售方："您看一下这套家具的宽度，放在100平米的饭店大厅里会不会让剩余的空间太狭窄了？其实主要是我们这里这个展厅比较大，很多人一进来就相中了这套家具，实际上那套小巧玲珑的家具更适合现代餐厅布局的特点，而且价格也比刚才那套实惠很多。"

客户："你说的对，我还是买这套小一点的吧。你这个推销员可真是个实在人，下次我有朋友需要买家具的话，一定会介绍给你。"

作为销售方的谈判代表，并没有利欲熏心，而是从客户的实际情况出发，及时提醒了客户：购买贵一点的那套木质家具是不适合的。这位谈判者这样说，会让客户从心里感激他，并觉得他是一个具备难得的品质的人，自然毫不犹豫地达成谈判目的并愿意为其介绍新客户。

2. 多询问对方的意见和想法

一位优秀的沟通好手，绝对善于询问以及积极倾听他人的意见与感受。询问与倾听的行为，都是一种尊重和关心的体现，尤其当对方有所顾忌、不愿表明内心想法的时候，可用询问的方式引出对方真正的想法，了解对方的立场以及对方的需求、愿望、意见与感受等。另外，此时如果我们再能运用积极、有效倾听的方式来诱导对方发表意见，能让对方心生好感。

3. 适当示弱

谈判过程中，我们也可以抓住人们这一共性心理，应该调动听者的同情心，在言语上适当示弱，使对方首先从感情上与你靠近，产生共鸣。这就为你问题的解决与事情的办成打下了基础。在对方放松警惕心理时，再提出你的要求，完成谈判目的也就容易得多。

其实，在这里，我们所说的示弱并不是真的在示弱，也并不是以眼泪换取同情，而是一种说话的技巧，以达到你的谈判目的。在生活中，我们常常会听老人们这样说："软刀子更扎人！"就是这个道理。

4. 说话要有耐心

无论多么简单的交易，我们都要充满耐心，即使是一个很小的环节。人们经常因为没有花时间系统地质疑自己的先入之见，或者考虑清楚交易的原因，而使自己身陷糟糕的交易中。心理学家把这种急切的心态称为"确认陷阱”——他们没有去寻找支持自己想法的证据，同时又忽视了那些能证明相反意见的证据。

而从谈判对方的角度看，我们在谈判中，说话越是有耐心，他们越是能看出我们的素质和修养，也自然愿意与我们合作。

心理话术：

总之，谈判中，谈判者要想让谈判结果朝着我们希望的方向发展，就需要学会用“情”说话，让对方心服口服，这比用尽心机让对方屈服的效果要好得多。此时，你就掌握了谈判中的主动权，令谈判取得水到渠成式的成功！这也是任何一个谈判者要掌握的重要的谈判策略之一！

参考文献

[1] 吴文铭.受益一生的心理学启示[M].北京:中国纺织出版社,2008.
[2] 成果.心理学的诡计[M].北京:中国纺织出版社,2010.
[3] 项星.每天学点幽默口才[M].北京:中国纺织出版社,2010.